中共湖北省委宣传部
中南财经政法大学　共建　新闻与文化传播学院项目成果

普通高等学校"十四五"规划文学与新闻传播类专业数字化精品教材

编委会

主 任 罗晓静

副主任 余秀才　张　雯

委　员（以姓氏拼音为序）

陈国和　胡德才　李　晓　石永军
吴玉兰　王大丽　徐　锐　阎　伟
朱　恒　朱　浩　张红蕾　朱云飞

普通高等学校"十四五"规划文学与新闻传播类专业数字化精品教材

应用语言艺术
Applied Language Arts

主　编　李军湘
副主编　甘　勇　王　维

华中科技大学出版社
http://www.hustp.com
中国·武汉

图书在版编目(CIP)数据

应用语言艺术/李军湘主编. —武汉:华中科技大学出版社,2022.3
ISBN 978-7-5680-8048-4

Ⅰ.①应… Ⅱ.①李… Ⅲ.①语言艺术 Ⅳ.①H019

中国版本图书馆 CIP 数据核字(2022)第 041920 号

应用语言艺术 李军湘 主编
Yingyong Yuyan Yishu

策划编辑：周晓方　杨　玲	
责任编辑：张汇娟　杨　玲	
封面设计：原色设计	
责任校对：张汇娟	
责任监印：周治超	
出版发行：华中科技大学出版社(中国·武汉)	电话：(027)81321913
武汉市东湖新技术开发区华工科技园	邮编：430223
录　　排：华中科技大学惠友文印中心	
印　　刷：武汉市籍缘印刷厂	
开　　本：787mm×1092mm　1/16	
印　　张：10.75　插页:2	
字　　数：261 千字	
版　　次：2022 年 3 月第 1 版第 1 次印刷	
定　　价：39.90 元	

本书若有印装质量问题，请向出版社营销中心调换
全国免费服务热线：400-6679-118　竭诚为您服务
版权所有　侵权必究

总序
FOREWORD

教育经历了"传统"与"现代"的断裂,"大学"也发生了从中世纪到现代的转变。一般认为,1810年德国柏林大学的创立标志着现代大学的诞生。现代大学不仅是教育机构,也是研究机构,推崇"学术自由"和"教学与研究的统一"。这种研究型大学的理念对世界高等教育影响深远,既为现代大学的形成奠定了基础,也在很长时间内规范着大学的评价体系。20世纪以来,大学则被赋予越来越多的功能,包括人才培养、科学研究和社会服务等,但无论大学怎样转变和多功能化,尤其是到了当下,有一个共识逐渐形成并被强化,即人才培养始终是大学最核心的功能。习近平总书记在2016年全国高校思想政治工作会议上明确指出:"高校立身之本在于立德树人。只有培养出一流人才的高校,才能够成为世界一流大学。办好我国高校,办出世界一流大学,必须牢牢抓住全面提高人才培养能力这个核心点,并以此来带动高校其他工作。"

人才培养涉及面很广,几乎贯穿高等教育的各个环节。教材,是育人育才的重要依托,是课堂教学的关键载体,在落实立德树人和人才强国战略中具有基础性地位和作用。高校教师是教材建设的主体,但高校教师在教材建设中的积极性并不高。究其原因,很大程度上是高校绩效考核中科研成果所占比重远远高于教学成果,教材建设的激励机制严重不足。随着《深化新时代教育评价改革总体方案》的出台,如何改革教师评价方式成为高等教育领域最受关注的问题之一。《总体方案》强调"坚持破立结合","破"的是重科研轻教学、重教书轻育人等行为,"立"的是潜心教学、全心育人的制度要求。教育评价是引导教育发展方向的"指挥棒",在《总体方案》出台前后,国家还出台了若干教材建设规划和教材管理办法,目的在于提高教材建设工作的科学化和规范化。提高教师参与教材建设的积极性,开创教材建设的新局面,已成为新时代背景下高等教育发展的必然趋向。

学术著作的撰写和出版具有很强的个人色彩,教材的编写和建设则往往需要组织领导和机制保障。从宏观层面来看,自改革开放以来,高校教材建设经历了实践与探索、发展与创新的不同阶段,并作为"国家事权"纳入我国高等教育的"顶层设计"之中,成为高校教育教学改革与人才培养模式变革的重要结合点。具体到我们学院组织编写这套"普通高等学校'十四五'规划文学与新闻传播类专业数字化精品教材",既是为了接续学院在新闻、文学和艺术教育方面的优良传统,也是学院在学科专业建设、教学质量提升和人才培养目标实现方面立足当下、展望未来的努力和尝试。

中南财经政法大学新闻与文化传播学院成立于2004年9月,其实学院的新闻、文学、艺术等专业的开办与学校的历史一样长久,源头是1948年学校前身中原大学创建之初设立的新闻系和文艺学院。1948年,随着解放战争节节胜利,新解放区迅速扩大,党的政治宣传任务需要一定数量高素质的新闻宣传人才。同年8月26日,中原大学新闻系在河南宝丰县成立,时任中原大学副校长并全面主持学校工作的正是新华日报社第一任社长潘梓年。中原大学新闻系举办了两期培训班,共招收学员130余人,教学任务分别由中原局宣传部和新华社中原总分社的负责干部来承担,主要讲授时事政治和新闻业务知识两类课程,其中新闻业务知识课包括新闻记者的修养(陈克寒)、新闻的评论和编辑工作(熊复)、农村采访工作(张轶夫)、军事采访经验(李普、陈笑雨)、新闻摄影(李普)、新闻工作的编辑排版校对等工作(刘国明)等。在战火纷飞的年代,中原大学新闻系为革命事业及时输送了一批急需的新闻宣传人才,他们大多终身奋战于党的新闻事业中,成为著名的编辑、记者和在新闻战线担任一定职务的领导干部和业务骨干。新闻系随中原大学南迁武汉后,也曾筹备过招收第三期学员的事宜,因种种原因未能继续办下去。但可以自豪地说,中原大学新闻系为我国的新闻教育和宣传事业做出了应有的贡献。

文艺学院和文艺系,是中原大学最早设立的院系之一。1948年9月《中原大学招生广告》显示,当时学校设有文艺、财经、教育、行政、新闻、医务六个系。同年10月,中共中央任命范文澜为校长,潘梓年为副校长。首任校长和副校长均在文学理论领域颇有建树,范文澜的《文心雕龙注》是龙学最有影响的著作之一,潘梓年于1926年出版的《文学概论》是较早参照西方的文学理论研究文学的著作。同年12月,中原大学组建了文艺研究室,著名电影导演、表演艺术家崔嵬为主任。文艺研究室下设戏剧组、音乐组、创作组,另有1名美术干部。1949年六七月间,以文艺研究室为基础,文艺学院成立,崔嵬任院长、作家俞林任副院长,在专业设置上包含戏剧系、音乐系、美术系、创作组、文工团。在两年多的时间里,文艺学院共培养了音乐、戏剧、美术、文学等专业毕业生及各种短训、代培生1136人,他们分布在中南地区和全国宣传、文艺、教育战线上,为我国文化艺术教育事业的发展做出了显著贡献。1951年8月,中原大学文艺学院划归中南军政委员会文化部领导。

因为20世纪50年代全国范围内的高等教育院系调整,学校的新闻、文学和艺术教育曾中断多年。1997年,学校重新开办新闻学专业,创建新闻系,相关学科专业建设步入新的发展阶段。2004年,新闻与文化传播学院正式成立。2007和2008年,学院先后成立中文系和艺术系,使建校之初就有的新闻、文学和艺术教育得以薪火相传。经过二十多年的快速发展,学院已经具备了较为完整的人才培养体系,现下设新闻传播学系、中国语言文学系和艺术系,开设了新闻学、广播电视学、汉语言文学、数字媒体艺术、网络与新媒体五个本科专业及网络与新媒体—法学实验班,其中网络与新媒体、汉语言文学专业入选省级一流本科专业建设点,拥有新闻传播学及中国语言文学一级学科硕士学位授予权和新闻与传播、汉语国际教育专业硕士学位点,新闻传播学为湖北省重点学科、中国语言文学为学校重点学科。

2019年7月,学校与湖北省委宣传部、省教育厅正式签订《共建中南财经政法大学新闻与文化传播学院协议》,学院发展进入新阶段,也迎来了改革和发展的"十四五"规划。学院在"十四五"规划期间的发展目标是,专业建设进一步优化和发展,学科建设逐步增强,人才培养进一步彰显特色,国际合作办学逐步拓展,科学研究再获新的突破,师资队伍结构合理优化。本学院的教学研究与改革工程作为重大行动之一,其具体措施就包括了组织编写出版新闻、中文和艺术专业的系列教材。目前我们推出的系列教材，既有彰显学院在经济新闻、创意写作、文化产业、数字影像等方向人才培养特色的《财经媒体与新闻报道案例》(吴玉兰主编)、《创意写作课》(罗晓静、张玉敏主编)、《儿童文学理论与案例分析》(蔡俊、李纲主编)、《文化产业创意与案例》(王维主编)、《数字雕塑基础》(卢盛文主编)，也有展示教师将研究专长与课堂教学有机融合成果的《视听节目策划实务》(石永军主编)、《汉字溯源》(谭飞著)、《应用语言艺术》(李军湘主编)、《中国当代小说选讲》(陈国和主编)、《欧美新闻传播理论教程》(王大丽主编)、《唐诗美学精神选讲》(程韬光主编)、《实用汉语史知识教程》(甘勇主编)、《整合品牌传播概论》(袁满主编)等。

我们深知教材编写之不易，并对编写教材始终保持敬畏之心！系列教材的出版，凝聚了每一位编写者多年潜心教学的思考和付出，也得到了华中科技大学出版社人文分社周晓方分社长、策划编辑杨玲老师等的大力帮助，在此一并表示由衷的感谢！

我们希望以此为契机，深入贯彻习近平总书记在全国教育大会上的讲话精神，认真落实教育部"以本为本"的指导思想，以高水平教材建设为契机，以培养富有创新意识和开拓精神的复合型人才为目标，与时俱进、深化改革、开拓创新，进一步推动学院在教学质量、课程建设和教学改革等方面取得突破性进展。

中南财经政法大学新闻与文化传播学院院长

教授、博士生导师

罗晓静

2021 年 8 月 5 日于武汉南湖畔

目录
CONTENT

基础篇:普通话学习与测试 /1

第一章　普通话学习 /3
第一节　普通话基础知识 /3
第二节　普通话声调学习 /9
第三节　普通话声母学习 /16
第四节　普通话韵母学习 /23

第二章　普通话测试 /33
第一节　普通话测试基础知识 /33
第二节　普通话测试主要内容 /34
第三节　普通话测试注意事项 /37
第四节　测试容易读错的字词 /40

提升篇:演讲辩论艺术 /43

第三章　演讲艺术 /45
第一节　演讲概述 /45
第二节　演讲语言 /53
第三节　演讲稿写作 /65

第四章　辩论艺术 /76
第一节　辩论概述 /76
第二节　辩论准备 /79
第三节　辩论技巧 /87

应用篇：谈判语言艺术/95

第五章　谈判概述/97

第六章　谈判筹划/100

第一节　谈判的准备/100
第二节　谈判的心理/105
第三节　谈判的语言/110

第七章　谈判实施/127

第一节　开局与报价/127
第二节　还价与僵局/136
第三节　让步与成交/153

基础篇

普通话学习与测试

第一章 普通话学习

第一节 普通话基础知识

一、什么是普通话

1956年2月国务院发布《关于推广普通话的指示》,指示要求在文化教育系统中和人民生活各方面推广以北京语音为标准音、以北方话为基础方言、以典范的现代白话文著作为语法规范的普通话。普通话是汉民族的共同语,是规范的现代汉语,是全国各族人民通用的语言。

普通话"以北京语音为标准音",是指普通话采用北京话的语音系统。但不能据此理解为普通话在语音上完全照搬北京人的读音,因为还要考虑该发音在整个官话方言及其他方言区中的通行程度。另外,北京一部分人对某些字确有误读的情况,这些读音并不符合北方多数方言共同的历史音变规律,如把"侵(qīn)略"读成"侵(qǐn)略"、"质(zhì)量"读成"质(zhǐ)量",普通话并不会采用。此外,北京话里的大量儿化词(如"今儿""明儿"等)和轻音节词(如把"明天""古怪""主张""重要"等词里的"天""怪""张""要"都读成轻音),也不能照搬不误都吸收到普通话里来。所以,普通话语音要摒弃北京话中明显不规范的读音,部分北京人儿化音过多、轻音过多、鼻音较重,甚至出现吞音减音,这些也都是标准的普通话语音要反对的。

普通话"以北方话为基础方言",是指普通话是在北方官话方言的基础上形成的,以官话方言的词汇为基础。如广大北方方言区都说"喝茶",上海人说"吃茶",广州说"饮茶",福州人说"食茶",普通话就选取的是"喝茶"。为什么普通话要以北方话为基础方言呢?首先,北方官话区使用地域最广、人口最多,从最北的东三省到最南的云贵川,北方方言内部的一致性较强,通用的程度也最大;其次,宋元以来的用白话文创作的文学作品大多数都是根据北方官话方言书写,北方方言词汇已经深入老百姓骨髓;最后,明清定都北京,以北京话为中心的北方官话凭借政治文化优势广泛而深入地传播到全国各地,北方官话自然成为民族共同语的基础方言。北方话过于宽泛,普通话不会采纳它全部的内容,北方话里非常特殊的东西不会被容留在民族共同语里边,事实上普通话除了采用北方方言词汇,还大量吸收古语词、方言词、外来词来充实自己的词汇系统,并随着社会生活的发展不断产生一些新造词。

普通话"以典范的现代白话文著作为语法规范",说明普通话语法既不同于文言文语法,也不同于非典范的白话文语法,而是现代的有代表性的作品里的一般用例,因此我们可以参考的应该是中小学语文教材编选的可以作为典范的现代白话文著作以及国家法令文件中采用的那些一般且通行的语法规则。

二、确立普通话作为共同语的历程

普通话作为现代汉民族共同语不是20世纪50年代突然形成的。事实上,在中华人民共和国成立之前的半个世纪,大量仁人志士、学者、名流都为建立并推广汉民族共同语进行了不懈努力。

有清一代,重传统的汉族社会大部分时间都不愿意接受北京官话,反而南京官话地位稍高一些。清代雍正皇帝在召见福建籍官员时,发现他们说话常常不知所云,这类君臣交流问题,曾让雍正和他的后代子孙们大伤脑筋。雍正曾要求福建、广东两省设立"正音书院",所谓"正音"就是矫正语音,要求秀才、举人学习京音,但是后来都很难坚持下去,上千所正音书院后来几乎都废弃了。到了清末,南北官话的权势关系正在发生转变,以北京话为代表的北派官话的地位正逐渐超过以南京话为基础的南派官话。

清末的中国内忧外患,志士仁人以民族振兴为己任,寻求强国富民之道。工业化国家要求形成统一的市场,统一的市场要求统一语言。受到日本明治维新推广国语(东京话)的影响,在清末的最后十多年,很多开明人士强烈地意识到,国强需民智,民智需教育,普及教育需有"易识之字",需"统一国语"。

1902年,京师大学堂的总教习吴汝纶受清廷学部之命到日本考察教育,看到日本推行国语的成绩后深受震动,当时有个日本人伊泽修二曾告诉他,中国的当务之急是统一语言。吴汝纶回国后就写信给管学大臣,主张在学校教学"切音字运动"主将王照发明的《官话合声字母》,推行以"京话"(北京话)为标准的国语。

辛亥革命爆发的1911年,清政府曾召开"中央教育会议",通过《统一国语办法案》,开始着手审定"国语"标准,编辑国语课本、国语辞典和方言对照表等,并初步确立了北京音的基础音地位。

清朝灭亡后,民国刚刚建立就召开"临时教育会议",决定先从统一汉字的读音做起,先召开"读音统一会"。1912年12月,蔡元培任总长的中华民国教育部成立读音统一会筹备处,吴稚晖任主任。1913年2月15日,读音统一会在北京召开,会议按"京音为主,兼顾南北"的原则共审定了6500多个字的标准读音。这是中国近代语文改革史上一次非常重要的会议,对后来汉语的演变和发展有着深远的影响。此次读音统一会按"一省一票"的原则进行投票,因为江浙人太多,本想迁就南北和古今,造成一种混合的标准国音,但是简单采用多数表决法,拿政治的方法来解决学术问题所制定出来的"国音",终难得到普遍认同。1919年4月21日,北洋政府教育部成立"国语统一筹备会"。1919年9月,编辑出版了《中华民国国音字典》。1920年,《国音字典》语音标准与北京语音标准产生的矛盾,导致了"京国之争"。同年,南京高等师范学校(今南京大学)英文科主任张士一发表《国语统一问题》,认为注音字母连同国音都要做根本的改造,不认同旧国音,主张以北京音为国音标准。1932年,中华民国教育部正式公布并出版《国音常用字汇》,指定北平语音(北京音)为国语拼音和声调的标准,为确立国语的标准提供了范本。但是这种标准音也并非字字遵守土音,应该是受过一定教育的交际讲学所用的普通话。

1955年10月15日至23日,教育部和中国文字改革委员会在北京共同召开了全国文字改革会议,教育部部长张奚若作了《大力推广以北京语音为标准音的普通话》的报告。1955年10月25日至31日,中科院召开了现代汉语规范问题学术会议。会议指出,普通话以北方话为基础,以北京语音为标准音符合汉语的实际情况。1956年2月6日,国务院发布《关于推广普通话的指示》,明确地论述了普通话作为规范的汉民族共同语的科学内涵,指示同时决定国务院设立推广普通话工作委员会,统一领导全国的推广普通话工作。它的日常工作,由中国文字改革委员会、教育部、高等教育部、文化部、中国科学院语言研究所分工进行。普通话有"普遍"和"共通"的意思,此次将把规范的汉民族共同语正式定名为"普通话",一方面可以区别于民国时过于文雅的"国语",另一方面也照顾到了我国作为统一的多民族国家的客观现实,因此得到了汉族和各个少数民族的一致赞同。1958年2月11日,第一届全国人民代表大会第五次会议批准颁布《汉语拼音方案》。汉语拼音成为识读汉字、学习普通话、培养和提高阅读及写作能力的重要工具。

虽然大陆和台湾都推广现代汉民族共同语,但我们大陆叫"普通话",台湾则沿袭旧称仍叫"国语"。香港、澳门地区曾跟台湾地区一样叫"国语",在回归祖国以后也开始叫"普通话"。普通话与台湾地区的国语都源自北京音,但在语音、词汇等方面存在一些差异。如"癣",大陆念 xuǎn,台湾念 xiǎn;"突",大陆念 tū,台湾念 tú;"酵",大陆念 jiào,台湾念 xiào。

三、推广普通话的现实意义

工业化要求形成统一的市场,统一的市场要求有统一的语言。统一中国语言,消除方言分歧,言文合一,开启民智,曾是无数爱国志士的毕生理想。中华人民共和国成立以来的普通话推广工作已让超过10亿的中国人用同一种声音无障碍交流,这是人类语言发展史上的一个奇迹,也是语言规划推动社会经济发展最成功的一个范例。

美国学者费希曼(Fishman)和普尔(Pool)在20世纪六七十年代曾先后研究过100多个国家语言多样性与社会经济发展的关系,研究发现,在人均国民生产总值、预期寿命、高等教育入学率、政治民主以及人均电视、收音机和报纸的数量等多个方面,语言同质性的国家均显著好于语言异质性国家。简单地说,就是语言越多样,国家越贫穷。这就是主张语言多样性与国家贫困之间存在正相关的"费希曼-普尔假说"。

虽然该假说的科学性还有待商榷,但中国的语言地理分布恰恰印证了其合理性。因为那些经济欠发达的地区往往就是汉语方言复杂、普通话普及率偏低的地区。

国家之所以推广普通话就在于统一而通用的语言文字有利于发展国民经济,有利于促进教育公平,有利于提升人力资本的水平。七十多年来普通话的推广和普及工作为社会进步和国家减贫做出了巨大贡献。首先,普通话的普及促进了教育的公平和发展。普通话作为基本的教育教学用语储存着最多的知识信息,是普及教育、阻断贫困代际传递的重要文化力量。其次,普通话的普及促进了专业人员的流动和新技术的传播,降低了人力管理成本。语言本身是一种人力资本,个人的普通话水平与他的工作能力、就业机会密切相关。最后,掌握普通话及相关信息技术,才能占领信息高地,不被信息边缘化。通用语言文字是信息最重要的载体,当前语音识别、人工智能等信息化技术的涌现对个人普通话应用水平提出了更高的要求。

2016年，教育部、国家语委发布的《国家语言文字事业"十三五"发展规划》，明确指出了要"结合国家实施的精准扶贫、精准脱贫方略，以提升教师、基层干部和青壮年农牧民语言文字应用能力为重点，加快提高民族地区国家通用语言文字普及率"。2020年11月23日，中国832个国家级贫困县全部脱贫摘帽，脱贫攻坚取得了决定性胜利。截至2020年，全国范围内普通话普及率已经达到80.72%。"扶贫先扶智，扶智先通语"，在取得推普扶贫阶段性成果的同时，我们还应看到，目前我国东西部之间、城乡之间、发达地区和贫困地区之间，普通话普及水平仍不平衡，进一步推广、普及普通话任重而道远。

四、学习普通话涉及的语音常识

（一）语音、音节、音素、音位

语音即由人的发音器官发出的，负载着一定语言意义的声音。

音节是人的听觉能感觉到的最小的语音单位。我们每发一个音节，发音器官的肌肉就会紧张一次，先增强，后减弱。汉语一个字多对应一个音节，只有儿化音例外，huar（花儿）之类的儿化音只被认为是一个音节。

音节可以切分，切分出的更小的单位就是音素。音素是从音质角度划分出来的最小的语音单位，它是从语音的自然属性来划分的。如 guang 这个音节，可以切分出 g-u-a-ng 四个音素，其中 g 和 ng 为辅音音素，u 和 a 为元音音素。

音标是音素的标写符号。现在最通行的音标是"国际音标"，它由国际语音学学会制订，其标音原则是"一个音标记录一个音素，一个音素只用一个音标记录"。其记录符号主要是拉丁字母及其大小写、手写体、变形等，并吸收少数其他语言的字母，另使用一些附加符号。其读音尽量与印欧语系诸语言惯例一致，书写加[ ]。

音位是具体语言中具有区别词的语音形式作用的最小语音单位。它是从语音的社会属性的角度来划分的。一般来说，音位是在音素的基础上归纳出来的，它是对发音近似并且没有区别意义作用的数个音素的概括，它总是属于特定的语言或方言的。比如普通话中 an（"安"）、da（"大"）、dao（"刀"）三个音节中的 a，发音部位分别是靠前、居中和靠后，在国际音标表可以被记录为三个音素，但在说普通话的人看来，这三个 a 其实是一个音位，甚至可以用国际音标的宽式标音法，将它们都标记为/a/。

（二）语音的物理性质

声音都是物体振动引起周围空气粒子的震动，形成音波，传到耳鼓的结果。语音同样属于声音，同样可以从音高、音强、音长、音质四个角度去观察它物理上的属性。

音高指声音的高低，它取决于发音体的振动频率，主要表现为声调、句调的变化。能够调节音高变化的主要是喉部声带的松紧，声带拉得越紧，声波振动的频率就越高，音高也就越高。这就跟琴弦一样，琴弦越细越短，绷得越紧，音调也就越高。妇女和儿童的声带短而薄，所以说话时声音高一些（妇女150～350赫兹，儿童200～350赫兹），成年男子的声带长而厚，所以声音低沉一些（60～200赫兹）。一个音节内音高的高低变化就是声调。

音强指声音的强弱，它取决于声波振幅的大小，即空气粒子的压力。振幅小，声音弱;振幅大,声音强。振幅大小又取决于发音时用力的大小,用力大,呼出的气流对发音器官的冲击就强,声音就强或重。

音长指声音的长短,它由音波存在时间的长短决定,表现为语速、停顿、节拍的变化。

音质指声音的本质或个性,它与音波振动的形式相关。从声音的产生进行分析,造成不同音质主要有三个原因:一是发音体的不同,即声带是否振动;二是发音方法的不同,即肺里呼出的气流所碰到的阻碍用什么方法克服;三是发音时共鸣器的不同,即肺里呼出的气流在什么部位受到阻碍或口腔形状如何。总体而言,音质的不同取决于发音器官和发音方法的不同。

(三) 发音器官和发音方法

人的发音器官(见图1-1)主要有三大组件,即充当动力的肺,充当发音体的声带和充当共鸣腔的口腔、鼻腔和咽腔。

共鸣腔部分的主要作用是调节气流,许多不同的音素,都是因为共鸣腔形状的改变而形成的。口腔是最重要的共鸣腔。口腔由上下唇、上下齿、上下腭、舌头和小舌组成。这些发音器官,如唇、舌头、软腭、小舌等是能够活动的,叫作"主动的发音器官";有些如上唇、齿龈、硬腭等是不能活动的,叫作"被动的发音器官"。发音时,主动发音器官向被动发音器官接触或靠近,就可以发出各种不同的声音。

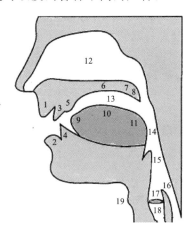

图1-1 发音器官示意图

(发音器官示意图:1上唇,2下唇,3上齿,4下齿,5齿龈,6硬腭,7软腭,8小舌,9舌尖,10舌面,11舌根,12鼻腔,13口腔,14咽腔,15会厌软骨,16食道,17声带,18气管,19喉结。)

(四) 元音和辅音

音素可以分为元音和辅音。汉语拼音方案的字母a、o、e、i、u、ü代表的音属于元音,其他字母代表的音几乎都是辅音。

元音是指呼出气流不受口腔部位阻碍而发出的音,普通话韵母的主体是元音。

辅音是指呼出气流受口腔部位阻碍而发出的音,普通话声母都是辅音。

元音和辅音有四个方面的区别:第一,发元音时,呼出气流不受阻碍,发辅音时,呼出气流要受阻碍;第二,发元音时,声带要振动,发辅音时,声带有的振动,有的不振动;

第三,发元音时,发音器官保持均衡紧张,发辅音时,只有形成阻碍部分保持紧张;第四,发元音时,呼出的气流因振动声带消耗了部分力量,所以较弱,发辅音时,呼出气流较强。

元音的不同是共鸣腔的不同形状造成的。共鸣腔里面最主要的是口腔,一般元音的差别正是取决于口腔的不同形状。口腔改变形状不外乎三个办法:①把嘴张得大些或者小些;②把舌头往前伸或者往后缩;③把嘴唇撮起或者展平。舌头和下颚相连,嘴张得大,就是舌头的位置低;嘴张得小,就是舌头的位置高。所以上面三个办法可以归结为舌位的高低、前后以及嘴唇的圆展。

辅音的差别是不同的发音部位和发音方法造成的。

(1)普通话辅音声母区别送气音和不送气音。发音时气流强的叫送气音,气流弱的叫不送气。如 p 是送气音,b 是不送气音。

(2)普通话辅音声母区别鼻音和口语。软腭低垂,堵住口腔的通道,让气流从鼻腔出来,就产生鼻音,如 n、m、ng;软腭上升,堵住鼻腔的通道,让气流从口腔出来,产生口音。多数辅音都是口音。

(3)普通话辅音声母一般不用清浊作为区别性特征。发音时声带振动的是浊音,声带不振动的是清音。普通话辅音声母中只有 4 个浊音声母:m、n、l、r,其余的都是清音声母。

(4)根据形成阻碍和排除阻碍的方式不同,汉语辅音声母主要区分为塞音、擦音和塞擦音等。塞音是发音器官两个部位完全闭合,然后突然打开,让气流爆发冲出,发出声音,如 b、p、d、t、g、k。擦音是发音器官两个部位靠近,留下缝隙,气流从缝隙中挤出,摩擦成声,如 f、h、s、sh、x、r。塞擦音是先塞后擦。发音部位先完全闭合,除阻时形成缝隙,气流从缝隙中挤出,摩擦成声,如 j、q、z、c、zh、ch。除了塞音、擦音和塞擦音,鼻音 n、m 和边音 l 也是平行的发音方法。

(五)汉语普通话的音节构造

汉语普通话的音节可以分为声母、韵母、声调三个部分。声母指音节开头的辅音,韵母指音节中声母后面的整个部分,韵母又分为"韵头""韵腹""韵尾"三个部分。

韵头又叫介音,是韵母中位于韵腹之前的成分。根据韵头的不同,我们可以把韵母分为开口呼、齐齿呼、合口呼、撮口呼四类韵母,简称"四呼"。没有韵头而以 a、o、e 为韵母的主要元音的叫开口呼;以 i 为主要元音或介音的叫齐齿呼;以 u 为主要元音或介音的叫合口呼;以 ü 为主要元音或介音的叫撮口呼。

韵腹是韵母中开口度最大或听起来最响亮的那个元音,它是韵母的核心。

韵尾是韵母中位于韵腹之后的收尾成分。

每一个韵母都必须有韵腹,但可以没有韵头和韵尾。声调指音节中具有区别意义作用的音高变化。最简单的一个音节可以没有声母、韵头和韵尾,但必须有韵腹和声调。

汉语普通话有 22 个声母,39 个韵母,4 个声调,按理说构成的音节数目应该在 3000 个以上,但实际上口头常用的音节数仅仅在 1100 个左右,可见声韵调的配合是有限制的,声母和韵母的配合更是有着特殊的规律和规则。如普通话中有 ji、qi、xi 这类音节,但是却没有 gi、ki、hi 这类音节。

第二节 普通话声调学习

一、声调的种类

声调是汉语中能够区别意义的音高变化。
大家按普通话四声的调值念下面汉字对应的音节：
一 姨 乙 艺　yī　yí　yǐ　yì
辉 回 毁 惠　huī　huí　huǐ　huì
风 冯 讽 奉　fēng　féng　fěng　fèng
飞 肥 匪 费　fēi　féi　fěi　fèi
通 同 桶 痛　tōng　tóng　tǒng　tòng
迂 于 雨 遇　yū　yú　yǔ　yù

大家会发现，每个汉字仅仅因为声调的不同就会表达不同的意义，而在很多语言当中，这种类似的音高变化最多只是改变了句子的语气，并不改变意义，就像有些初学汉语的外国人，他们可能连"睡觉""水饺"这两个词也无法分辨。

声调包括调值和调类两个方面。调值指声调的实际读法，也就是高低升降变化的具体形式。调类指声调的类别，就是把调值相同的音归纳在一起建立起来的声调的类别。调值是由音高决定的，音乐的音阶也是由音高决定的，但是调值和音阶不同。音阶的高低是绝对的，调值的高低是相对的。另外，声调的音高变化是滑动的，而不像音乐的音阶那样是跳动的。

描写调值常用五度制声调表示法。把一条竖线四等分，得到五个点，表示声调的相对音高：1度代表低音，2度代表半低音，3度代表中音，4度代表半高音，5度代表高音。一个人所能发出的最低音高是1度，最高音高是5度。

普通话有四种基本调值，可以归并为四个调类。根据古今调类演变的对应关系，定名为阴平、阳平、上声和去声。具体描写如下：

（1）阴平。高而平，叫高平调。发音时由5度到5度，调值为55。例字：巴、妈、家、仙。

（2）阳平。由中音升到高音，叫中升调。由3度到5度，调值为35。例字：及、读、拔、铜。

（3）上声。由半低音降到低音再升到半高音，叫降升调。由2度降到1度，再升到4度，调值为214。例字：北、改、踩、桶。

（4）去声。由高音降到低音，叫全降调。由5度到1度，调值为51。例字：贝、雇、价、谢。

可以用五度制声调表示法表示上面四个调类（可简称为"阴阳上去"四类），如图1-2所示。

还可以按阴阳上去的顺序念下面这些短语或成语，以此来练习四声的实际读法。

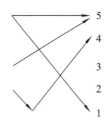

图 1-2　用五度制声调表示法表示四个调类

中华有志　zhōnghuáyǒuzhì
坚持改进　jiānchígǎijìn
中华伟大　zhōnghuáwěidà
千锤百炼　qiānchuíbǎiliàn
光明磊落　guāngmínglěiluò
花红柳绿　huāhóngliǔlǜ
非常好记　fēichánghǎojì

二、变调

在语流中，声调之间相互影响，有的音节的调值会发生有规律的变化，这种变化叫作变调。普通话里有三种重要的变调，前面两种变调规则尤为严格。

（一）上声的变调

两个音节相连，前一个音节是上声时，这个上声受到它后面音节声调的影响发生变调。规律是：

上声和上声相连时，前一个上声的调值由 214 变为 35。例如：

小姐	只有	奖品	美好	手表	勇敢	浅海
演讲	打水	扭转	打扫	海岛	土改	语法
买酒	好米	敏感	检举	冷水	考古	产品
起草	感想	买米	浅水	母语	几许	好写
管理	手指	港口	奶粉	骨髓	诋毁	允许
口吻	给以	整理	也许	矮小	拇指	可以
场所	脑髓	总统	走访	土匪	马匹	主宰

上声和非上声相连时，前一个上声的调值由 214 变为 21（半上）。

（1）上声加阴平，例如：简单、马车、买姜、好书、写诗、语音、北方、纺织、广播。

（2）上声加阳平，例如：考察、祖国、买油、好房、两条、语言、暖流、海螺、搞活。

（3）上声加去声，例如：审定、彩照、买菜、好戏、写信、美味、美丽、宝贵、野地。

上声出现在双音节词语中，变调的规则相对简单，但如果把上声连用的组合加长到三个以上的音节，则要格外小心其间的语义关系。

例如"买好米"，调值依次应该为 21-35-214，因为"好米"的语义联系更紧密。与此类似的例子还有：小礼品、老古董、耍笔杆、小两口、纸老虎、铁铠甲、党小组、撒火种、冷处理、老保守、小拇指。

"演讲稿"，调值依次应该为 35-35-214，因为"演讲"的语义联系更紧密。与此类似的例子还有:展览馆、选举法、打靶场、蒙古语、手写体、管理组、洗脸水、水彩笔、勇敢者、采访者。

"岂有此理",调值依次应该为35-21-35-214,因为"岂有"与"此理"可以先各自组合后再连成一词。

此外,两个上声字的组合,如果第二个字读轻声,且是前一字的叠音字或是词缀"子"的话,第一个字一般并不变为阳平,可以保留原先上声的读法,如:姐姐、奶奶、姥姥、宝宝、嫂嫂、婶婶、点子、影子、椅子、饺子、曲子、底子。

(二)"一"和"不"的变调

"一"的本调是阴平,"不"的本调是去声,它们单读时或在词句末尾时读本调。例如:"一""第一""五一""八一""唯一""统一""不""偏不""我偏不",等等。在下面三种情况下,"一"和"不"有着相同的声调。

1. 在去声字前一律读35,跟阳平的调值一样

一个　一共　一路　一寸　一夜　一倍　一半　一辈子
不但　不断　不对　不怕　不利　不便　不去　不累　不会

2. 夹在词语之间变读轻声

看一看　想一想　笑一笑　走一走　说一声
多不多　行不行　想不想　学不学　对不起

3. 在非去声前读51,跟去声的调值一样

阴平字前:

一般　一心　一车　一天　一生　一斤　一杯　一边
不精　不生　不交　不该　不听　不闻　不说　不高

阳平字前:

一旁　一同　一条　一团　一连　一级　一元　一年
不学　不行　不能　不还　不难　不拿　不来　不直

上声字前:

一点　一口　一走　一两　一晚　一本　一股　一种　一起
不好　不老　不走　不想　不讲　不走　不肯　不死　不醒

(三)重叠式形容词的变调

重叠式形容词的变调主要有三种。其变化规律一般是:

1. AA式的变调

第二个A不是阴平调时,声调可以变成阴平调,也可以不变调,如:

满满的 mǎnmǎnde　　　　　满满的 mǎnmānde
慢慢的 mànmànde　　　　　慢慢的 mànmānde
饱饱的 bǎobǎode　　　　　饱饱的 bǎobāode

上面两类发音都成立。

但当AA式形容词加儿化尾时,口语意味加强,语气温和婉转,此时重叠的第二个音节多变阴平调。如:

好好儿地 hǎohāorde　　　　早早儿地 zǎozāorde
慢慢儿地 mànmānrde　　　　稳稳儿地 wěnwēnrde

2．ABB 式的变调

当 B 音节不是阴平调，B 也可以变成阴平调，如：

绿油油 lǜyōuyōu　　　　　　沉甸甸 chéndiāndiān
慢腾腾 màntēngtēng　　　　红彤彤 hóngtōngtōng
毛茸茸 máorōngrōng　　　　软绵绵 ruǎnmiānmiān
湿淋淋 shīlīnlīn　　　　　　亮堂堂 liàngtāngtāng
黑洞洞 hēidōngdōng　　　　白晃晃 báihuānghuāng

3．AABB 式的变调

当 B 音节不是阴平调，B 也可以变成阴平调，如：

漂漂亮亮 piàopiàoliāngliāng　　结结实实 jiējiēshīshī
马马虎虎 mǎmǎhūhū　　　　　　哭哭啼啼 kūkūtītī
欢欢喜喜 huānhuānxīxī　　　　清清楚楚 qīngqīngchūchū
吞吞吐吐 tūntūntūtū　　　　　慢慢腾腾 mànmàntēngtēng

需要注意的是，上述重叠式形容词的变调多用于口语，在语气比较严肃或朗读政论性文章时，可以不变调，仍读原调。

三、轻声出现的规律

普通话中有些词语的音节改变原有的声调，读得又轻又短。这样的语音变化叫作轻声，读轻声的音节叫作轻声音节。例如，"补丁、官司、舌头、房子、喜欢、豆腐"等词里的第二个音节就是轻声音节。

轻声并不是和四声并列的一种声调，而是一种特殊的变调现象。每个轻声音节都有它原来的声调，例如"桔子"的"子"读轻声，"孔子、孟子、庄子"的"子"则读上声，"子"单独念也念上声。由此可见，轻声和声调是性质不同的两种语音现象。

从声学上分析，轻声音节的能量较弱，是音高、音长、音色、音强综合变化的效应，但音高、音长的特征在轻声音节上体现得更充分。从音高上看，轻声音节失去原有的声调调值，变成轻声音节特有的音高形式，构成轻声调值。从音长上看，轻声音节的音长一般短于它前面重读音节的音长。

普通话轻声音节的调值主要有两种形式：

（1）当前一个音节的声调是阴平、阳平、去声的时候，后一个轻声音节的调型是短促的低降调，调值为 31。

阴平＋轻声：他的 tāde　桌子 zhuōzi　说了 shuōle　哥哥 gēge　先生 xiānsheng　休息 xiūxi　苍蝇 cāngying　姑娘 gūniang　清楚 qīngchu　家伙 jiāhuo　庄稼 zhuāngjia

阳平＋轻声：红的 hóngde　房子 fángzi　晴了 qíngle　婆婆 pópo　活泼 huópo　泥鳅 níqiu　粮食 liángshi　胡琴 húqin　萝卜 luóbo　行李 xíngli　头发 tóufa

去声＋轻声：坏了 huàile　扇子 shànzi　睡了 shuìle　弟弟 dìdi　丈夫 zhàngfu　意思 yìsi　困难 kùnnan　骆驼 luòtuo　豆腐 dòufu　吓唬 xiàhu　漂亮 piàoliang

（2）当前一个音节的声调是上声的时候，后一个轻声音节的调型是短促的半高平调,调值为 44。

上声＋轻声:我的 wǒde　斧子 fǔzi　起了 qǐle　姐姐 jiějie　喇叭 lǎba　老实 lǎoshi　脊梁 jǐliang　马虎 mǎhu　耳朵 ěrduo　使唤 shǐhuan　嘱咐 zhǔfu　口袋 kǒudai

轻声词的主要作用并不在于区别意义,而是音律上的需要。语流中轻音和重音交替出现,有强有弱,使得语言节奏清晰,语音自然。但不读轻声,并不会引起意义上的误解,只会使人觉得普通话不地道。另外,从生理角度看,说话时轻重音交替,可以避免发音器官均衡用力,在一定程度上减轻发音器官的紧张和疲劳。因此,从本质上说,轻声是一种语流音变现象。

当然轻声也并不是单纯的语音现象,它和语法的关系密切,出现的语法位置有着比较强的规律性。下列这些音节都读轻声:

(1) 助词"的、地、得、着、了、过"和语气词"吗、呢、啊、吧"。如:
他的　愉快地　走得动　说着　吃了　去过　是吗　他呢　看啊　走吧

(2) 叠音词和动词的重叠形式后面的字。如:
弟弟　娃娃　星星　坐坐　等等　商量商量

(3) 构词用的虚语素"子、头"和表示多数的"们"等。如:
桌子　扣子　木头　馒头　我们　代表们

(4) 用在名词、代词后面表示方位的词。如:
墙上　河里　天上　地下　底下　那边　外面

(5) 趋向动词"来、去、起来、下去"等。如:
进来　拿来　出去　上去　看起来　掉下去　说出来　抢回来　走过去

(6) 量词"个"常读轻声。如:
一个　这个　哪个

(7) 夹在词语中间的"得、不、一"等。如:
等一下　看一看　吃不了　亮不亮　来得及　看得见

普通话以北京语音为标准音,但这并不是说北京话里所有读轻声的词语,都应该原封不动地被引进普通话,常用的轻声词请参见附录《常用必读轻声词表》。

附录《常用必读轻声词表》

/爱人 àiren/案子 ànzi/巴掌 bāzhang/把子 bǎzi/把子 bàzi
/爸爸 bàba/白净 báijing/班子 bānzi/板子 bǎnzi/帮手 bāngshou
/梆子 bāngzi/膀子 bǎngzi/棒槌 bàngchui/棒子 bàngzi/包袱 bāofu
/包涵 bāohan/包子 bāozi/豹子 bàozi/杯子 bēizi/被子 bèizi
/本事 běnshi/本子 běnzi/鼻子 bízi/比方 bǐfang/鞭子 biānzi
/扁担 biǎndan/辫子 biànzi/别扭 bièniu/饼子 bǐngzi/拨弄 bōnong
/脖子 bózi/簸箕 bòji/补丁 bǔding/不由得 bùyóude/不在乎 bùzàihu
/步子 bùzi/部分 bùfen/裁缝 cáifeng/财主 cáizhu/苍蝇 cāngying
/差事 chāishi/柴火 cháihuo/肠子 chángzi/厂子 chǎngzi/场子 chǎngzi
/车子 chēzi/称呼 chēnghu/池子 chízi/尺子 chǐzi/虫子 chóngzi

/绸子 chóuzi/除了 chúle/锄头 chútou/畜生 chùsheng/窗户 chuānghu
/窗子 chuāngzi/锤子 chuízi/刺猬 cìwei/凑合 còuhe/村子 cūnzi
/耷拉 dāla/答应 dāying/打扮 dǎban/打点 dǎdian/打发 dǎfa
/打量 dǎliang/打算 dǎsuan/打听 dǎting/大方 dàfang/大爷 dàye
/大夫 dàifu/带子 dàizi/袋子 dàizi/耽搁 dānge/耽误 dānwu
/单子 dānzi/胆子 dǎnzi/担子 dànzi/刀子 dāozi/道士 dàoshi
/稻子 dàozi/灯笼 dēnglong/提防 dīfang/笛子 dízi/底子 dǐzi
/地道 dìdao/地方 dìfang/弟弟 dìdi/弟兄 dìxiong/点心 diǎnxin
/调子 diàozi/钉子 dīngzi/东家 dōngjia/东西 dōngxi/动静 dòngjing
/动弹 dòngtan/豆腐 dòufu/豆子 dòuzi/嘟囔 dūnang/肚子 dǔzi
/肚子 dùzi/缎子 duànzi/对付 duìfu/对头 duìtou/队伍 duìwu
/多么 duōme/蛾子 ézi/儿子 érzi/耳朵 ěrduo/贩子 fànzi
/房子 fángzi/份子 fènzi/风筝 fēngzheng/疯子 fēngzi/福气 fúqi
/斧子 fǔzi/盖子 gàizi/甘蔗 gānzhe/杆子 gānzi/杆子 gǎnzi
/干事 gànshi/杠子 gàngzi/高粱 gāoliang/膏药 gāoyao/稿子 gǎozi
/告诉 gàosu/疙瘩 gēda/哥哥 gēge/胳膊 gēbo/鸽子 gēzi
/格子 gézi/个子 gèzi/根子 gēnzi/跟头 gēntou/工夫 gōngfu
/弓子 gōngzi/公公 gōnggong/功夫 gōngfu/钩子 gōuzi/姑姑 gūgu
/姑娘 gūniang/谷子 gǔzi/骨头 gǔtou/故事 gùshi/寡妇 guǎfu
/褂子 guàzi/怪物 guàiwu/关系 guānxi/官司 guānsi/罐头 guàntou
/罐子 guànzi/规矩 guīju/闺女 guīnü/鬼子 guǐzi/柜子 guìzi
/棍子 gùnzi/锅子 guōzi/果子 guǒzi/蛤蟆 háma/孩子 háizi
/含糊 hánhu/汉子 hànzi/行当 hángdang/合同 hétong/和尚 héshang
/核桃 hétao/盒子 hézi/红火 hónghuo/猴子 hóuzi/后头 hòutou
/厚道 hòudao/狐狸 húli/胡琴 húqin/糊涂 hútu/皇上 huángshang
/幌子 huǎngzi/胡萝卜 húluóbo/活泼 huópo/火候 huǒhou/伙计 huǒji
/护士 hùshi/机灵 jīling/脊梁 jǐliang/记号 jìhao/记性 jìxing
/夹子 jiāzi/家伙 jiāhuo/架势 jiàshi/架子 jiàzi/嫁妆 jiàzhuang
/尖子 jiānzi/茧子 jiǎnzi/剪子 jiǎnzi/见识 jiànshi/毽子 jiànzi
/将就 jiāngjiu/交情 jiāoqing/饺子 jiǎozi/叫唤 jiàohuan/轿子 jiàozi
/结实 jiēshi/街坊 jiēfang/姐夫 jiěfu/姐姐 jiějie/戒指 jièzhi
/金子 jīnzi/精神 jīngshen/镜子 jìngzi/舅舅 jiùjiu/橘子 júzi
/句子 jùzi/卷子 juànzi/咳嗽 késou/客气 kèqi/空子 kòngzi
/口袋 kǒudai/口子 kǒuzi/扣子 kòuzi/窟窿 kūlong/裤子 kùzi
/快活 kuàihuo/筷子 kuàizi/框子 kuàngzi/困难 kùnnan/阔气 kuòqi
/喇叭 lǎba/喇嘛 lǎma/篮子 lánzi/懒得 lǎnde/浪头 làngtou
/老婆 lǎopo/老实 lǎoshi/老太太 lǎotàitai/老头子 lǎotóuzi/老爷 lǎoye
/老子 lǎozi/姥姥 lǎolao/累赘 léizhui/篱笆 líba/里头 lǐtou
/力气 lìqi/厉害 lìhai/利落 lìluo/利索 lìsuo/例子 lìzi
/栗子 lìzi/痢疾 liji/连累 liánlei/帘子 liánzi/凉快 liángkuai

/粮食 liángshi/两口子 liǎngkǒuzi/料子 liàozi/林子 línzi/翎子 língzi
/领子 lǐngzi/溜达 liūda/聋子 lóngzi/笼子 lóngzi/炉子 lúzi
/路子 lùzi/轮子 lúnzi/萝卜 luóbo/骡子 luózi/骆驼 luòtuo
/妈妈 māma/麻烦 máfan/麻利 máli/麻子 mázi/马虎 mǎhu
/码头 mǎtou/买卖 mǎimai/麦子 màizi/馒头 mántou/忙活 mánghuo
/冒失 màoshi/帽子 màozi/眉毛 méimao/媒人 méiren/妹妹 mèimei
/门道 méndao/眯缝 mīfeng/迷糊 míhu/面子 miànzi/苗条 miáotiao
/苗头 miáotou/名堂 míngtang/名字 míngzi/明白 míngbai/蘑菇 mógu
/模糊 móhu/木匠 mùjiang/木头 mùtou/那么 nàme/奶奶 nǎinai
/难为 nánwei/脑袋 nǎodai/脑子 nǎozi/能耐 néngnai/你们 nǐmen
/念叨 niàndao/念头 niàntou/娘家 niánjia/镊子 nièzi/奴才 núcai
/女婿 nǚxu/暖和 nuǎnhuo/疟疾 nüèji/拍子 pāizi/牌楼 páilou
/牌子 páizi/盘算 pánsuan/盘子 pánzi/胖子 pàngzi/狍子 páozi
/盆子 pénzi/朋友 péngyou/棚子 péngzi/脾气 píqi/皮子 pízi
/痞子 pǐzi/屁股 pìgu/片子 piānzi/便宜 piányi/骗子 piànzi
/票子 piàozi/漂亮 piàoliang/瓶子 píngzi/婆家 pójia/婆婆 pópo
/铺盖 pùgai/欺负 qīfu/旗子 qízi/前头 qiántou/钳子 qiánzi
/茄子 qiézi/亲戚 qīnqi/勤快 qínkuai/清楚 qīngchu/亲家 qìngjia
/曲子 qǔzi/圈子 quānzi/拳头 quántou/裙子 qúnzi/热闹 rènao
/人家 rénjia/人们 rénmen/认识 rènshi/日子 rìzi/褥子 rùzi
/塞子 sāizi/嗓子 sǎngzi/嫂子 sǎozi/扫帚 sàozhou/沙子 shāzi
/傻子 shǎzi/扇子 shànzi/商量 shāngliang/上司 shàngsi/上头 shàngtou
/烧饼 shāobing/勺子 sháozi/少爷 shàoye/哨子 shàozi/舌头 shétou
/身子 shēnzi/什么 shénme/婶子 shěnzi/生意 shēngyi/牲口 shēngkou
/绳子 shéngzi/师父 shīfu/师傅 shīfu/虱子 shīzi/狮子 shīzi
/石匠 shíjiang/石榴 shíliu/石头 shítou/时候 shíhou/实在 shízai
/拾掇 shíduo/使唤 shǐhuan/世故 shìgu/似的 shìde/事情 shìqing
/柿子 shìzi/收成 shōucheng/收拾 shōushi/首饰 shǒushi/叔叔 shūshu
/梳子 shūzi/舒服 shūfu/舒坦 shūtan/疏忽 shūhu/爽快 shuǎngkuai
/思量 sīliang/算计 suànji/岁数 suìshu/孙子 sūnzi/他们 tāmen
/它们 tāmen/她们 tāmen/台子 táizi/太太 tàitai/摊子 tānzi
/坛子 tánzi/毯子 tǎnzi/桃子 táozi/特务 tèwu/梯子 tīzi
/蹄子 tízi/挑剔 tiāoti/挑子 tiāozi/条子 tiáozi/跳蚤 tiàozao
/铁匠 tiějiang/亭子 tíngzi/头发 tóufa/头子 tóuzi/兔子 tùzi
/妥当 tuǒdang/唾沫 tuòmo/挖苦 wāku/娃娃 wáwa/袜子 wàzi
/晚上 wǎnshang/尾巴 wěiba/委屈 wěiqu/为了 wèile/位置 wèizhi
/位子 wèizi/蚊子 wénzi/稳当 wěndang/我们 wǒmen/屋子 wūzi
/稀罕 xīhan/席子 xízi/媳妇 xífu/喜欢 xǐhuan/瞎子 xiāzi
/匣子 xiázi/下巴 xiàba/吓唬 xiàhu/先生 xiānsheng/乡下 xiāngxia
/箱子 xiāngzi/相声 xiàngsheng/消息 xiāoxi/小伙子 xiǎohuǒzi/小气 xiǎoqi

/小子 xiǎozi/笑话 xiàohua/谢谢 xièxie/心思 xīnsi/星星 xīngxing
/猩猩 xīngxing/行李 xíngli/性子 xìngzi/兄弟 xiōngdi/休息 xiūxi
/秀才 xiùcai/秀气 xiùqi/袖子 xiùzi/靴子 xuēzi/学生 xuésheng
/学问 xuéwen/丫头 yātou/鸭子 yāzi/衙门 yámen/哑巴 yǎba
/胭脂 yānzhi/烟筒 yāntong/眼睛 yǎnjing/燕子 yànzi/秧歌 yāngge
/养活 yǎnghuo/样子 yàngzi/吆喝 yāohe/妖精 yāojing/钥匙 yàoshi
/椰子 yēzi/爷爷 yéye/叶子 yèzi/一辈子 yībèizi/衣服 yīfu
/衣裳 yīshang/椅子 yǐzi/意思 yìsi/银子 yínzi/影子 yǐngzi
/应酬 yìngchou/柚子 yòuzi/冤枉 yuānwang/院子 yuànzi/月饼 yuèbing
/月亮 yuèliang/云彩 yúncai/运气 yùnqi/在乎 zàihu/咱们 zánmen
/早上 zǎoshang/怎么 zěnme/扎实 zhāshi/眨巴 zhǎba/栅栏 zhàlan
/宅子 zháizi/寨子 zhàizi/张罗 zhāngluo/丈夫 zhàngfu/帐篷 zhàngpeng
/丈人 zhàngren/帐子 zhàngzi/招呼 zhāohu/招牌 zhāopai/折腾 zhēteng
/这个 zhège/这么 zhème/枕头 zhěntou/镇子 zhènzi/芝麻 zhīma
/知识 zhīshi/侄子 zhízi/指甲 zhǐjia/指头 zhǐtou/种子 zhǒngzi
/珠子 zhūzi/竹子 zhúzi/主意 zhǔyi/主子 zhǔzi/柱子 zhùzi
/爪子 zhuǎzi/转悠 zhuànyou/庄稼 zhuāngjia/庄子 zhuāngzi/壮实 zhuàngshi
/状元 zhuàngyuan/锥子 zhuīzi/桌子 zhuōzi/字号 zìhao/自在 zìzai
/粽子 zòngzi/祖宗 zǔzong/嘴巴 zuǐba/作坊 zuōfang/琢磨 zuómo

第三节 普通话声母学习

一、声母的发音部位

声母是音节开头的辅音。普通话有 21 个辅音声母,即 b、p、m、f、d、t、n、l、g、k、h、j、q、x、zh、ch、sh、r、z、c、s。少数音节开头部分没有辅音声母,只有韵母独立成为音节,如:爱 ài、姨 yí、五 wǔ、玉 yù,等等。根据不同的发音部位和发音方法,可以把普通话 21 个辅音声母填入普通话辅音声母表(见表 1-1)。

表 1-1 辅音声母表

发音部位	塞音		塞擦音		擦音		鼻音	边音
	清音		清音		清音	浊音	浊音	浊音
	不送气	送气	不送气	送气				
双唇音	b	p					m	
唇齿音					f			
舌尖前音			z	c	s			
舌尖中音	d	t					n	l

续表

发音部位	塞音		塞擦音		擦音		鼻音	边音
	清音		清音		清音	浊音	浊音	浊音
	不送气	送气	不送气	送气				
舌尖后音			zh	ch	sh	r		
舌面音			j	q	x			
舌根音	g	k			h			

辅音都是气流克服阻碍而发出的声音,所以气流受到阻碍的部位就是辅音声母的发音部位,上面各类声母的阻碍点如下。

双唇音,由上下唇形成阻碍,如:báibù("白布")、pīngpāng("乒乓")、měimiào("美妙")。

唇齿音,由上齿和下唇形成阻碍,如:fāngfǎ("方法")、fēifán("非凡")。

舌尖前音,由舌尖和上齿背形成阻碍,如:zìzūn("自尊")、céngcì("层次")、sèsù("色素")。

舌尖中音,由舌尖和上齿龈形成阻碍,如:dāndiào("单调")、tiāntáng("天堂")、nánnǚ("男女")、lǎoliàn("老练")。

舌尖后音,由舌尖和硬腭前部形成阻碍,如:zhùzhái("住宅")、chángchéng("长城")、shēnshì("身世")、rěnràng("忍让")。

舌面音,由舌面和硬腭前部形成阻碍,如:jījí("积极")、qīnqiè("亲切")、xiànxiàng("现象")。

舌根音,由舌面后部和软腭形成阻碍,如:gāoguì("高贵")、kèkǔ("刻苦")、hūhuàn("呼唤")。

二、辨正 zh、ch、sh、r 和 z、c、s

(一) 发音要领及二者的区别

z、c、s 是舌尖前音,发音时舌尖对着上齿背,软腭上升,堵塞鼻腔通路;zh、ch、sh、r 是舌尖后音,发音时舌尖卷起来对着硬腭,软腭上升,堵塞鼻腔通路。两者区别仅在舌尖位置上。所以可以先发 z、c、s,然后把舌尖卷起来对着硬腭,发出来的音就是 zh、ch、sh(两者的舌位区别见图 1-3)。r 发音部位与 sh 相近,只是声带要颤动。普通话里 z、c、s 和 zh、ch、sh、r 能区别意义,俗称"区分平翘舌"。而大量南方方言,甚至北方方言的部分地区,都没有 zh、ch、sh、r 这套声母。因此,这些方言区的人学习普通话时就要学会 zh、ch、sh、r 的发音,还要知道普通话里哪些字要读 zh、ch、sh,哪些字要读 z、c、s。

(二) 记忆方法

1. 直接记翘舌音字或平舌音字

多数方言中平、翘舌不分,主要是 zh、ch、sh 混入 z、c、s,所以直接记翘舌音的字是区分平舌音和翘舌音的方法之一。可以先记一部分最常用的翘舌音字,如"十""是"

图 1-3 z、c、s 与 zh、ch、sh、r 的舌位区别图

"中""水""上"等。在此基础上,我们再结合以下方法,利用排除和补充的方法进一步区分所有平舌音和翘舌音。当然,因为平舌音字比翘舌音字要少,我们还可以只记平舌音字,利用排除法,其余均为翘舌音字的方法来记忆。

2. 声旁类推

汉语中有很多形声字,声旁代表音,利用这一特点,我们可以类推出一部分偏旁的字同属平舌或翘舌。如:

(1) 带有以下偏旁的字是翘舌音。

zhōng zhōng zhōng zhǒng zhǒng zhōng zhōng zhòng chōng
中 — 钟　忠　种　肿　盅　衷　仲　冲

zhèng zhèng zhěng zhèng zhēng zhèng zhèng
正 — 政　整　证　征　症　怔

zhēn zhèn zhěn zhěn chēn
真 — 镇　缜　稹　嗔

shēng shēng shēng shēng shèng
生 — 牲　笙　甥　胜

shì shì shì shì shì
式 — 试　拭　轼　弑

shǎo shā shā chǎo shā
少 — 沙　莎　吵　砂

(2) 此外,带有以下字作为偏旁的也是翘舌音,如:丈、专、支、止、长、主、只、召、执、至、贞、朱、争、志、折、者、直、知、珍、真、章,等等。

(3) 带有以下偏旁的字是平舌音。

cǎi cǎi cǎi cǎi cài　　　　　　zǐ zī zǎi zǐ
采 — 彩　踩　睬　菜　　　　　子 — 孜　仔　籽

cì cí cí zī zī zī　　　　　　sī sī sī sī sī
次 — 瓷　茨　姿　资　咨　　　斯 — 厮　澌　撕　嘶

cóng cóng zòng zōng cōng　　　　céng zēng zēng zèng zèng
从 — 丛　纵　枞　苁　　　　　曾 — 憎　增　缯　赠

zūn zūn zūn　　　　　　　　　sī cì sì sì
尊 — 遵　樽　　　　　　　　　司 — 伺　饲　嗣

3. 记住例外字

有些独体字是翘舌音,但由它作声旁的字是平舌音;有些独体字是平舌音,但由它作声旁的字是翘舌音,这样的字是少数,需要个别记忆。如:

zhàn zhàn zhàn zhān zhān zhān zuàn　　chá chā chá chǎ cā
占 (站　战　沾　粘　毡) — 钻　　察 (嚓　檫　镲) — 擦

shù sù sòu sù sù sù sù shù
束（速 嗽 蔌 簌 觫 涑）— 漱

zé zé zé zé zé zhài
责（啧 帻 赜 簧）— 债

zōng zōng zōng zōng zōng zòng chóng
宗（综 踪 棕 鬃 粽）— 崇

zé cè cè cè cè zhá
则（测 侧 厕 恻）— 铡

sǒu sōu sōu sōu sōu sōu sǒu shòu
叟（搜 艘 飕 嗖 馊 瞍）— 瘦

cái cái cái chái
才（材 财）— 豺

sì shī shì shì zhì zhì
寺 — 诗 侍 恃 痔 峙

此外，还有一些字不能由声旁推测其声母读音，需要逐个记忆，如：

cāng cāng cāng cāng chuàng chuāng chuāng
仓（苍 沧 舱）— 创 疮 怆

4. 记声韵拼合规律

（1）s 与 ong 相拼，sh 不和 ong 相拼。如：

sōng sòng sòng sǒng sòng sòng sòng sǒng sōng sōng sōng sōng
松 送 颂 耸 讼 诵 宋 怂 悚 竦 松 嵩

（2）s 与 en 相拼的字少（常见的只有"森"），sh 与 en 相拼的字多，如：

shén shén shēn shēn shēn shèn shěn shèn shèn shèn shěn shèn
神 什 身 深 伸 甚 审 慎 渗 婶 肾

（3）只有翘舌与 ua、uai、uang 相拼。如：

zhuā shuā zhuài chuāi shuāi zhuāng shuāng chuāng
抓 刷 拽 揣 摔 装 双 窗

（三）对比练习

zhá zá   chā cā   shā sǎ   zhé zé   chè cè   shè sè
闸—杂   插—擦   沙—撒   折—则   彻—测   社—色

zhī zǐ   chí cí   shì sì   zhài zài   chái cái   zhào zào
只—紫   持—词   是—四   寨—在   柴—才   照—造

chāo cāo   shǎo sǎo   zhòu zòu   chòu còu   shōu sōu   zhàn zàn
超—操   少—扫   宙—奏   臭—凑   收—搜   站—赞

chǎn cǎn   shān sān   zhěn zěn   zhāng zāng cháng cáng shāng sāng
产—惨   山—三   诊—怎   张—脏   常—藏   商—桑

zhēng zēng shēng sēng zhú zú   chū cū   zhuō zuò   chuō cuō
争—增   生—僧   逐—足   出—粗   桌—坐   戳—撮

shuō suō   zhuì zuì   chuī cuī   shuì suì   zhuān zuān chuàn cuàn
说—缩   坠—最   吹—催   睡—碎   专—钻   串—篡

shuān suān zhūn zūn   chūn cūn   shùn sǔn   zhōng zōng chóng cóng
栓—酸   谆—尊   春—村   顺—损   中—宗   虫—从

三、辨正 n 和 l

（一）发音要领及二者的区别

n 发音时，舌尖抵住上齿龈，软腭下降，打开鼻腔通路，气流振动声带，从鼻腔通过，不由口腔呼出，如"能耐""泥泞"的声母。l 发音时，舌尖抵住上齿龈，软腭上升，堵塞鼻腔通路,气流振动声带,从舌头两边通过,不从鼻腔呼出,如"玲珑""嘹亮"的声母。n发音时,气流从鼻腔通过,所以发出的声音带有"鼻音",而l在发音时注意舌头的动作,即在发音前,舌头向上卷,发音时,舌头伸平,不带有鼻音,即使用手捏住鼻子也能发音。两者软腭的位置和气流的走向见图1-4。

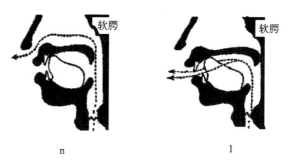

图1-4 n、l软腭的位置和气流的走向

普通话里n和l能区别意义,"女客"和"旅客"绝不一样,而闽方言、西南官话和部分江淮官话里n和l是不分的,它们被发音人认为是一个音位。

(二) 记忆方法

1. 形声字声旁类推

(1) 带有以下偏旁的字是鼻音声母字。

níng nǐng níng níng níng nìng
宁— 拧 狞 柠 咛 泞

nèi nà nà nà nà nà
内— 纳 钠 呐 衲 肭

ní nī ne ní nì
尼— 妮 呢 泥 昵

nà nǎ nuó nà
那— 哪 挪 娜

náng nāng nǎng nǎng
囊— 囔 馕 攮

nóng nóng nóng nóng
农— 浓 脓 哝

(2) 带有以下偏旁的字是边音声母字。

lìng lǐng líng lǐng líng líng líng
令— 领 零 岭 龄 铃 玲

lóng lǒng lóng lóng lóng lóng lǒng
龙— 拢 笼 聋 胧 咙 垄

lún lùn lún lún lún lūn lún
仑— 论 轮 纶 沦 抡 囵

liè liě liè liè lì
列— 咧 裂 烈 例

lǐ lǐ lí lǐ lí lǐ liàng
里— 理 厘 哩 狸 鲤 量

láo lāo lào lào láo
劳— 捞 唠 涝 痨

liú liū liú liù liú liú
留— 溜 瘤 遛 榴 榴

lán làn lán lán
兰— 烂 栏 拦

(3) 依据声旁类推也有例外。

liáng	liáng	liáng	làng	láng	láng	láng	lāng	lǎng	láng	láng
良	— 粮	踉	浪	狼	廊	郎	啷	朗	螂	榔

但有两个常用字却是例外,如娘(niáng)和酿(niàng)。

2. 记声韵拼合规律

n 不与韵母 ia 相拼,"俩"是边音;

n 不与韵母 uen 相拼,"抡、仑、囵、山仑、沦、轮、伦、论"等字都念边音;

n 不与韵母 ou 相拼,"搂、楼、篓、漏、瘘、露、陋"等字都念边音;

l 不与韵母 en 相拼,"嫩"是鼻音。

3. 记少不记多

韵母 e、ü、ei、eng、in、iang、uan 与鼻音 n 相拼的字极少,而与边音 l 相拼的字较多,所以我们只要记住字少的一边,其余的字就可以放心地念边音了。

ne一呢(其余读 le一了 乐 勒 仂)

nü一女(其余读 lü一绿 律 率 旅 虑 吕)

nei一内馁(其余读 lei一类 泪 累 雷 垒 肋 磊 勒 蕾 擂)

neng一能(其余读 leng一冷 棱 愣 楞 塄)

nin一您(其余读 lin一林 临 邻 淋 凛 鳞 吝 嶙 粼 赁)

nuan一暖(其余读 luan一乱 卵 峦 挛 銮 鸾 孪 滦)

4. 偏旁带有 er、r、zh、ch,或属于零声母 y(i)开头的读音的字往往读鼻音

偏旁发音为 er 的(尔、贰、而):

nǐ nì nài nuò
你 腻 耐 懦

偏旁发音为 r 声母的(若、弱):

nì nì nuò
匿 溺 诺

偏旁发音为 zh 声母的(占、展):

niān niǎn
粘 碾

偏旁发音为 ch 声母的(丑、齿):

niǔ niè
纽 啮

偏旁发音为零声母 y(i)的(尧、以、焉):

náo náo nǐ niān
挠 铙 拟 蔫

(三) 对比练习

ná	lā	nài	lài	nèi	lèi	nǎo	lǎo	nán	lán	náng	láng	néng	léng
拿	—拉	奈	—赖	内	—类	脑	—老	南	—兰	囊	—郎	能	—棱

nǐ	lǐ	niē	liè	niǎo	le	niú	liú	nián	lián	nín	lín	niáng	liáng
你	—里	捏	—列	鸟	—了	牛	—流	年	—连	您	—林	娘	—良

níng　líng　nú　lú　nuò　luò　nuǎn　luǎn　nóng　lóng　nǚ　lǚ　nüè　lüè
宁—零　奴—卢　诺—落　暖—卵　农—龙　女—旅　虐—略

四、其他声母的对比练习

(一) h 与 f

f 和 h 都是清擦音，它们的区别主要是构成阻碍的部位不同。f 是下唇和上齿构成阻碍，h 是舌根和软腭构成阻碍。即发唇齿音 f 时，上齿与下唇内缘接近，唇形向两边展开；发舌根音 h 时，舌头后缩，舌根抬起，和软腭接近，注意唇齿部位不能接触。

这两个声母的发音本身并不难，湖北部分方言在 f、h 与 u 或 u 领头的韵母相拼时，往往会把两者的读音搞混。辨正的重点是能记住该声母的一些代表字。

如用形声字声旁类推，以"非"作为偏旁的"菲、啡、绯、扉、霏、诽、匪、斐、蜚、翡、痱"都读 f 声母；以"胡"作为偏旁的如"湖、葫、胡、瑚、糊、蝴、糊、醐、猢"等都读 h 声母。

此外，还有一些人是因为声母连用时拗口而发生失误，可以开展以下对比训练。

1. f—h

发慌 fāhuāng　　反悔 fǎnhuǐ　　复合 fùhé　　防旱 fánghàn
发还 fāhuán　　发挥 fāhuī　　妨害 fánghài　　防护 fánghù
返航 fǎnháng　　防洪 fánghóng　　繁华 fánhuá　　绯红 fēihóng
风寒 fēnghán　　丰厚 fēnghòu　　凤凰 fènghuáng　　烽火 fēnghuǒ

2. h—f

洪峰 hóngfēng　　豪放 háofàng　　耗费 hàofèi　　合法 héfǎ
何妨 héfáng　　横幅 héngfú　　后方 hòufāng　　化肥 huàféi
焕发 huànfā　　划分 huàfēn　　恢复 huīfù　　伙房 huǒfáng
洪福 hóngfú　　海风 hǎifēng　　盒饭 héfàn　　何方 héfāng

3. 对比辨音

发红 fāhóng—花红 huāhóng　　　附助 fùzhù—互助 hùzhù
防空 fángkōng—航空 hángkōng　　飞鱼 fēiyú—黑鱼 hēiyú
工会 gōnghuì—公费 gōngfèi　　　互利 hùlì—富丽 fùlì
湖面 húmiàn—浮面 fúmiàn　　　　幅度 fúdù—弧度 húdù
放荡 fàngdàng—晃荡 huàngdàng　 流犯 liúfàn—流汗 liúhàn
翻腾 fānténg—欢腾 huānténg　　 西服 xīfú—西湖 xīhú
老房 lǎofáng—老黄 lǎohuáng　　 仿佛 fǎngfú—恍惚 huǎnghū

(二) j、q、x 与 z、c、s

发舌面音 j、q、x 时，舌面前部与硬腭前部形成阻碍，此时舌尖不能与齿背靠得太近，如果舌尖抵住齿背后面，发音就会近似于 z、c、s 或 zh、ch、sh。可以开展以下对比训练。

1. 声母对比训练

缉私 jīsī　　积资 jízī　　其次 qícì　　袖子 xiùzi
下策 xiàcè　　习字 xízì　　戏词 xìcí　　资金 zījīn

字迹 zìjī	字据 zìjù	自己 zìjǐ	自觉 zìjué
瓷器 cíqì	刺激 cìjī	思绪 sīxù	私交 sījiāo
私情 sīqíng	私心 sīxīn	司机 sījī	丝线 sīxiàn
剪除 jiǎnchú	精致 jīngzhì	趋势 qūshì	西施 xīshī

2. 词语对比练习

墨迹 mòjì—墨汁 mòzhī　　　　　交际 jiāojì—交织 jiāozhī
边际 biānjì—编制 biānzhì　　　　就业 jiùyè—昼夜 zhòuyè
砖墙 zhuānqiáng—专长 zhuāncháng　洗礼 xǐlǐ—失礼 shīlǐ
缺席 quēxí—确实 quèshí　　　　获悉 huòxī—获释 huòshì
逍遥 xiāoyáo—烧窑 shāoyáo　　　详细 xiángxì—翔实 xiángshí
电线 diànxiàn—电扇 diànshàn　　　艰辛 jiānxīn—艰深 jiānshēn
浅明 qiǎnmíng—阐明 chǎnmíng　　　密集 mìjí—密植 mìzhí

(三) 零声母与辅音声母

零声母即没有辅音声母，直接由韵母构成音节，但有些方言在念零声母字时容易带上明显的辅音声母，多数情况是带上后鼻音 ng，也有带上 m 或 n 的，还有将元音 u 错念成辅音 v 的。零声母字发音时，要注意打开口腔通道，令整个发音器官保持均衡的紧张，不让音节开头出现辅音成分。

藕汤 ǒutāng	挨饿 ái'è	昂扬 ángyáng	熬药 áoyào
偶尔 ǒu'ěr	扼要 èyào	压抑 yāyì	沿用 yányòng
演义 yǎnyì	洋溢 yángyì	谣言 yáoyán	每晚 měiwǎn
外围 wàiwéi	牙龈 yáyín	蚊蝇 wényíng	文风 wénfēng
余味 yúwèi	纹路 wénlù	万丈 wànzhàng	五味 wǔwèi

另外，还有些方言容易将部分普通话中与齐、撮两呼（即 -i 和 -ü 开头的韵母）相拼的 n 声母字读作零声母字。可以朗读下列词语进行辨音训练。

大逆 nì—大义 yì　　　　牛 niú 油—有 yǒu 油
女 nǚ 婿—语 yǔ 序　　　造孽 niè—造业 yè

第四节　普通话韵母学习

一、韵母的分类

韵母指音节里声母后面的部分。韵母主要由元音构成，有些韵母里除了元音之外还有辅音。普通话韵母里的辅音只有 n 和 ng 两个鼻辅音。普通话有 39 个韵母，分为三类。

(一) 单元音韵母

单元音韵母是由一个元音构成的，所以它的发音也就是元音的发音。普通话有 10

个单元音韵母,大致可分为两类。

1. 舌面单元音韵母

舌面单元音韵母有 7 个,分别是 a、o、e、ê、i、u、ü。发音时主要由舌面起作用,气流颤动声带,然后由口腔呼出。根据舌位的高低、前后和嘴唇的圆展,我们可以这样描述 7 个舌面单元音韵母的发音特征。

  a 舌面央低不圆唇元音,例字:阿、八、茶、哈达、爸妈。
  o 舌面后半高圆唇元音,例字:喔、拨、摸、磨破、泼墨。
  e 舌面后半高不圆唇元音,例字:鹅、德、勒、割舍、特色。
  ê 舌面前中不圆唇元音,例字只有欸。
  i 舌面前高不圆唇元音,例字:笔、皮、西、米粒、意义。
  u 舌面后高圆唇元音,例字:乌、不、普、出、部署、糊涂。
  ü 舌面前高圆唇元音,例字:鱼、曲、女、区域、渔具。

2. 舌尖单元音韵母

舌尖单元音韵母有 3 个,它们发音时主要是舌尖起作用,分别是-i(舌尖前,如"滋、词、私"的韵母)、-i(舌尖后,如"之、吃、师、日"的韵母)、er(卷舌音,如"儿、二、耳"的韵母)。以上三者发音的不同,是由舌尖的前后、舌位的高低和嘴唇的圆展这三个条件决定的。

-i(后):舌尖后高不圆唇元音,发音时舌尖翘起,靠近硬腭,形成一条窄缝,气流经过时不发生摩擦。只用在声母 sh、ch、sh、r 的后面。

-i(前):舌尖前高不圆唇元音,发音时舌尖前伸,靠近上齿背,形成一条窄缝,气流经过时不发生摩擦。只用在声母 z、c、s 的后面。

er:卷舌央中不圆唇元音,发音时舌头处于自然状态,舌尖向后卷和硬腭相对,气流的通路比较宽,嘴唇不圆。韵母 er 单独构成音节,不与辅音声母相拼。

(二) 复元音韵母

复元音韵母是由两个或三个元音构成的,两个元音构成的叫二合复韵母,三个元音构成的叫三合复韵母。

复韵母发音时气流不中断,元音之间没有明显的界线,即从一个元音逐渐过渡到另一个元音,且各个元音的响度不等。响度大的元音在前的,叫作前响复韵母;响度大的元音在后的,叫作后响复韵母;响度大的元音在中间的,叫作中响复韵母,中响复韵母一定是三合复韵母。

1. 二合前响复韵母有 4 个

  ai 例字:爱、海、买、白菜、开采。
  ei 例字:累、北、黑、配备、肥美。
  ao 例字:好、草、到、烧烤、早操。
  ou 例字:丑、偷、扣、欧洲、收购。

2. 二合后响复韵母有 5 个

  ia 例字:牙、佳、加压、下架、恰恰。
  ie 例字:爷、姐、谢谢、结业、贴切。

ua 例字:蛙、耍、娃娃、挂花、花袜。
uo 例字:搓、说、堕落、骆驼、过错。
üe 例字:月、决、约略、雀跃、绝学。

3. 三合中响复韵母有 4 个

iao 例字:腰、叫、巧妙、逍遥、苗条。
iou 例字:有、救、悠久、绣球、牛油。
uai 例字:歪、帅、摔坏、怀揣、外快。
uei 例字:回、睡、追随、摧毁、归队。

(三) 鼻韵母

鼻韵母是由元音和鼻辅音构成的。普通话有 16 个鼻韵母。鼻韵母发音时,由元音开始逐渐向鼻辅音过渡,最后阻碍部分完全闭塞,气流从鼻腔流出。由于是鼻辅音充当韵尾,鼻韵母的发音时长明显比复元音韵母短。

普通话中作韵尾的鼻辅音有-n 和-ng,分别构成前鼻音韵母和后鼻音韵母。

1. 前鼻音韵母是以 n 为韵尾的韵母,有 8 个

an 例字:安、单、谈、感叹、展览、灿烂。
ian 例字:烟、颠、先、前线、片面、前线。
uan 例字:弯、团、欢、贯穿、转换、婉转。
üan 例字:元、捐、宣、渊源、全权、源泉。
en 例字:恩、痕、深、认真、根本、身份。
in 例字:因、亲、今、近邻、信心、拼音。
uen 例字:棍、昏、春、论文、馄饨、温顺。
ün 例字:云、群、熏、均匀、军训、循循。

2. 后鼻音韵母是以 ng 为韵尾的韵母,有 8 个

ang 例字:昂、钢、长、帮忙、厂房、商场。
iang 例字:两、江、枪、想象、响亮、洋相。
uang 例字:汪、黄、床、状况、狂妄、双簧。
eng 例字:朋、冷、疼、更正、丰盛、乘风。
ing 例字:英、听、轻、命令、平定、姓名。
ong 例字:工、东、同、隆重、从容、公共。
iong 例字:雍、兄、炯、汹涌、穷凶、熊熊。
ueng 例字:翁、嗡、瓮。

二、辨正-n 和-ng

(一) 后鼻音韵母的发音要领

n 是舌尖浊鼻音,发音时由舌尖和上齿背构成阻碍,既作声母,又作韵尾,一般不构成发音难点。问题较大的是很多方言区习惯于把后鼻音-ng 发成前鼻音-n,特别是把 eng 发成 en,把 ing 发成 in。

-ng 是舌根浊鼻音,发音时由舌根和软腭构成阻碍,发音时舌根抵住软腭,堵塞气流通往口腔的通路,同时软腭下垂,声带颤动,气流从鼻腔通过。

(二) 后鼻音的练习诀窍

g、k、h 等声母跟后鼻韵尾-ng 都属于舌根音,所以只要在-ng 后加 g、k、h 音节字组成词语练习,就很容易发出较为标准的后鼻音。如:

名贵(míngguì)　　能够(nénggòu)
请客(qǐngkè)　　　更换(gēnghuàn)
丰厚(fēnghòu)　　经过(jīngguò)

(三) 前后鼻音的记忆方法

1. 形声字声旁类推

(1) 带有以下偏旁的字都是前鼻音,如:

mén　men　mèn　mén
门 — 们　闷　扪

yīn　yīn　yīn　yān
因 — 茵　姻　烟

(2) 带有以下偏旁的字都是后鼻音,如:

fēng　fēng　fēng　fěng
风 — 枫　疯　讽

píng　píng　píng　píng　píng　píng　píng
平 — 评　坪　苹　萍　枰　鲆

qīng　qīng　qīng　qīng　qíng　qíng　qǐng　qìng
青 — 清　蜻　鲭　情　晴　请　箐

(3) 带有以下字作为偏旁的也是前鼻音-en,如:分、壬、本、申、贞、艮、辰、肯、参、贲、真。

(4) 带有以下字作为偏旁的也是后鼻音-eng,如:正、生、成、争、丞、亨。

当然也有少数例外,如"令"为后鼻音韵母 ing,带有"令"作为偏旁的也多是后鼻音韵多,如"龄、岭、零、领、翎、羚、伶、翎、玲、铃……",但也有少数另外,"邻"和"拎"就为前鼻音 in。

2. 记声韵拼合规律

(1) g 与 en 相拼的字少,只有"跟"和"根",但与 eng 相拼的字特别多,如"梗"(gěng)、"耕"(gēng)、"更"(gèng)、"耿"(gěng)、"哽"(gěng)、"羹"(gēng)、"庚"(gēng)。

(2) n 与 in 相拼的字只有"您",但与 ing 相拼的字特别多,如"宁"(níng)、"泞"(nìng)、"咛"(níng)、"柠"(níng)、"狞"(níng)、"凝"(níng)、"侫"(nìng)。

(3) z 和 en 相拼的少,只有"怎",但与 eng 相拼特别多,如"曾"(céng)、"增"(zēng)、"赠"(zèng)、"憎"(zēng)、"甑"(zèng)、"锃"(zèng)、"增"(zēng)。

(4) r 和 eng 相拼的少,只有"仍"和"扔",但与 en 相拼的特别多,如"人"(rén)、"任"(rèn)、"忍"(rěn)、"认"(rèn)、"刃"(rèn)、"仁"(rén)、"韧"(rèn)、"纫"(rèn)、"荏"(rěn)、"饪"(rèn)、"妊"(rèn)、"轫"(rèn)。

（5）声母 d、t、n 可以与 ing 相拼，但不与 in 相拼（"您"是个例外）。例如：

ding：
dīng	dīng	dīng	dīng	dīng	dìng	dīng	dǐng	dǐng	dìng	dìng
丁	玎	叮	盯	町	钉	仃	顶	鼎	定	碇

ting：
tīng	tīng	tīng	tíng	tíng	tíng	tíng	tíng	tíng	tíng	tǐng	tìng
听	厅	汀	亭	停	婷	廷	庭	霆	蜓	挺	铤

ning：
níng	níng	níng	níng	níng	nìng	nìng
宁	柠	咛	狞	凝	泞	佞

（6）声母 d、t、l 可以同 eng 相拼，但不同 en 相拼。例如：

deng：
děng	dèng	dēng	dèng	dēng	dēng
等	邓	灯	凳	登	蹬

teng：
téng	téng	téng	téng	téng	téng
疼	滕	疼	藤	誊	橙

leng：
lěng	léng	léng	lèng
冷	楞	棱	愣

（7）有 bǐng，无 bǐn。例如：

bing	bǐng	bǐng	bǐng
	饼	丙	秉	柄

（四）对比练习

陈 chén 旧－成 chéng 就　　花盆 pén－花棚 péng

真 zhēn 气－蒸 zhēng 汽　　红心 xīn－红星 xīng

整 zhěng 段－诊 zhěn 断　　人民 mín－人名 míng

上身 shēn－上升 shēng　　信 xìn 服－幸 xìng 福

人参 shēn－人生 shēng　　劲 jìn 头－镜 jìng 头

针 zhēn 眼－睁 zhēng 眼　　婴 yīng 儿－因 yīn 而

成 chéng 风－晨 chén 风　　海滨 bīn－海兵 bīng

同门 mén－同盟 méng　　今 jīn 天－惊 jīng 天

瓜分 fēn－刮风 fēng　　亲近 qīnjìn－清静 qīngjìng

出生 shēng－出身 shēn　　竞 jìng 赛－禁 jìn 赛

粉 fěn 刺－讽 fěng 刺　　金银 jīnyín－晶莹 jīngyíng

三、其他韵母辨正

（一）区分 ong 和 ueng

ong 发音时从比 u 舌位稍低的圆唇元音开始，舌面后部贴向软腭，当两者将要接触时，软腭下降，打开鼻腔通路，紧接着舌面后部与软腭接触，封闭了口腔通路，气流从鼻腔里透出。唇形始终拢圆，变化不明显。

ueng 发音时在 eng 的前面加上一段由高元音 u 开始的动程。发音时，从圆唇的后高元音 u 开始，舌位降至比后半高不圆唇元音 e 稍稍靠前略低的位置，紧接着舌位升高，接续鼻音-ng。唇形从圆唇在向元音 e 滑动过程中渐变为展唇。在普通话中，ueng 自成音节，只有零声母的音节形式 weng，对应的汉字只有"翁""瓮""嗡"等少数汉字。

有些方言区的人在发"翁""瓮"等汉字音时，唇形没有先拢圆再展唇，而是始终拢圆,错把 ueng 发成了 ong。请注意下列词语的发音：

老翁(lǎowēng)　　　　　　　渔翁(yúwēng)
主人翁(zhǔrénwēng)　　　　　瓮声瓮气(wèngshēngwèngqì)
瓮中捉鳖(wèngzhōngzhuōbiē)　嗡嗡作响(wēngwēngzuòxiǎng)

（二）区分齐齿呼和撮口呼

以舌面前高不圆唇元音 i 为主要元音或介音的韵母叫齐齿呼；以舌面前高圆唇元音 ü 为主要元音或介音的韵母叫撮口呼。很多方言区的人容易把圆唇的撮口呼发成不圆唇的齐齿呼。可以朗读下列词语进行辨音训练：

拳脚(quánjiǎo)—前脚(qiánjiǎo)　　军人(jūnrén)—金人(jīnrén)
茄子(qiézi)—瘸子(quézi)　　　　一月(yíyuè)—一夜(yíyè)
切实(qièshí)—确实(quèshí)　　　列表(lièbiǎo)—略表(lüèbiǎo)
猎取(lièqǔ)—掠取(lüèqǔ)　　　　日夜(rìyè)—日月(rìyuè)
竹叶(zhúyè)—逐月(zhúyuè)　　　午夜(wǔyè)—五岳(wǔyuè)

（三）区分合口呼、撮口呼和开口呼

以舌面后高圆唇元音 u 为主要元音或介音的韵母叫合口呼。发合口呼时如舌头前伸就容易发成撮口呼，如把"完全"念成"源泉"。另外，有些方言区的人习惯丢失合口呼前的 u，这样合口呼就变成了开口呼，如把"短"念成"胆"。请注意下列词语的发音：

均匀(jūnyún)　　军训(jūnxùn)　　逡巡(qūnxún)　　遵循(zūnxún)
源泉(yuánquán)　专款(zhuānkuǎn)　转暖(zhuǎnnuǎn)　怨言(yuànyán)
温存(wēncún)　　论文(lùnwén)　　春笋(chūnsǔn)　　孙文(sūnwén)
专权(zhuānquán)　传唤(chuánhuàn)　团结(tuánjié)　　对错(duìcuò)

四、儿化音变

儿化是普通话中一种十分重要的语音变化。像"儿童、儿女、婴儿、幼儿"里的"儿"，它们有具体意义，能独立构成音节，不属于儿化音变。

儿化是指后缀"儿"与它前一个音节合成一个音节，并使这个音节的韵母带上卷舌音色的一种特殊音变现象，如"花儿、鸟儿、玩儿、今儿、明儿、大院儿、露馅儿"里的"儿"。儿化音节只有一个音节，所以汉语拼音方案规定，用-r 表示儿化，就是在儿化音节的后面加上个-r。例如"刀把儿"要拼写成 dāobǎr，"号码儿"要拼写成 hàomǎr。这些儿化音节只在韵母部分发生变化，又可以称作"儿化韵"。儿化音变在发音上有这样一些特点：

（1）儿化音变只对韵腹（主要元音）和韵尾（尾音）产生影响，对声母和韵头没有实质的影响。

（2）儿化音变会丢掉韵尾-i、-n、-ng。

（3）儿化音变会在主要元音（i、ü 除外）上加卷舌动作。这些主要元音大多数变为带有卷舌色彩的央元音 ar 和 er。

（4）儿化音变在主要元音 i、ü 后面可直接加上 er，如 i、in、ing、ü、ün 这些韵母。

（5）儿化音变在舌尖元音-i（舌尖前）和-i（舌尖后）后面加卷舌动作，相当于用 er 替换了原来的韵母。

(6) 后鼻尾音韵母儿化时,除丢掉韵尾-ng 外,往往还会将主要元音鼻化。

下面借助汉语拼音描写儿化音节的实际发音(元音央化、元音鼻化描写时暂时忽略):

1. 儿化后大致能保留原先韵母完整性的儿化韵

　　a>ar:那儿 把儿 号码儿 找茬儿

　　ia>iar:掉价儿 一下儿 豆芽儿 纸匣儿

　　ua>uar:大褂儿 麻花儿 脑瓜儿 牙刷儿

　　ie>ier:锅贴儿 半截儿 一些儿 小鞋儿

　　üe>üer:旦角儿 配角儿

　　i>ir:针鼻儿 垫底儿 肚脐儿 玩意儿

　　ü>ür:毛驴儿 小曲儿 金鱼儿 痰盂儿

　　e>er:逗乐儿 饭盒儿 唱歌儿 挨个儿

　　u>ur:碎步儿 没谱儿 泪珠儿 身子骨儿

　　ao>aor:红包儿 灯泡儿 半道儿 手套儿

　　iao>iaor:火苗儿 跑调儿 小鸟儿 开窍儿

　　ou>our:老头儿 衣兜儿 门口儿 小偷儿

　　iou>iour:打球儿 蜗牛儿 棉球儿 抓阄儿

　　uo>uor:没座儿 大伙儿 火锅儿 邮戳儿

2. 儿化后已经无法保留原先韵母完整性的儿化韵

　　ai>ar:盖儿 带儿 名牌儿 女孩儿

　　an>ar:快板儿 老伴儿 脸蛋儿 收摊儿

　　ang>ar:帮忙儿 药房儿 香肠儿 瓜瓤儿

　　ian>iar:小辫儿 差点儿 拉链儿 冒尖儿

　　iang>iar:鼻梁儿 花样儿 好样儿 透亮儿

　　uai>uar:一块儿

　　uan>uar:饭馆儿 落款儿 打转儿 好玩儿

　　uang>uar:相框儿 蛋黄儿 打晃儿 天窗儿

　　üan>üar:烟卷儿 手绢儿 出圈儿 人缘儿

　　ei>er:刀背儿 摸黑儿

　　en>er:老本儿 哥们儿 别针儿 压根儿

　　eng>er:钢镚儿 板凳儿 脖梗儿 提成儿

　　uei>uer:一会儿 跑腿儿 墨水儿 烟嘴儿

　　uen>uer:没准儿 胖墩儿 三轮儿 开春儿

　　in>ir:有劲儿 胡琴儿 送信儿 脚印儿

　　ing>ir:花瓶儿 打鸣儿 图钉儿 火星儿

　　ün>ür:合群儿 花裙儿

　　-i(舌尖前)>er:瓜子儿 没词儿 铜子儿 挑刺儿

　　-i(舌尖后)>er:没事儿 墨汁儿 锯齿儿 年三十儿

　　ong>or:没空儿 果冻儿 胡同儿 酒盅儿

iong＞ior：小熊儿

儿化音带有明显的口语色彩，书面语词中很少有儿化音。一个词儿化后，往往具有小或者喜爱的意味，例如"小孩儿、小嘴儿、小猫儿、小刀儿、小玩意儿、好玩儿、小燕儿"。当然这个现象并不绝对。还有一些儿化有区别词义和词性的作用，如用"盖"和"盖儿"可以分别表示动词和名词，用"头"和"头儿"可以表示"身体部位"和"领导"两种不同的意思。常见的儿化词语见附录《常见儿化词语表》。

附录：《常见儿化词语表》

刀把儿 dāobǎr/号码儿 hàomǎr/戏法儿 xìfǎr/在哪儿 zàinǎr/找茬儿 zhǎochár/打杂儿 dǎzár/板擦儿 bǎncār/名牌儿 míngpáir/鞋带儿 xiédàir/壶盖儿 húgàir/小孩儿 xiǎoháir/加塞儿 jiāsāir/快板儿 kuàibǎnr/老伴儿 lǎobànr/蒜瓣儿 suànbànr/脸盘儿 liǎnpánr/脸蛋儿 liǎndànr/收摊儿 shōutānr/栅栏儿 shānlánr/包干儿 bāogànr/笔杆儿 bǐgǎnr/门槛儿 ménkǎnr/药方儿 yàofāngr/赶趟儿 gǎntàngr/香肠儿 xiāngchángr/瓜瓤儿 guārángr/掉价儿 diàojiàr/一下儿 yíxiàr/豆芽儿 dòuyár/小辫儿 xiǎobiànr/照片儿 zhàopiānr/扇面儿 shànmiànr/差点儿 chàdiǎnr/一点儿 yìdiǎnr/雨点儿 yǔdiǎnr/聊天儿 liáotiānr/拉链儿 lāliànr/冒尖儿 màojiānr/坎肩儿 kǎnjiānr/牙签儿 yáqiānr/露馅儿 lòuxiànr/心眼儿 xīnyǎnr/鼻梁儿 bíliángr/透亮儿 tòuliàngr/花样儿 huāyàngr/脑瓜儿 nǎoguār/大褂儿 dàguàr/麻花儿 máhuār/笑话儿 xiàohuar/牙刷儿 yáshuār/一块儿 yíkuàir/茶馆儿 cháguǎnr/饭馆儿 fànguǎnr/火罐儿 huǒguànr/落款儿 luòkuǎnr/打转儿 dǎzhuànr/拐弯儿 guǎiwānr/好玩儿 hǎowánr/大腕儿 dàwànr/蛋黄儿 dànhuángr/打晃儿 dǎhuàngr/天窗儿 tiānchuāngr/烟卷儿 yānjuǎnr/手绢儿 shǒujuànr/出圈儿 chūquānr/包圆儿 bāoyuánr/人缘儿 rényuánr/绕远儿 ràoyuánr/杂院儿 záyuànr/刀背儿 dāobèir/摸黑儿 mōhēir/老本儿 lǎoběnr/花盆儿 huāpénr/嗓门儿 sǎngménr/把门儿 bǎménr/哥们儿 gēmenr/纳闷儿 nàmènr/后跟儿 hòugēnr/高跟儿鞋 gāogēnrxié/别针儿 biézhēnr/一阵儿 yízhènr/走神儿 zǒushénr/大婶儿 dàshěnr/小人儿书 xiǎorénrshū/杏仁儿 xìngrénr/刀刃儿 dāorènr/

五、"啊"的音变

"啊"附着在句子的末尾是语气助词。由于跟前一个音节连读而受其末尾音素的合音影响，常常发生音变现象。其音变规则如下：

（一）前面音节的末尾音素是 a、o、e、i、ü、ê 的，读作"呀"(ya)

快去找他啊(tāya)！
你去说啊(shuōya)！
今天好热啊(rèya)！
你可要拿定主意啊(yiya)！
我来买些鱼啊(yúya)！
赶紧向他道谢啊(xièya)！

（二）前面音节的末尾音素是 u(包括 ao、iao)的，读作"哇"(wa)

你在哪里住啊(zhùwa)？

他人挺好啊(hǎowa)！
口气可真不小啊(xiǎowa)！

（三）前面音节的末尾音素是 n 的，读作"哪"(na)

早晨的空气多清新啊(xīnna)！
多好的人啊(rénna)！
你猜得真准啊(zhǔnna)！

（四）前面音节的末尾音素是 ng 的，读作"啊"(nga)

这幅图真漂亮啊(liangnga)！
注意听啊(tīngnga)！
最近太忙啊(mángnga)！

（五）前面音节的末尾音素是的-i(舌尖前)的，读作"啊"([za])；前面音节的末尾音素是的－i(舌尖后)的，读作"啊"(ra)

今天来回几次啊(ciza)！
你有什么事啊(shìra)！
你怎么撕了一地纸啊(zhǐra)！

掌握"啊"的变读规律，并不需要一一硬记，只要将前一个音节顺势连读"a"，像念声母与韵母拼音一样，其间不要停顿，就可以自然地念出"a"的变音来。

【思考与训练】

1. 模画出人体发音器官图，标出唇、舌、齿、软腭、硬腭、口腔、鼻腔的位置，并用红笔标出主动发音器官的位置。
2. 对比普通话和自己方言，找出普通话中在自己方言中不存在的声母。
3. 准确熟练地朗读下列绕口令。

《冰棒碰瓶》：半盆冰棒半盆瓶，冰棒碰盆，盆碰瓶，盆碰冰棒盆不怕，冰棒碰瓶瓶必崩。

《买饽饽》：白伯伯，彭伯伯，饽饽铺里买饽饽。白伯伯买的饽饽大，彭伯伯买的大饽饽。拿到家里给婆婆，婆婆又去比饽饽。不知白伯伯买的饽饽大，还是彭伯伯买了个大饽饽。

《八百标兵》：八百标兵奔北坡，炮兵并排北边跑，炮兵怕把标兵碰，标兵怕碰炮兵炮。

《爸爸抱宝宝》：爸爸抱宝宝，跑到布铺买布做长袍。宝宝穿了长袍不会跑，跑了八步就拉破了布长袍。布长袍破了还要用布补，再跑到布铺买布补长袍。

《两只猫》：白猫黑鼻子，黑猫白鼻子。黑猫的白鼻子，碰破了白猫的黑鼻子。白猫的黑鼻子破了，剥个秕谷壳儿补鼻子。黑猫的白鼻子没破，就不必剥秕谷壳补鼻子。

《白庙和白猫》：白庙外蹲着一只白猫，白庙里有一顶白帽。白庙外的白猫看见了白帽，叼着白庙里的白帽跑出了白庙。

《炮兵和步兵》：炮兵攻打八面坡，炮兵排排炮弹齐发射。步兵逼近八面坡，歼敌八千八百八十多。

《好孩子画石狮子》：有个好孩子，拿张图画纸，来到石院子，学画石狮子。一天来画一次石狮子，十天来画十次石狮子。次次画石狮子，天天画石狮子，死狮子画成了活狮子。

《四个老师》：石、斯、施、史四老师，天天和我在一起，石老师教我大公无私，斯老师给我精神食粮，施老师叫我遇事三思，史老师送我知识钥匙。我感谢石、斯、施、史四老师。

《紫茄子》：紫紫茄子，紫茄子紫。紫茄子结籽，紫茄子皮紫肉不紫。紫紫茄子结籽，紫紫茄子皮紫籽不紫。你喜欢吃皮紫肉不紫的紫茄子，还是喜欢吃紫皮紫籽的紫紫茄子。

《奶奶和来来》：奶奶背柴，来来提菜。来来替奶奶背柴，奶奶替来来提菜。奶奶叫来来好小孩，来来叫奶奶好奶奶。

《蓝布棉门帘》：有个面铺面朝南，门上挂着蓝布棉门帘，摘了蓝布棉门帘，面铺面朝南；挂上蓝布棉门帘，面铺还是面朝南。

《牛郎恋刘娘》：牛郎年年恋刘娘，刘娘连连念牛郎。牛郎恋刘娘，刘娘念牛郎，郎念娘来娘恋郎。

《分清陈和程》：姓陈不能说成姓程，姓程不说成姓陈。分清陈和程，禾木是程，耳东是陈，如果陈程不分就会认错人。

《真正冷》：真冷真冷真正冷，冷冰冰，人人都说冷。说冷也不冷，人能战胜风，更能战胜冷。

《满天星》：一颗星，孤零零，两颗星，放光明。三四五六许多星，照得满天亮晶晶。

第二章　普通话测试

第一节　普通话测试基础知识

依据 1997 年国家语言文字工作委员会发布的《普通话水平测试等级标准（试行）》的有关规定：普通话水平划分为三个级别，每个级别内划分两个等次。

一级为标准级普通话，分为一级甲等和一级乙等：

一级甲等：朗读和自由交谈时，语音标准，词汇、语法正确无误，语调自然，表达流畅。测试失分率在 3% 以内，也就是 97 分以上。

一级乙等：朗读和自由交谈时，语音标准，词汇、语法正确无误，语调自然，表达流畅。偶然有字音、字调失误。测试总失分率在 8% 以内，也就是 92 分以上。

二级为比较标准级普通话，分为二级甲等和二级乙等：

二级甲等：朗读和自由交谈时，声韵调发音基本准确，语调自然，表达流畅。少数难点音有时出现失误。词汇、语法极少有误。测试总失分率在 13% 以内，也就是 87 分以上。

二级乙等：朗读和自由交谈时，个别调值不准，声韵母发音有不到位现象。难点音较多，失误较多。方言语调不明显。有使用方言词、方言语法的情况。测试总失分率在 20% 以内，也就是 80 分以上。

三级为一般水平的普通话，分为三级甲等和三级乙等：

三级甲等：朗读和交谈时，声韵母发音失误较多，难点音超出常见范围，声调调值多不准。方言语调较明显。词汇、语法有失误。测试总失分率在 30% 以内，也就是 70 分以上。

三级乙等：朗读和自由交谈时，声韵调发音失误较多，方音特征突出。方言语调明显。词汇、语法失误较多。外地人听其谈话有听不懂情况。测试总失分率在 40% 以内，也就是 60 分以上。

目前测试成绩的认定机构由省级语委办公室确定，但其中一级甲等成绩需在认定前由国家语委普通话培训测试中心复审，一级乙等成绩在认定前由省级普通话培训测试中心复审。

《中华人民共和国国家通用语言文字法》规定：以普通话作为工作语言的播音员、节目主持人和影视话剧演员、教师、国家机关工作人员的普通话水平，应当分别达到国家规定的等级标准。多数省份都要求教师达到二级以上水平，其中语文教师要求达到二级甲等以上水平,语音教师和口语教师要求达到一级乙等以上水平。普通话证书是教师资格认定所需材料之一。播音员、节目主持人和影视话剧演员应当达到一级水平,其中省级广播电台、电视台的播音员、节目主持人应当达到一级甲等水平。

第二节　普通话测试主要内容

普通话水平测试以口试方式进行,并主要采用计算机辅助测试。

普通话水平测试的内容包括普通话语音、词汇和语法。

普通话水平测试的范围是国家测试机构编制的《普通话水平测试用普通话词语表》《普通话水平测试用普通话与方言词语对照表》《普通话水平测试用普通话与方言常见语法差异对照表》《普通话水平测试用朗读作品》《普通话水平测试用话题》。

绝大多数省份试卷包括 4 个组成部分,满分为 100 分。

一、读单音节字词

(100 个音节,不含轻声、儿化音节,限时 3.5 分钟,共 10 分。)

1. 目的

测查应试人声母、韵母、声调读音的标准程度。

2. 要求

(1) 100 个音节中,每个声母出现次数一般不少于 3 次,每个韵母出现次数一般不少于 2 次,4 个声调出现次数大致均衡。

(2) 音节的排列要避免同一测试要素连续出现。

3. 评分

(1) 语音错误,每个音节扣 0.1 分。

(2) 语音缺陷,每个音节扣 0.05 分。

(3) 超时 1 分钟以内,扣 0.5 分;超时 1 分钟以上(含 1 分钟),扣 1 分。

二、读多音节词语

(100 个音节,限时 2.5 分钟,共 20 分。)

1. 目的

测查应试人声母、韵母、声调和变调、轻声、儿化读音的标准程度。

2. 要求

(1) 声母、韵母、声调出现的次数与读单音节字词的要求相同。

(2) 上声与上声相连的词语不少于 3 个,上声与非上声相连的词语不少于 4 个,轻声不少于 3 个,儿化不少于 4 个(应为不同的儿化韵母)。

(3) 词语的排列要避免同一测试要素连续出现。

3. 评分

(1) 语音错误,每个音节扣 0.2 分。

(2) 语音缺陷,每个音节扣 0.1 分。

(3) 超时 1 分钟以内,扣 0.5 分;超时 1 分钟以上(含 1 分钟),扣 1 分。

三、朗读短文

(1 篇,400 个音节,限时 4 分钟,共 30 分。)

1. 目的

测查应试人使用普通话朗读书面作品的水平。在测查声母、韵母、声调读音标准程度的同时,重点测查连读音变、停连、语调以及流畅程度。

2. 要求

(1) 短文从《普通话水平测试用朗读作品》中选取。

(2) 评分以朗读作品的前 400 个音节(不含标点符号和括注的音节)为限。

3. 评分

(1) 每错 1 个音节,扣 0.1 分;漏读或增读 1 个音节,扣 0.1 分。

(2) 声母或韵母的系统性语音缺陷,视程度扣 0.5 分、1 分。

(3) 语调偏误,视程度扣 0.5 分、1 分、2 分。

(4) 停连不当,视程度扣 0.5 分、1 分、2 分。

(5) 朗读不流畅(包括回读),视程度扣 0.5 分、1 分、2 分。

(6) 超时扣 1 分。

四、命题说话

(限时 3 分钟,共 40 分。)

1. 目的

测查应试人在无文字凭借的情况下说普通话的水平,重点测查语音标准程度、词汇语法规范程度和自然流畅程度。

2. 要求

(1) 说话话题从《普通话水平测试用话题》(共 30 个,选题见下)中选取,由应试人从给定的两个话题中选定 1 个话题,连续说一段话。

　　①我的愿望(或理想)
　　②我的学习生活
　　③我最尊敬的人
　　④我喜爱的动物(或植物)
　　⑤童年的记忆
　　⑥我喜爱的职业
　　⑦难忘的旅行
　　⑧我的朋友
　　⑨我喜爱的文学(或其他)艺术形式
　　⑩谈谈卫生与健康
　　⑪我的业余生活

⑫我喜欢的季节
⑬学习普通话的感受
⑭谈谈服饰
⑮我的假日生活
⑯我的成长之路
⑰谈谈科技发展与社会生活
⑱我知道的风俗
⑲我和体育
⑳我的家乡(或熟悉的地方)
㉑谈谈美食
㉒我喜欢的节日
㉓我所在的集体(学校、机关、公司)
㉔谈谈社会公德(或职业道德)
㉕谈谈个人修养
㉖我喜欢的明星(或其他知名人士)
㉗我喜爱的书刊
㉘谈谈对环境保护的认识
㉙我向往的地方
㉚购物(消费)的感受

(2) 应试人单向说话。全面推行计算机辅助测试后,无法人为纠正应试人的背稿、离题等错误倾向。

3. 评分

(1) 语音标准程度,共25分,分六档。

一档:语音标准,或极少有失误。扣0分、1分、2分。

二档:语音错误在10次以下,有方音但不明显。扣3分、4分。

三档:语音错误在10次以下,但方音比较明显;或语音错误在10~15次之间,有方音但不明显。扣5分、6分。

四档:语音错误在10~15次之间,方音比较明显。扣7分、8分。

五档:语音错误超过15次,方音明显。扣9分、10分、11分。

六档:语音错误多,方音重。扣12分、13分、14分。

(2) 词汇语法规范程度,共10分,分三档。

一档:词汇、语法规范。扣0分。

二档:词汇、语法偶有不规范的情况。扣1分、2分。

三档:词汇、语法屡有不规范的情况。扣3分、4分。

(3) 自然流畅程度,共5分,分三档。

一档:语言自然流畅。扣0分。

二档:语言基本流畅,口语化较差,有背稿子的表现。扣0.5分、1分。

三档:语言不连贯,语调生硬。扣2分、3分。

说话不足3分钟,酌情扣分:缺时1分钟以内(含1分钟),扣1分、2分、3分;缺时1分钟以上,扣4分、5分、6分;说话不满30秒(含30秒),本测试项成绩计为0分。

第三节　普通话测试注意事项

一、读单音节字词的注意事项

（1）第一题不用读标题，听到提示音后直接开始。该题时间充裕，要不急不躁，从左到右横向朗读，不要漏行、错行。

（2）单个音节如果读错，允许应试人第一时间改读一次，并以改读音作为评分依据，但隔音节改读无效。

（3）第三声的音长相对其他声调字较长，是一个完整的降升调，所以不得不读得饱满，但切记不可拖腔拖调。所谓读得不饱满，主要表现在相当一部分考生在读第三声时，忽略了第三声作为单音节朗读时需要保持的完整性，把第三声读成了只降不升的调子。

（4）朗读完毕后，可自行点击"下一题"按钮进入下一题测试。

二、读多音节词语的注意事项

（1）第二题不用读标题，听到提示音后直接开始。该题时间充裕，要不急不躁，从左到右横向朗读，不要漏行、错行。

（2）该题会出现轻声词3到5个，平时将《常用必读轻声词表》读熟即可轻松应对。

（3）该题会出现4个儿化词。儿化词多以三个汉字呈现，但只能读成两个音节，即后缀"儿"与它前一个音节合成一个音节来读。平时将《常见儿化词语表》读熟即可轻松应对。

（4）读多音节词语时不可拖腔拖调，人为肢解词语。

（5）有些词语如"青年""儿女""互相"等，倒着读也可以成词，要避免倒序朗读。

（6）该题可能会出现三个上声连用的多音节词语，需要格外注意其间的语义关系和组合层次，并以此作为上声变调的依据。

（7）每个词语如果读错，允许应试人第一时间改读一次，并以改读音作为评分依据，但隔词改读无效。

（8）朗读完毕后，可自行点击"下一题"按钮进入下一题测试。

三、朗读短文的注意事项

（1）第三题不用读标题，听到提示音后直接开始朗读短文。

（2）如果读错，不要改读。正确的做法是直接读下去，因为回读、改读都会扣分。

（3）读到"//"处即可，到此处已朗读了400个音节的短文，可以自行点击"下一题"按钮进入下一题测试。

（4）所有短文在平时复习时都要依据自己的弱项对其中的重难点进行针对性的整理，比如儿化词、轻声词、啊的变读、鼻边音等都要单独标注出来。

如考生对鼻边音不熟悉,作品中下面这段话就可以在相应的汉字下面做上标记:

在里约热内卢的一个贫民窟里,有一个男孩子,他非常喜欢足球,可是又买不起,于是就踢塑料盒,踢汽水瓶,踢从垃圾箱里捡来的椰子壳。他在胡同里踢,在能找到的任何一片空地上踢。

如考生对上声变调不熟悉,作品中相应的词语一律做上标记:

而焚烧处理这些塑料垃圾,则会释放出多种化学有毒气体。

这种广袤的土地面积为五百四十六万平方公里,占国土总面积的百分之五十七。

著名教育家班杰明曾经接到一个青年人的求救电话,并与那个向往成功、渴望指点的青年人约好了见面的时间和地点。

再如"啊"的音变是朗读时最容易丢分的项目,考试用的60篇朗读作品中出现"啊"的变读的句子,现整理如下:

这又怪又丑的石头,原来是天上的啊(ya)。

好大的雪啊(ya)!

我们每个人都是风筝,在妈妈手中牵着,从小放到大,再从家乡放到祖国最需要的地方去啊(ya)!

火光啊(nga)……毕竟……毕竟就在前头。

家乡的桥啊(wa),我梦中的桥!

清晨,当第一束阳光射进舷窗时,它便敞开美丽的歌喉,唱啊(nga)唱,嘤嘤有韵,宛如春水淙淙。

是啊(ra),我们有自己的祖国,小鸟也有它的归宿,人和动物都是一样啊(nga)!

我想张开两臂抱住她,但这是怎样一个妄想啊(nga)。

仿佛蔚蓝的天融了一块在里面似的,这才这般的鲜润啊(na)。

在它看来,狗该是多么庞大的怪物啊(wa)!

是啊(ra),请不要见笑。我崇敬那只小小的、英勇的鸟儿。

你砸他们,说明你很正直善良,且有批评不良行为的勇气,应该奖励你啊(ya)

我砸的不是坏人,而是自己的同学啊(ya)……

这都是千金难买的幸福啊(wa)。

四、命题说话的注意事项

(1)进入考场后正式考试前有10分钟左右的时间准备考题,应主要用来准备第四道题。

(2)命题说话应该在考前有所准备,由于考试的30个话题已经公开,平时就可以依据题目准备说话提纲。准备的内容不必全部真实,应尽量避免准备让自己情绪激动的内容,并确保准备的内容能说满3分钟,待拿到正式考题后再依据提纲组织语言。

(3)备选话题虽然有30个,实际上并不需要准备30个话题的内容,因为很多话题可以讲述相同的内容,比如"难忘的旅行""我的业余生活""我的假日生活""我向往的地方""童年的记忆"等多个题目,其实都有相通之处,假日生活是业余生活的一部分,业余生活中或许有难忘的旅行,旅行的地方或许是我向往的地方,向往的地方又或许是童年去过的难以忘怀的地方。又比如"我最尊敬的人""我的朋友""我所在的集体"（学校、机关、公司）等题目也有相通之处，我的某个朋友或许是我最尊敬的人，我最尊敬的人或许跟我在同一个集体中。

（4）命题说话要注意语音自然、语速正常，不能一字一顿，实际考试中一字一顿比语速过快造成的失分更为常见。

（5）多用口语，少用书面语，多用单句短句，少用复句长句。

（6）时间一定要满3分钟，不能长时间等待或停顿，除了开头因计算机操作耗时等原因最多允许空缺10秒以外，其他地方的长时间等待都将因为缺时或语言不流畅而扣分。

（7）所有不具备评判价值的说话内容都可视作无效语料而扣分，如唱歌、有意读数读秒、反复读题、反复重复某一句话、使用不文明用语等。

（8）不要朗诵或大段背诵他人作品，也不要直接背诵网络上他人整理的说话资料，说话雷同同样会扣分。

（9）要反复训练30个普通话水平测试用话题名称的正确发音。进入该题测试时，考生第一句就是"我选择的话题是……"。此时，准确地念出话题名称，首先就可以给测试员展现一个标准而良好的语音面貌。另外，题目名称里面往往包含了说话时的高频词，一旦出现语音偏误，会被反复扣分。因此，要格外注意下列词语的发音，如"生活""卫生""成长""知名""环境""旅行"等词中的后鼻音，"感受""服饰""美食""职业""发展"等词中的翘舌音，"地方""认识""朋友"中的轻声以及"向往"的声调。

五、提高普通话水平的其他建议

1. 多听广播，多听多唱中文歌曲

播音员和节目主持人是普通话水平相对最高的人群，而国内大陆歌手的普通话水平一般也远远超过常人。向这两类人群学习模仿他们的普通话会令你的普通话学习变得轻松愉快。电视、电影的画面一般比较刺激，不太适宜大家专注地学习普通话的语音。

2. 找出自己普通话中夹杂的方音

多数人都以各地汉语方言作为自己的母语，在学习普通话的过程中，他们难免会把自己某些顽固的方言特征带入自己的普通话语音当中，如湖北考生常常把 zh、ch、sh 读作 z、c、s，把 n 读作 l，把 f 读作 h，把 r 读作 l 或零声母，把后鼻韵母读作前鼻韵母，等等。这些方音特征都不是个别的，而是涉及一类语音，只要自己能够找出这些方音与普通话语音的对应情况，必然能够成批地去修正自己的普通话语音缺陷。

3. 随时记下自己常念错的字

积少成多、集腋成裘，读错的字词总是有限的，只要做个有心人，随时记下自己经常念错的字，不需要多久就可以大大降低普通话语音的错误量。系统地整理自己的未识字和误读字，可以参考国家语委颁布的两个语言文字规范文件，一是《现代汉语常用字表》（1988年），二是《普通话异读词审音表（修订稿）》（2016年）。除此之外，勤查字典词典也是提高识字量的重要手段。

第四节　测试容易读错的字词

一、测试中容易读错的单音节字

áo	chú	liě	cuān	cù	zuàn	zhǎ	xué	cáo	miè	juē	fēn
鳌	雏	咧	蹿	簇	攥	眨	穴	曹	篾	撅	酚

nǐ	bǐng	xián	tǐng	liǎn	píng	tǒng	zōng	líng	kuǎ	náng	sū
拟	禀	弦	挺	敛	凭	捅	棕	龄	垮	囊	酥

méi	yè	pǐ	chēn	piē	biē	shuàn	qì	liǔ	sì	jué	xiǎng
酶	曳	匹	抻	瞥	鳖	涮	砌	绺	寺	攫	饷

pō	zhuāng	zhuì	sāo	gěng	cuàn	zhǒu	qué	jiǎng	dí	gēng	wō
颇	妆	缀	缫	梗	窜	肘	瘸	桨	嫡	庚	涡

bīn	chuāng	quàn	jǐ	jūn	cèng	jiǒng	wèng	chuō	bìn	xuǎn	kā
滨	疮	券	脊	钧	蹭	窘	瓮	戳	鬓	癣	揩

rǒng	piǎo	zōng	juàn	suǐ	pōu	hé	dèng	qián	wéi	yú	kuàng
冗	瞟	鬃	绢	髓	剖	颌	瞪	潜	韦	逾	框

chuài	kuāng	yǒu	nìng	zēng	nüè	běn	ān	niè	zè		
踹	筐	酉	泞	憎	疟	苯	庵	啮	仄		

二、测试中容易读错的多音节词语

bèibāo	bǐjiào	bì lǔ	biānfú	biānzuǎn	bīnlín	bìnchú	bùjīn	chànà	cānyù
背包	比较	秘鲁	蝙蝠	编纂	濒临	摈除	不禁	刹那	参与

chènzhí	chá jī	chǔ lǐ	chéng jì	chuǎiduó	chuāngshāng	cì hou	cóngróng
称职	茶几	处理	成绩	揣度	创伤	伺候	从容

cuóchuāng	cuòzhé	dàibǔ	dàngzuò	dàngtiān	dàngwǎn
痤疮	挫折	逮捕	当作	当天（同一天）	当晚（同一天的晚上）

dāngtiān	dāngwǎn	fājiào	fūyǎn	fùhè	fùzá	gǎnkǎi
当天（指过去）	当晚（指过去）	发酵	敷衍	附和	复杂	感慨

gānsù	gěiyǐ	gòudàng	gǔsuǐ	gōng jǐ	gūgū	hùnxiáo	jǐ liáng	jī hū	jiàoshì
甘肃	给以	勾当	骨髓	供给	呱呱	混淆	脊梁	几乎	教室

jǐnkuài	jǐnliàng	juésè	jiéshù	jū nì	xiōngpú	lùlín	kěwù	mòrán	múyàng
尽快	尽量	角色	结束	拘泥	胸脯	绿林	可恶	蓦然	模样

nìngyuàn	nièzú	qiánxíng	pí lín	pǐ jí tài lái	pùshài	qián fú	qiǎngpò
宁愿	蹑足	潜行	毗邻	否极泰来	曝晒	潜伏	强迫

qiǎngqiú	piēkāi	qiàoshǒu	qiǎorán	qīngjia	réngjiù	shāngāng	sànluò	shìde
强求	撇开	翘首	悄然	亲家	仍旧	山冈	散落	似的

sùliào	shuǐtǎ	wèisuì	xiāngchǔ	xīgài	xiānwéi	xiàoxiàng	xuějiā	yāzhóu
塑料	水獭	未遂	相处	膝盖	纤维	肖像	雪茄	压轴

yǒuyì	yíhuìér	yīnwèi	yǔqí	yùnzhuǎn	zài tǐ	zànshí	zhàokāi	zhàopiàn
友谊	一会儿	因为	与其	运转	载体	暂时	召开	照片

zhèngzhuàng	zhēngjié	zhīfáng	zhìxù	zhìliàng	zhūwèi	zhuóyuè	zhuóxiǎng
症状	症结	脂肪	秩序	质量	诸位	卓越	着想

zǒngděi zhīwàn
总得   枝蔓

三、测试中容易误读的形近字

rì yuē	huái zhǔn	yě zhì	bō bá	láng kuò	chǒng páng
日—曰	淮—准	冶—治	拨—拔	廊—廓	宠—庞

gōng guān   ruǐ xīn   suí něi   zhāi zhé   yún jūn   suí duò
宫 — 官   蕊—芯   绥—馁   摘—谪   匀—均   隋—惰

ruò nì   réng rēng   dī tí   zhuó zhú   máo yǔ   pī pēi
弱—溺   仍—扔   堤—提   浊—烛   矛—予   坯—胚

jìn bèng   zá zā   zàn zhǎn   pín bīn   cuàn zuǎn   nài nà
进—迸   砸—咂   暂—崭   频—濒   篡—纂   奈—捺

zhōu zhòu   zhòu zōu   xiāng náng   tā tà   qiāo jiū   piē biē
诌—绉   皱—邹   襄—囊   塌—榻   锹—揪   瞥—憋

kuǎ kuà   xiǎng shǎng   kàng kēng   chuò zhuì   náo ráo   gài kǎi
垮—挎   响—晌   炕—坑   辍—缀   挠—饶   溉—慨

kōu òu ōu ǒu   kuāng kuàng kuāng kuàng
抠—沤—讴—呕   筐—框—匡—眶

chǎn chán chán dǎn   shī zǎo sāo sāo
阐—蝉—婵—掸   虱—蚤—骚—搔

chuàng chuāng chuàng cāng   xuàn xuàn xián xián
创—疮—怆—舱   眩—炫—舷—弦

biāo piāo piǎo biāo   chuài tuān chuāi zhuì
镖—剽—瞟—膘   踹—湍—揣—惴

【思考与训练】

1. 认真学习《普通话异读词审音表（修订稿）》，记忆自己尚未掌握的异读词的读音。
2. 从下列词语中找出必须读轻声的词语。
  我们 露营 爷爷 眉毛 红的 豆腐 骆驼 同情 骨头 冰冷 老实
  使唤 啤酒
3. 给下列句子中"啊"的变音注音。
  快走啊，别磨蹭！
  天啊！她竟然才十二岁。
  撕了一地的纸啊！
  银行啊，超市啊，全都有。
  别开枪，是我啊！
  你倒是唱啊！
  千万要注意啊！
  去过几次啊？
4. 朗读下列词语，注意汉字的变调。
  有些 所以 语法 本身 买好米 五一 第一 一体 不愧 不行 偏不
  看一看 手写体 考古所 水彩笔 一丝不苟 一心一意 不管不顾 不折不扣
  不大不小

本篇主要参考文献：

1. 国家语言文字工作委员会.普通话培训测试中心普通话水平测试实施纲要[M].北京:商务印书馆,2004.
2. 教育部语言文字应用管理司.新时期语言文字法规政策文件汇编[M].北京:语文出版社,2005.
3. 邢福义.普通话培训测试指要[M].武汉:华中师范大学出版社,2010.
4. 宋欣桥.普通话语音训练教程[M].北京:商务印书馆,2017.
5. 北京大学中文系现代汉语教研室.现代汉语(增订本)[M].北京:商务印书馆,2012.
6. 王理嘉.从官话到国语和普通话——现代汉民族共同语的形成及发展[J].语文建设,1999,(6).
7. 李宇明.为脱贫贡献"语言之力"[N].光明日报,2019-09-21(12).

提升篇

演讲辩论艺术

Yanjiang Bianlun Yishu

第三章　演讲艺术

演讲的发源地是古希腊，演讲艺术的发展经历了大约三个阶段：第一，演讲的萌芽和开端阶段，主要发生在中世纪前的古埃及、古希腊、古巴比伦、古代印度和古代中国等地区，演讲已是当时社会的普通社会现象。第二，演讲的曲折发展阶段，主要发生在中世纪的封建社会。这一阶段的演讲艺术虽然不如第一个阶段兴盛，但是，演讲一直在缓慢发展着。其中，宗教演讲艺术一直占据垄断地位。第三，演讲的兴盛阶段，主要发生在1640年英国资产阶级革命以后。学术演讲在英国建立资本主义制度时大为盛行，同时，政治演讲也兴盛起来。第二次世界大战时，著名政治家的演讲非常盛行。

第一节　演讲概述

演讲是一门独立的语言艺术，是一门以"真"感人的艺术。它重于用口语去"讲"，但又不是所有的讲话或说话都是演讲。演讲有"演"的成分，但又不属于表演范畴。通俗地说，演讲者站在台上，是以自己的真实姓名，真实身份来阐述事理、抒发情感的，而不是戴着面具或以演员的身份为观众表演。讲故事和朗诵都不能算是演讲。演讲应是以"讲"为主、"演"为辅的和谐统一的传递信息的活动。

一、演讲的内涵

演讲在辞典上的解释如下：向大众讲述自己对于某个问题的见解。也作演说。《演讲学大纲》上说："演讲者，运用姿态、声音，以感动听众之有组织之陈述也。"著名演讲家邵守义先生给演讲下的定义是：演讲者在特定的时境中，借助有声语音（为主）和态势语言（为辅）的艺术手段，针对社会的现实和未来，面对广大听众发表意见、抒发情感，从而达到感召听众并促使其行动的一种现实的信息交流活动。

很多人往往很羡慕身边那些善于辩论和演讲的人，特别是在比赛中能频频获奖的人。我们会在与他人的对比中感到悲观，也许每个人先天的演讲能力并不强，可是心态上放平和，再去选择方法努力突破，最终达成目标。美国著名人际关系学大师戴尔·卡耐基利用大量普通人不断努力取得成功的故事，通过演讲和书籍唤起无数陷入迷惘者

的斗志,激励他们取得成功。当谈及自己的演讲经历时,他这样写道:

> 我下定决心在演讲方面要出人头地,为此,我曾经做了足足好几个月的准备,在马背上进行练习,连挤牛奶的时间也不愿意放弃。尽管我自己认为已经做了充分的准备,但在起初的那段时间,我还是接二连三地遭受失败。但是,我一直咬牙坚持了下来,并在后来一段时间出现了转变——我开始在大型演讲中获得少许的胜利。这就算是一个好的开始,在随后的演讲比赛中,我几乎每次都能在最后赢得对手,包括以前那些曾经亲自指导过我的同学。[①]

戴尔·卡耐基曾经是一个没有自信,几乎被各种各样莫名其妙的忧虑困扰的普通人,最终成为带给别人自信、让别人乐观的心理导师,这中间需要经历多少付出和磨砺,可想而知。可以说,他并不具备演说的天赋,先天基础并不佳,参加过 12 次演说比赛,屡战屡败。他的第一次成功演说是 1906 年的《童年的记忆》,这份演讲稿至今还保存在美国瓦伦斯堡州立师范学院的校志里。这次获胜,对他的一生产生了非同小可的影响。了解戴尔·卡耐基的演说经历,不难发现,一位优秀的演说者都是通过不断练习,而且是坚持不懈的练习才能收获点滴成功的,没有人可以不劳而获,更没有人可以不做练习就期望成为天才演说者。

总之,演讲是借助主体形象、有声语言和态势语言,有中心、有条理地把自己的看法和观点与听众进行巧妙沟通的语言艺术,而不是站在台上自我享受,自顾自地念稿、背稿。

二、演讲的特点

演讲活动作为一种社会实践活动,主要有以下特点。

(一) 综合性

综合性是指说与写的综合,是讲与演的综合,也是演讲技巧与各种表达方法的综合,是演讲者素质与各种知识的综合,更是演讲者与听众思想的综合。

(二) 艺术性

演讲是一种应用语言艺术,它不是对材料内容的平铺转达,而是要将演讲的许多环节进行艺术性的处理,使其语言、形象、声音都给人以艺术的美感。

(三) 现实性

演讲属于社会公众活动,是演讲者通过对社会现实的判断和评价,直接向广大听众公开陈述自己的主张和看法的现实活动。演讲的这种现实性,是艺术所不具有的。艺术是通过艺术形象间接反映现实生活的。

(四) 鼓动性

演讲的目的是感召听众并促使其有所行动,所以演讲具有一定的鼓动性。演讲活动向来具有宣传教育的作用,没有鼓动性,就不成为演讲。

---

① (美)戴尔·卡耐基:《卡耐基的魅力口才与处世智慧》,清玲译,合肥:安徽教育出版社,2013 年版。

(五) 临场性

演讲是在特定的时空范围内面对听众进行的口头语言表达活动,时空环境不同,听众不同,演讲也不同。

(六) 针对性

演讲是一种社会实践活动,面对的听众也是社会成员。因此,演讲应具有社会现实的针对性,要与时俱进,演讲者的观点来源于对现实社会生活的归纳和判断,只有这样的演讲才有说服力、感召力,才能发人深思。

三、演讲的分类

演讲的类型多种多样,其分类的标准不同,结果就不同。按内容划分,有政治演讲、经济演讲、学术演讲、法律演讲、宗教演讲和生活演讲;按表达形式划分,有命题演讲、即兴演讲、论辩演讲。

四、开发演讲潜能

威廉·詹姆斯是美国心灵学研究会(1885年成立)的主要创立者,他认为人的精神生活有不能以生物学概念加以解释的地方,可透过某些现象来领会某种"超越性价值",并强调人有巨大的潜能尚待开发。

诚然,人的恐惧心理可以说是极为常见的,也可以说是与生俱来的。特别是当我们站上讲台,一个人孤零零地站在上面,台下无数双眼睛看着台上的自己时,那种恐惧或者畏惧就油然而生了。人们往往并不害怕与人说话,在台下自由地交谈也并非难事,即使自认为有社交恐惧症的人也会有能说话的对象,比如他们可以和自己对话。但是,人们除了渴望身体健康之外,最需要的就是与人交流,逐渐地改善自己的人际关系,学会为人处世的哲学和艺术,而要完成这一切的重要前提就是要学会说话,而说话是需要系统训练的。

如果我们能够发挥好语言的独特魅力,将语言的艺术应用得当,那么,我们就可以实现在现代社会的成功沟通。当然,在人的潜意识里,都有一种通病,那就是拒绝与人交流或者害怕当众说话,这并不是某个人的问题,大多数人都会这样,只不过因人而异,害怕程度不同罢了。从这个意义上来看,其实每个人都是社交恐惧患者,就是现在大家常说的"社恐"。对于成年人而言,其性格和心理状态联系得非常紧密,如果一个成年人要想改变自己的性格,他需要下定决心先去改变自己的心态,只有心态改变了,自己的性格方能有所改变,否则便是"江山易改,本性难移"。

(一) 从心态入手

一个人要想提高当众说话的能力也应该先从心态入手,日常生活中的任何交流和沟通都需要人们克服畏惧、建立自信。只有这样,人们才能够发挥出自己最大的潜力,在不同场合下才能发表恰当的讲话,从而赢得他人的赞赏和喜欢,最终获得成功。因此,在系统学习说话技巧之前,首先应该树立充分的自信心。因为自信心能够带给人一种心理安全感,使人在行动上不害怕,这样才能进一步自由地表达自己的看法。

虽然站立在一大群听众面前时，无法像平日里坐在台下那样细致地默默地思考，但是自信从容地讲话完全是可以通过后天的训练来实现的。要知道，即使是职业演说者，当他们在登台时也不可能完全克服掉恐惧，他们在刚一开始演讲时，也总是会流露出一点怯意，如果仔细观察他们开头的那几句话，这些怯意就可以体会出来了。只不过对于职业演说者而言，他们能够快速地调整好状态，尽快地克服这种怯意，并让内心及时平静下来。

我们应当认识到，当众说话时的那种怯意其实对人的交流是非常有帮助的。因为人类的本能就具有一种在不同环境下有着不寻常的挑战能力。当你注意到自己的脉搏和呼吸急速加快时，一定要快速调整，保持冷静。因为你的身体对外来的一些刺激一向保持着警惕，这种警惕表明它已准备好时刻采取行动，以应付不同环境下的挑战。所以，我们大可不必害怕和恐惧，越是紧张时，越应化被动为主动，主动出击，采取一种真诚主动的态度去与人交流和交往。否则，任由恐惧心理肆虐，那会带来蝴蝶效应，一发不可收拾，造成你词不达意，直接降低你说话的效力，最终以失败收尾。

（二）克服恐惧心理

第一，无论任何一种社交场合，请用幽默、诙谐的语言来打开你的话匣子。

第二，培养一种乐观向上的人生态度，并用这种态度去影响他人。

第三，积极加强有针对性的心理训练，提高自我心理的适应性和平衡性，逐渐用坚强的意志去鼓励自己，从而克服恐惧心理。

第四，不断学习，勤于观察，提高自身对周边事物的认知能力和判断能力。

我们要想不断提高自己的讲话能力，就要学会正视自己面临的问题，在平时多说、多练。只有反复练习，不断地提高自己讲话的能力，才能熟能生巧，练就出色的口才。

美国总统林肯出身于农民家庭，当过雇工、石匠、店员、舵手、伐木工等，社会地位卑微，但他却从不放弃口才训练。在他17岁时，他常常徒步到很远的镇子上，听法院里的律师辩护，听传教士布道，听政界人士演说，回来后就到一个无人打扰的地方模仿演练，正是这样不懈练习，他的讲话能力才能突飞猛进。1930年夏，他为准备在伊利诺斯的一次集会上的演讲，他用的方法是对着一片光秃秃的树桩和成片的玉米一遍一遍地演说。所以说，著名的演说家不是天生的，是要靠不断的自我训练实现的。林肯总统的故事告诉我们，只有在平时生活和工作中，不断练习说话，方有可能提高自己的口才。

事实上，世界上没有所谓完美的人，公众演讲也没有所谓完美的标准，关键是看你自己怎么想，怎么去做。如果你站在台上还想着自己准备得不够完美，就一定会有所顾忌，不能完全放开来讲，也丧失了一定能讲好的自信。倘若你对自己充满信心，不去关注或者在意一些细节，也许你就能满怀热情地将演讲做得很好。

在传统的观念里，很多人在当众讲话时，如果手里有稿子，那就会觉得底气十足，一旦脱稿，底气全无，这种观念导致很多人在演讲时特别依赖稿子。很多人手里拿着稿子上台讲话，自信和安全感就会增加，否则，就会心里没底。那么，为什么很多人在脱稿讲话时就会心里没底呢？归根结底，还是他们准备得不够充分，对自己要讲的内容不够熟悉，怕自己所说的话会得不到听众的认可，怕犯错误，甚至害怕在众人面前丧失自己的美好形象,等等。

有人曾说:"与其念稿子,不如找个播音员。"的确,念稿会限制我们的思维,禁锢我们的思想,无法让我们畅所欲言,无法充分表达我们的思想,还会使现场气氛变得沉闷、不活跃。一旦我们选择脱稿,不依赖讲稿,就意味着不受以上方面的限制和约束了,讲话者可以根据已有的知识,进行发散性解说,或许还可以根据当时的情况发表自己的看法,还可以根据现场听众的眼神及各种反应调整自己的讲话内容,可以更多地照顾到听众的情绪和感受。想办法设计一些独特的方式来吸引观众,这样就多了亲和力,拉近了听众与自己之间的距离。如果发现听众对演讲者及演讲内容有好感、有兴趣,自然现场的气氛就会热烈;反之,听众会表现出视而不见,听而不闻,甚至早早退场。因此,有经验的讲话者都十分注重自己与听众的关系,总会主动地拉近自己与听众之间的距离,从而为现场营造和谐的氛围。

(三)培养自信

第一,事前应做好充分的准备工作。一个人能否成功地完成在公众场合的演说,其实和演说之前的大量准备有着直接关系。林肯曾经说过:"即使是一个再有能力、精干的人,如果没有经过一番精心的准备,也根本无法说出一系列比较系统、高水准的话来。"所以,我们在演说之前应该充分准备,广泛地搜集素材,并对自己要讲述的主题进行深入、细致的思考。如果你对自己上台所要讲述的内容了如指掌,那么你的自信就已经树立起来了,上台后只需快速调整心态,做几次深呼吸,调整好气息,娓娓道来便是。

第二,针对自己的不足之处进行强化训练。这里介绍一位知名演说家德摩斯蒂尼,他是古希腊"十大演说家"之首,要知道,这位知名的演说家从小就有口吃的毛病,而且他的公众形象也不是很好,当他站立讲话时,总是会一个肩高、一个肩低,身子还会不停地颤抖。在崇尚演说的古希腊,这样的一个人,可以想象他会受到怎样的歧视。可是,令人无法想象的是,德摩斯蒂尼并没有被内心的自卑所打倒,而是用一种超乎常人的毅力和吃苦耐劳的顽强精神对自己进行了"魔鬼训练":每天他都早起,独自来到海边,嘴里含着一颗石头不停地练习说话,为了克服身体颤抖的毛病,他回家后就对着镜子坚持练习,方法是在两个肩膀上挂两把剑,这样就不会再抖动了。经过日积月累的刻苦训练,正如我们今天所知道的,他成为一个非常著名并为人所尊敬的演说家。了解了德摩斯蒂尼的故事后,我们应该庆幸,因为我们绝大多数人并不会像他那么不幸,既不会从小口吃,也不会不停颤抖。所以说,一个人如果上台讲话不自信,也许并不是因为他自己真的是天生资质很差,抑或者是后天技不如人,更重要的原因往往是他"心鬼作祟"。只有完全消除个人内心的这种感觉,才能在人前讲话时发挥正常。

第三,懂得自我暗示并运用熟练。我们在演说前都会有所准备,差别可能在于每个人准备得是否够充分。有些人还会过度担忧自己,害怕自己没有准备好,实际的情况是,有可能自己已经准备得相当充分了,但是内心却暗示自己还是没准备好。另外,还有人会担心台下的听众比自己厉害,水平比自己高,担心自己讲的东西他们会不屑。这种种担心都会严重影响演说的效果,因此,当我们在公众面前讲话时,必须迅速地想方设法将这些无谓的担心彻底清除出大脑。要想在公众面前演讲成功,有必要不断地给自己进行积极的心理暗示,而不是上面所提到的消极的心理暗示。你可以不停地对自己说"加油","坚持","不害怕","我是最棒的"。这种看似可笑的、原始的方法真的如此管用吗？当然。这种由自我暗示而直接产生的动力,即使是假意装出来的,也会成为现代人快速学习的最有力的原始动力。既然如此,我们就根据客观事实做出真诚的自我激励和暗示,结果证明,效果自然也就更好了。

美国总统西奥多·罗斯福在自传里写道:"我原本是一个体弱多病而且行为也十分笨拙的孩子。年轻的时候,我的精神长期处于一种极度紧张的状态中,对自己根本没有一点儿信心,因此不得不在艰苦的情况下训练自己。这种训练并不单单是指身体上的,甚至还包括灵魂和精神层面上的。"我们可能会好奇他是如何进行多重训练的。他在自传里说:"我小时候在马里埃的书中曾经看到过一段话,印象颇为深刻,由此时时把它谨记在心里……他说,最开始要行动的时候,每个人都会显得紧张不安,重要的是,不应该让这种恐惧情绪一直延续下去。你应该立即采取的方法就是快速地控制住自己,表面上装出若无其事的样子。这样才能持之以恒,假装的时间久了,就会自然而然变为一种现实。他只不过是一直不停,本想练习自己的坚强意志,但这种练习最终却出人意料地让他变成了一位真正的勇者。"

西奥多·罗斯福坦言长期训练自己的方法:"一开始,从动物园里的一只大灰熊到森林里的野马,以及猎人用的猎枪,我几乎什么都害怕,可我尽量装出一副不以为意、毫不惧怕的样子来。慢慢地,我就真的不再恐惧。人们如果愿意,也可以像我一样去做。"

不难看出,心理暗示确实能够给人们带来勇气。一种积极乐观向上的心理暗示确实可以使人们克服内心的恐惧,战胜困难。我们不妨也可以在日常生活中向西奥多·罗斯福一样去训练自己,不仅是身体上的训练,也包括灵魂和精神方面。当你需要勇气去战胜眼前困难的时候,不妨学学西奥多·罗斯福的方法,尽量装出一副毫不畏惧、自信满满的样子来。

一代文豪萧伯纳在向别人介绍自己是如何提高口才的经验时,这样说:"我借鉴了自己小时候学溜冰的方法——让自己丑态百出,频繁地出丑,直到最后学会为止。"口才的提高犹如萧伯纳练习溜冰一样,应该从现在开始,抓住每一个可以锻炼口才的机会,尽量让自己多"出丑",只有现在多"出丑",才能在需要展现口才的时候不"出丑",或者少"出丑"。提高口才不只是嘴上的口号,也不是心中的理想,如果你从来都不张嘴说话,即使是学到了无数条关于口才或者关于如何提高口才的知识,也不可能学会并真正掌握它。如果平时都不多说话也并不思考如何更好地说话,那么最终希望在公众场合成功演说几乎是天方夜谭。

每个人的内心深处,都会对自己有一个完美期待,希望周围的人都能善待自己、赞许自己。当我们与某个陌生人接触和交流时,无形之中就会有一种自我形象的压力存在,担心自己讲的话会错误百出,担心会在大庭广众之下出丑,害怕别人说自己水平低、爱出风头、爱炫耀等。正是这种讲话之后的结果的不确定,才让人们在人前更愿意选择沉默。其实,说话的机会无处不在,不要选择待在一个别人看不见的角落沉默,不妨鼓励自己,强制自己,勇敢地站起来,大声地讲出来。只有这样,你才会知道自己的进步在哪里,只有这样,你才会最终学会说话的本领,提高说话的能力。当你选择张嘴说话的时候,也许你会发现自己都不清楚自己在说什么,更谈不上文采和修辞了,但这又能影响什么呢？影响了你在别人心目中的形象吗？如果是你认识的人，你的形象早已在他们心中，如果是你不认识的人，恐怕他们也不会在意你的形象。所以，你根本不用担忧你的自我形象问题。倒是你该高兴，你终于能成功地张开嘴巴说话了，如果你能一直这么坚持下去，你就会慢慢成长为一个成功的说话高手。

请抓住每一个说话的机会！如果不开口，你永远都提高不了自己的说话能力，而别人正在抓住这个锻炼的机会，不断在进步和提高。要知道进步不是一蹴而就的，进步是循序渐进的，当你抓住机会当众演说的次数越多，你朝着成功的方向又进了一步。

每个人的内心深处，都渴望与人交流和沟通，或者可以这样说，每个人的内心深处，都有提高说话能力的欲望。我们不妨这样去想象：面对台下无数的听众，你充满自信地走上讲台演说，全场的人静悄悄地、聚精会神地听你讲话，结束时听众们给你送来热烈的掌声，然后你面带微笑，接受大家对你的赞许……依靠你的口才，通过与对方的灵活谈判，你赢得了竞争激烈的业务……依靠幽默和好口才，赢得心爱的人的欢心和青睐……难道这些都不让你心动吗？难道这些都不够吸引你吗？这个世界上，无论是成人还是小孩，都需要讲话。即使我们现在还不清楚讲话到底会给我们带来什么样的好处，但是我们还是应该相信，学会讲话必然存在着无穷的好处。

五、演讲能力与思辨能力

演讲能力和思辨能力是语言能力的重要表现。英语是世界性的交际语言，汉语是华人世界的交际语言，在全球化和跨文化交际语境下，汉语演讲和英语演讲都有助于促进个体融入国际社会开展交流与对话。目前为止，大学的语言教学，不管是汉语语言教学还是英语语言教学，都是以培养学生的听、说、读、写、译等语言技能为教学中心，忽视了更深层次的思辨能力与演讲能力的培养。然而，在跨文化交际的多个领域，演讲能力和思辨能力显得尤为重要。

（一）演讲能力与思辨能力的构成要素

演讲能力主要包括演讲者的心理素质，有声语言和无声语言。心理素质主要包含两个方面：创作上，包括形象思维、逻辑思维、联想与想象，这也是演讲者进行思辨的过程；表达上，包括克服怯场心理，情绪饱满，主动与听众沟通。

思辨能力，是指通过对问题的分析、推理、评估，最终能够解决问题，做出决策或得出结论的能力。思辨能力主要包括理解信息间的逻辑关系能力，对论据能够辨别、重新组织和评估的能力，在推理和论证中能够察觉到其中不妥之处的能力，在冗杂的信息中找出重要信息的能力，能够甄别某些理论的可信度和价值的能力。

（二）演讲能力与思辨能力的相互作用

通过锻炼人们的英语演讲的能力，可以提高自身思辨能力中的认知能力，从而从整体上提高自己的思辨能力。

演讲比赛对思辨能力的培养和提高有着积极的影响。演讲是一种面对面的交流方式，要求演讲者必须具有自信、开放的心态，自愿主动地向他人分享自己的想法，演讲这种训练方式可以在一定程度上改善人们在思辨能力方面的劣势。

写作训练同样有助于提高思辨能力，因为写作是思维的具象输出。在写作演讲稿时,演讲者需要重视议论说理,重视逻辑性,不仅需要观点清晰、层次分明,而且论据要充分有力。另外,演讲稿的写作并不是纸上谈兵,最终是通过演讲的方式将书面用语转化为口头用语,这一加工化的口语表达过程正是在锻炼人们的思辨能力。根据"高层次思维能力层级理论模型"[①],认知技能的构成涵盖三项核心技能:分析技能(归类、比较、澄清、区分、阐释等),推理技能(质疑、假设、推论、阐述、论证等)与评价技能(假定、论证过程、结论等)。较强的思辨能力可以提高演讲的水平与质量,促进演讲有效地输出。可以说,演讲能力与思辨能力之间是相辅相成、互相促进的。

(三)提升演讲能力与思辨能力

亚里士多德在《修辞学》中提出了演讲的三大诉求:人品诉求、理性诉求和情感诉求。[②] 根据这三大诉求,可以从三个方面来提升演讲能力与思辨能力。

1. 提升人品诉求,让演讲内容符合伦理规范

演讲最终的目的是令人信服,分享自己的想法。亚里士多德认为人品诉求是最有效的"说明手段",人品诉求就是指演讲者的伦理观念、道德品质、人格威信。亚里士多德曾说:"当演讲者的话令人相信的时候,他是凭他的性格来说服人,因为我们在任何事情上一般都更相信好人。"[2] 所以,演讲者必须具备聪慧、善意等能够使听众觉得可信的品质。要让演讲令人信服,那就必须让演讲具备正确的伦理观。演讲所交流和传输的信息往往包含着演讲者清晰而明确的公开意见、观点或立场。演讲者所传递的信息或多或少都会对听众有着一定的潜移默化的影响,符合伦理观则会引导听众建立正确的世界观与价值观。

在现代社会中,说话已经成为一门艺术,不仅要看场合、看时机,更要看对象。如果对方性格开朗,胸襟开阔,作为朋友,自然是有责任纠正对方的不当行为;反之,如果对方小肚鸡肠,心胸狭窄,那就不能想说什么就说什么,因为对方很可能会因为你的一句善意提醒而生气,甚至会影响到你们之间的关系。也就是说,遇到不通透的人,有些话是不能说的。因为对方无法理解,说多了只会徒增烦恼和麻烦。正如庄子所说的,夏虫不可与语冰。夏天的虫子,夏生夏死,根本不知道冬天的存在,冰这种东西对他们来说就是天方夜谭。另外,遇到明白人,该说的话一定要说。这主要指对后辈、学生而言。一个后学有聪明的资质和极好的领悟能力,作为长辈或者老师,需要及时点醒、点破,帮助其成长。

人与人之间,由于阅历、学识、性格的不同,有时候根本无法理解彼此。在社会中求生存,自然会与各种人相处、打交道,每个人的个性、品行都不一样,在交往过程中,特别要认清与你交往的对象,和不同的人说不同的话。

2. 提升理性诉求,锻炼思辨能力

理性诉求是指言语本身所包括的推理证明,即我们常说的逻辑论证,而逻辑论证的过程就是一种思辨过程。演讲不只是内容的输出,更是思维的快速反应。演讲需要全方位的综合素质,要求演讲者不断提高自身学识修养。一个优秀的演讲者首先必须具

---

① 文秋芳:《论外语专业研究生高层次思维能力的培养》,《学位与研究生教育》2008年第10期,第29页。
② 亚里士多德:《修辞学》,罗念生译,北京:生活·读书·新知三联出版社,1991年版,第29页。

备扎实的语言基本功,良好的听、说、读、写能力,还应该具有广博的社会文化知识。而广博的社会文化知识,实则是跨学科的大学问,这要求演讲者的知识面广泛,涉及哲学、心理学、社会学、伦理学、政治学、法学、语言学、文学和史学等方方面面。只有具备一定的文化修养,才能更好地配合敏捷的思维,所以,思辨能力需要知识的储备。

逻辑论证的方法有很多种,但我们常用的是归纳推理和演绎推理。现代社会,人们可以通过互联网获取丰富的演讲材料,有效地利用这些演讲材料,有助于提高学生的逻辑论证能力,从而提升思辨能力。

3. 提升情感诉求,注重情感表达

情感诉求指的是演讲者通过一些独特的言辞方式打动受众、渲染气氛,从而产生宣传效果。研究听众,分析听众类型和需求,投其所好是至关重要的。根据马斯洛的金字塔需求理论,人只有在满足低层次需求时才会追寻更高层次需求的享受,因此,做好各种需求分析必不可少。不分场合,不分析受众的需求,只会是对牛弹琴,徒劳一场。因此,我们在练习过程中可以设置"角色扮演"等互动环节,锻炼联系语境的能力。

除此以外,情感丰满的演讲还需要修辞的润色。修辞的得体使用可以增加演讲的说服力,有助于演讲者抒发情感,渲染气氛,更好地与听众产生共鸣和互动。当今世界,演讲与修辞已不仅仅是一门学问,它早已变成现代人必须具备的综合能力。然而,这种能力并不是多数人所具备的,这就要求我们锻炼和提高写作能力,只有在写作的过程中不断运用修辞手法,才能不断提高自己正确使用修辞手法的能力。

第二节 演讲语言

演讲作为一门语言艺术,具有独特魅力。语言包括有声语言,也包括无声语言。一个演讲者只有将有声语言和无声语言的表达技巧完美融合,才能使他的演讲呈现出最佳的效果。

一、有声语言的定义和基本要求

演讲是通过声音传递信息的。好的演讲不仅要准确、恰当地表情达意,而且能使听众沉浸在美的享受之中。

有声语言,是演讲者与听众交流信息的最主要的工具和最重要的渠道。从宏观的规定性来说,有声语言表达除即兴口语表达之外,必须遵从和履行文本对它的制约。但在受文本限制的同时,人们往往能够营造一个创造的空间,在语体表达的微观层面,有声语言的表达还是能够发挥着巨大的能动作用的。

有声语言与口头语言比较接近,但并不是日常意义上的口头语言,而是一种经过加工的口头语言,或者说是一种书面化的口头语言。在进行有声语言技巧的训练时,需要注意以下基本要求:

第一,发音标准、吐字清晰;

第二,词句流畅、准确易懂;

第三,生动形象、抑扬顿挫。

声音是你讲话内容的一个载体,你的声音能表达出你当时的感觉、当时的心情和现在的状态,是你说话时必不可少的工具。一个说话高手往往善于形成起自己的说话风格,他们的声音也与众不同,语调生动有趣,举止也得体大方。不幸的是,我们大多数人都会随着年龄的增长而失去幼时的自然和纯真,在不知不觉中低头沉默多于积极表现,平淡无奇的说话风格多于与众不同的说话风格。在公众场合,要么选择不说话,实在没办法需要说话时,语调平淡,声音无变化,更重要的是,我们也越来越不会使用肢体语言甚至手势。

生活中,我们会有太多不正确的习惯需要去改正:我们在无形之中养成了说话语速太快或太慢的习惯;我们的用词不谨慎,表达凌乱,等等。在公众场合讲话,最佳的状态是自然,自然不代表胡乱地说话,而是指心态上要自然。提高公众演说能力,需要学会塑造自己的说话风格,如果现在你尚未塑造出属于自己的说话风格,不妨开始设计和练习,最好注意一下自己的音量以及音调的变化,当然还有语速的问题。你可以先把自己的话录制下来,也可以请好朋友给你指导,如果能得到这方面的专业人士指导就更好了。不过,这些都是台下的自我练习,一旦站在台上,面对很多人时,你是否能将台下的自我练习完美发挥出来,还需要日积月累地练习。另外,你说话的声音取决于你的个性、场合以及你所要表达出的感情。一般情况下,有声语言的基本要求是:清脆洪亮。声音洪亮再加上气势则会有震慑全场的作用。

不妨自测一下,你讲话时的声音能够让周围的人都听到吗?如果你处于三两个人的谈话状态中,你状态放松,可能很容易做到这一点。如果处于偌大的教室,或者站在一个大广场上讲话,你说话的声音能够让教室最后一排的人听到吗,或者说让广场最外围的人听到吗?因为如果他们无法听到你讲话的内容,他们自然就会忽略你说话的内容,所以,要根据所处的具体场合来调整自己的音量。

当你需要强调某一个重点的时候,你可以适当地提高自己的分贝。声音可以通过音量的变化显示出不同的层次感,声音的高低也会影响到听者的情绪,渲染听者的思绪。所以说,提高自己的演讲能力需要让自己的声音先插上翅膀,让自己的声音富于变化。如果你一直使用高音调来说话,你的声音就会给人一个尖锐且单调的感觉。因此,你必须在高音的基础上做一些变化,这样就能够使你的声音显得更加悦耳,还更有活力。

对于声音的掌控,我们需要避免以下几种错误的方式:

第一,避免声音出现颤抖或者犹豫不决。因为这样会让听者感觉你对说话的内容没有把握。

第二,避免让听者感觉你说话像是在自言自语。声音过低或不清晰,听起来同样让人觉得你的状态十分不稳定。

第三,避免过高的声音。因为这会使听者感觉你的讲话具有攻击性,这肯定是他们不愿意接受的。所以,当你喊着要大家静下来听你讲话的时候,你会发现,没有几个人会心甘情愿地听从你的意见。

第四,要想声音一直保持动听的状态,最好不要夹杂地方口音。当然,如果你确实需要使用的话,那必须结合重音来强调,而不要让听者感觉关键的内容是你的发音不够标准。

第五,避免声音里处处含有傲慢、蔑视或者其他消极成分的情感因素。因为这会让听者感觉不受尊重。

总之,我们应该注意自己的发音,需要扎实地进行练习,让自己的声音富有节奏和变化,让声音成为与听者交流的有益的工具和媒介。懂得说话艺术的人,不仅会塑造关于自己的一些个性声音,使其听起来更加悦耳动听,而且他们说话的语气和语调也会有很强的感染力,能引起对方心理上的共鸣。很多人存在着一种错误认识,以为说话的语调和自己的嗓音一样,都是天生的,并没有意识到自己在语调方面也存在着或多或少的问题。面对不同的人,在不同的场合以及说不同的话,我们都需要用不同的语调。说话要有节奏,要有停顿和重音,该快的时候一定要快,该慢的时候一定要慢下来,该起的时候一定要起,这样有起伏、有节奏、有轻重,才能形成口语的美感和悦耳动听的效果。

你肯定希望自己能够给人一种干练清爽的印象,那就更需要掌握好自己说话的节奏了。影响说话节奏的因素主要有两个:语速和内容。如果你的语速太快,以至于某些词语显得模糊不清、一带而过,听者会根本听不懂你所说的内容;节奏太慢又会表明自己的拖沓,反应的迟钝。下面请各位尝试着练习以下这句话:

今天我们要向大家介绍的就是我们公司的这款商品。

可以先用一种平缓略低的声音介绍"公司的"这三个字,然后换口气再稍作停顿,再热情地大声说出"这款商品"四个字。

二、有声语言表达的训练方法

(一) 速读法(快速朗读)

此方法的目的是锻炼口齿伶俐、语音准确、吐字清晰,着眼点就是一个字"快"。一般在开始朗读的时候速度较慢,逐次加快,一次比一次读得快,最后达到你所能达到的最快速度,要求是在读的过程中不要有停顿,发音要准确,吐字要清晰,要尽量达到发声完整。

范例一:
- 心情好:上课多影响心情啊! 不去了!
- 老师讲得不好:误人子弟,呸,不去了!
- 老师讲得好:人太多了,抢不到前排座位,不去了!
- 过节的前几天:都要过节了,谁还上课啊,不去了!
- 过节的后几天:刚过个节多累啊,休息几天,不去了!
- 既不是过节的前几天又不是过节的后几天:没节过,心情不好了,不去了!
- 天气不好,下雨:这么差的天气,干吗还要出去上课,不去了!
- 天气很好,晴朗:这么阳光明媚,用来上课多浪费呀,不去了!
- 早上八点的课:那么早! 还让不让人睡觉了! 不去了!
- 早上十点的课:下课食堂都没位子了! 还让不让人吃饭了! 不去了!
- 下午两点的课:午睡还没醒呢! 还让不让人长身体了! 不去了!
- 下午四点的课:中午11点就吃饭了! 下午撑到那时候,想饿死人啊! 不去了!
- 晚上的课:白天不上课晚上还去上,怕人家说我假积极,真矫情,不去了!
- 不点名的课:不点名去干吗! 不去了!

- 点名的课:别以为点名就可以束缚我们!君子坦荡荡,不去了!
- 心情不好:没心情上课,不去了!

范例二:

- 虽然只想当个小工,但要去北京最大的人才市场找工作,总得穿得像个样儿吧!公共场合可不能出丑。于是俺穿着西装,打着领带,皮鞋擦得倍儿亮就上路了。到了人才市场,只见人山人海,密不透风。俺并没有往里面挤,心想:"凭俺这条件,找个小工岂不是小菜一碟!"于是俺等啊,等啊,等到太阳下山,也没人来招聘俺。眼看就要没戏了,这时有个人快步走过来,俺连忙整理了一下头发,只要他开口,无论什么条件,俺都答应了。他过来只说了一句话:"老板,您要招小工吗?"

(二) 背诵法

此方法的目的:一是培养记忆能力;二是培养口头表达能力,锻炼我们的口才。着眼点就是一个"准"字。

方法:第一步,对选定的材料进行分析、理解,体会作者的思想感情,这是要花点工夫的,需要我们逐句逐段地进行分析,推敲每一个词语,从中感受作者的思想感情,并激发自己的感情;

第二步,对所选的演讲文进行一些艺术处理,比如找出重音、划分停顿等,这些都有利于准确表达内容;

第三步,在以上几步工作的基础上进行背诵。

(三) 练声法

主要是练习气息。吸气:吸气要深,小腹收缩,整个胸部要撑开,尽量把更多的气吸进去。我们可以体会一下,你闻到一股香味时的吸气法。注意吸气时不要提肩。呼气:呼气时要慢慢地进行,要让气慢慢地呼出。因为我们在演讲、朗诵、论辩时,有时需要较长的气息,那么只有呼气慢而长,才能达到这个目的。呼气时可以把两齿基本合上。留一条小缝让气息慢慢地通过。先放松声带,再活动口腔。

可以做吐字练习:

(1) 深吸一口气数数,看能数多少。
(2) 跑20米左右,然后朗读一段课文,尽量避免喘气声。
(3) 按字正腔圆的要求读成语。

(四) 绕口令训练

绕口令的特点是将若干双声、叠韵词汇或者发音相同、相近的语词和容易混淆的字有意集中在一起,组合成简单、有趣的韵语,形成一种读起来很绕口,但又妙趣横生的语言艺术。值得一提的是,绕口令是语言训练的好教材,认真练习绕口令可以使头脑反应灵活、用气自如、吐字清晰、口齿伶俐,可以避免口吃,更可作为休闲逗趣的语言游戏。

范例一:

- 乌鸦说黑猪

乌鸦站在黑猪背上说黑猪黑,黑猪说乌鸦比黑猪还要黑;

乌鸦说它身比黑猪黑嘴不黑,黑猪听罢笑得嘿嘿嘿嘿。

范例二：
- 菠萝和陀螺

坡上长菠萝,坡下玩陀螺。

坡上掉菠萝,菠萝砸陀螺。

砸破陀螺补陀螺,顶破菠萝剥菠萝。

范例三：
- 瘸子和矬子

南面来了个瘸子,腰里别着个橛子,北边来了个矬子,肩上挑着担茄子。

别橛子的瘸子要用橛子换挑茄子的矬子的茄子,挑茄子的矬子不给别橛子的瘸子茄子。

别橛子的瘸子抽出腰里的橛子打了挑茄子的矬子一橛子,挑茄子的矬子拿起茄子打了别橛子的瘸子一茄子。

范例四：
- 四和十 ,十和四,

十四和四十,四十和十四。

说好四和十得靠舌头和牙齿。

谁说四十是"细席",他的舌头没用力,

谁说十四是"适时",他的舌头没伸直。

认真学,常练习,十四四十四十四。

范例五：
- 牛郎恋刘娘,刘娘恋牛郎,

牛郎年年恋刘娘,

刘娘年年恋牛郎,郎念娘来娘念郎,

念娘恋娘,念郎恋郎,念恋娘郎。

(五) 注意儿化音的使用

儿化音的作用：

(1) 儿化具有区别词义、区分词性的功能。

(2) 可以表示喜爱、亲切的感情色彩。

(3) 可以表示少、小、轻等状态和性质。

范例一：
- 打南边来了个白胡子老头儿,手拉着倍儿白的白拐棍儿。

二月二,上小镇,买根烟袋儿不通气儿,回来看看是根棍儿。

范例二：
- 小哥俩儿,红脸蛋儿,手拉手儿,一块儿玩儿。小哥俩儿,一个班儿,一路上学唱着歌儿。学造句,一串串儿,唱新歌儿,一段段儿,学画画儿,不贪玩儿。画小猫儿,钻圆圈儿,画小狗儿,蹲庙台儿,画只小鸡儿吃小米儿,画条小鱼儿吐水泡儿。小哥俩,对脾气儿,上学念书不费劲儿,真是父母的好宝贝儿。

(六) 选择语气的技巧

语气,即说话的口气。它既存在于书面语言之中,更存在于口头语言之中。恰当的语气能增强语言的魅力、恰当地表达思想感情、调动听众的情绪、引起听众的共鸣。语气要服从内容,要看对象,要质朴自然,贴近生活。

气息	声音	给听众的感觉	表达的思想感情	例句
气徐	声柔	温和的感觉	爱的感情	我喜欢你
气促	声硬	挤压的感觉	恨的感情	我讨厌你
气沉	声缓	迟滞的感觉	悲的感情	我需要你
气满	声高	跳跃的感觉	喜的感情	放假啦
气提	声凝	紧缩的感觉	惧的感情	别过来
气短	声促	紧迫的感觉	急的感情	快送医院
气粗	声重	震动的感觉	怒的感情	都是你的错
气细	声粘	踌躇的感觉	疑的感情	这是你的

(七) 变换节奏的技巧

节奏是一种有秩序的、有规律的、协调的变化进程。要掌握变换节奏的技巧——停顿。停顿:指语句或词语之间声音上的间歇。可以分为以下几种停顿方式:

(1) 换气停顿:句子长了,为了换气。
(2) 语法停顿:按句子内部的语法结构关系进行的停顿。
(3) 逻辑停顿:为了清晰显示语句的脉络,也需要有适当的停顿。
(4) 强调停顿:为了突出强调某一种特殊的意思或情感所进行的停顿。

接下来看一篇停顿范例。

原文如下:

• 雨后黄昏,燕语掠空。此时,山城郊外,林荫道中,草地一片幽静,正是悠闲信步神游的佳境。当你的脚步无意惊落几滴含羞的露,冰凉冰凉的,让你止步一愣时,在心静神凝之际,你将会感到丝丝缕缕的清香飘然入怀,在令你微醉之际余,也许你会惊奇地发现,你的周围,除了疏落有致的树林之外,便是起伏的庄稼绿了。

停顿范例如下:

• 雨后/黄昏,燕语/掠空。此时,山城/郊外,林荫/道中,草地/一片幽静,正是/悠闲信步/神游的/佳境。当/你的脚步/无意惊落几滴/含羞的露,冰凉冰凉的,让你/止步一愣时,在/心静神凝之际,你将会感到丝丝/缕缕的清香/飘然入怀,在/令你微醉之际余,也许/你会惊奇地发现,你的周围,除了/疏落有致的树林之外,便是起伏的/庄稼绿了。

(八) 把握语调的技巧

语调是语音、语气、速度、节奏的和谐统一,体现出语言的完美性。要把握语调的技巧——重音。

重音是指朗诵、说话时句子里某些词语念得比较重的现象,一般用增加声音的强度来体现。可以分为以下几种重音:

(1)语法重音:在不表示特殊的思想和感情的情况下,根据语法结构的特点,而把句子的某些部分重读。

(2)强调重音:为了表示某种特殊的感情和强调某种特殊意义而故意说得重一些的音,目的在引起听者注意自己所要强调的某个部分。例如:我去过上海。我们可以通过重读"我""去过""上海"来强调不同的含义。

另外,我们还可以模仿影视剧中的台词片段来练习重音。

台词一:
- 所以说做妖就像做人一样,要有仁慈的心,有了仁慈的心,就不再妖,是人妖。——《大话西游》

台词二:
- 我对您的景仰有如滔滔江水连绵不绝,又有如黄河泛滥一发不可收拾!——《鹿鼎记》

台词三:
- 我们的口号是:"不求最好,但求最贵。"——《大腕》

台词四:
- 素质,注意你的素质……什么素质啊,这是。
- 你侮辱了我的人格,还侮辱我的智商。——《疯狂的石头》

台词五:
- 从现在开始,你只许疼我一个人,要宠我,不能骗我,答应我的每一件事都要做到,对我讲的每一句话都要真心,不许欺负我、骂我,要相信我,别人欺负我,你要在第一时间出来帮我,我开心了,你就要陪着我开心,我不开心了,你就要哄我开心。——《河东狮吼》

以下是朗诵练习材料,注意朗读时的节奏和重音。

范例一:
- 颐和园坐落在北京西郊,距城区十五公里,占地约二百九十公顷,与圆明园毗邻。前身为清漪园,为北京市古代皇家园林,是保存最完整的一座皇家行宫御苑,被誉为"皇家园林博物馆",是北京必去的景点。
- 中国清朝时期皇家园林,汲取江南园林的设计手法而建成的一座大型山水园林,颐和园一年四季都美,红墙琉璃瓦,大气。步步是风景,不知去过多少次,可还总能发现它的美。我以为颐和园最美的时候是春天。每年的3月中,上一年的芦苇还在风中摇曳,迎春、山桃、玉兰、干枝梅等陆陆续续的开了。湖水清澈,细柳抽芽,湖面上水鸟游动,迎接着各方的游人。夕阳西下美不胜收。

范例二:
- 三国时,沔阳有位隐士叫黄承彦,很有才学,50来岁,同20多岁的诸葛亮经常来往,谈论天下大事,十分投机,成为忘年之交。黄承彦有个女儿,他有心把女儿嫁给诸葛亮,但是,诸葛亮相貌堂堂,一表人才,而女儿呢,十八九岁了,长得很不好看,五短身材,脸色黑黄,取名叫阿丑。怎么能同"卧龙"相配呢?黄承彦曾问她对自己的婚事有什么想法？阿丑说："古来都说郎才女貌是美满姻缘,可我不这样认为。我虽然长得不好,但从小跟父亲学习,才学不亚天下男子。要让我选女婿,我还要选一个长得出众的美男子呢,这叫'女才男貌'。"

范例三：

- 远远的街灯明了,
  好像闪着无数的明星。
  天上的明星现了,
  好像点着无数的街灯。
  我想那缥缈的空中,
  定然有美丽的街市。
  街市上陈列的一些物品,
  定然是世上没有的珍奇。

- 你看,那浅浅的天河,
  定然是不甚宽广。
  那隔河的牛郎织女,
  定能够骑着牛儿来往。
  我想他们此刻,
  定然在天街闲游。
  不信,请看那朵流星
  是他们提着灯笼在走。——《天上的街市》

范例四：

- 用了世界上最轻最轻的声音,
  轻轻地唤你的名字,每夜每夜。
  写你的名字,
  画你的名字,
  而梦见的是你的发光的名字。

- 如日,如星,你的名字。
  如灯,如钻石,你的名字。
  如缤飞的火花,如闪电,你的名字。
  如原始森林的燃烧,你的名字。

- 刻你的名字,
  刻你的名字在树上,
  刻你的名字在不凋的生命树上。
  当这植物长成了参天的古木时,
  啊啊,多好,多好,
  你的名字也大起来。
  大起来了,你的名字。
  亮起来了,你的名字。
  于是,轻轻轻轻轻轻地唤你的名字。——《你的名字》纪弦范例五：
- 天上飘着些微云，
  地上吹着些微风。
  啊！
  微风吹动了我的头发，
  教我如何不想她？
  月光恋爱着海洋，
  海洋恋爱着月光。
  啊！
  这般蜜也似的银夜，
  教我如何不想她？
- 水面落花慢慢流，
  水底鱼儿慢慢游。
  啊！
  燕子你说些什么话？
  教我如何不想她？
  枯树在冷风里摇，
  野火在暮色中烧。
  啊！
  西天还有些儿残霞，
  教我如何不想她？
  ——《教我如何不想她》刘半农

范例六：
- 当蜘蛛网无情地查封了我的炉台
  当灰烬的余烟叹息着贫困的悲哀
  我依然固执地铺平失望的灰烬
  用美丽的雪花写下：相信未来
- 当我的紫葡萄化为深秋的露水
  当我的鲜花依偎在别人的情怀
  我依然固执地用凝霜的枯藤
  在凄凉的大地上写下：相信未来
- 我要用手指那涌向天边的排浪
  我要用手掌那托住太阳的大海
  摇曳着曙光那枝温暖漂亮的笔杆
  用孩子的笔体写下：相信未来
- 我之所以坚定地相信未来
  是我相信未来人们的眼睛
  她有拨开历史风尘的睫毛
  她有看透岁月篇章的瞳孔 ——《相信未来》食指

范例七：
- 我最忘情的哭声有两次
  一次，在我生命的开始
  一次，在你生命的告终
  第一次，我不会记得
  是听你说的
  第二次，你不会晓得
  我说也没用
  但这两次哭声的中间
  有无穷无尽的笑声
  一遍一遍又一遍
  回荡了整整 30 年
  你都晓得，我都记得 ——《今生今世》余光中

范例八：
- 谁，执我之手，敛我半世癫狂；
  谁，吻我之眸，遮我半世流离；
  谁，抚我之面，慰我半世哀伤；
  谁，携我之心，融我半世冰霜；
  谁，扶我之肩，驱我一世沉寂。
  谁，唤我之心，掩我一生凌轹。
  谁，弃我而去，留我一世独殇；
  谁，可明我意，使我此生无憾；
  谁，可助我臂，纵横万载无双；
  谁，可倾我心，寸土恰似虚弥；
  谁，可葬吾怆，笑天地虚妄，吾心狂。
- 伊，覆我之唇，祛我前世流离；
  伊，揽我之怀，除我前世轻浮。
  执子之手，陪你痴狂千生；
  深吻子眸，伴你万世轮回。
  执子之手，共你一世风霜；
  吻子之眸，赠你一世深情。
  我，牵尔玉手，收你此生所有；
  我，抚尔秀颈，挡你此生风雨。
  予，挽子青丝，挽子一世情思；
  予，执子之手，共赴一世情长；
  曾，以父之名，免你一生哀愁；
  曾，怜子之情，祝你一生平安！——《执我之手》仓央嘉措

三、无声语言的定义和基本要求

演讲是一门综合艺术,在视觉要素(如衣着、姿态等)、听觉要素(如有声语言、背景音乐、音效等)和演讲内容(核心思想)完美结合时方能绽放异彩了。无声语言又称为态势语,是有声语言的重要补充。它通过姿态、手势、表情、目光等配合有声语言来传递信息。无声语言的作用主要有三个:第一,补充、强化有声语言;第二,加强沟通和交流感情;第三,能控制场面。

无声语言在运用时的基本要求:自然;准确;适度;协调。接下来看一个真实的故事:

2011年7月,韩国运动员金妍儿作为平昌冬季奥运会的申奥大使,在大会中发表了一次精彩的演讲。金妍儿以自信的笑容和动情的演说征服了现场的评委,也征服了全世界的观众,成为申奥成功的一等功臣。

下面我们结合视频资料来分析以下金妍儿的申奥演说。

第一,适当的手势。适当的手势可以展现出演讲者的自信心,在演讲时经常会发生即兴摆手或动作夸张的情况。但是需要注意的是,手势不宜过多。

"尊敬的国际奥委会主席罗格,尊敬的国际奥委会成员们,你们好。很难相信今天与上次在瑞士洛桑见面时仅仅相隔了7个星期。从那时开始,我一直都在为今天的演说认真练习。"

在紧张、严肃的现场,金妍儿在演讲开始时使用轻松的谈笑,增加了自身的亲切感。请特别注意此处金妍儿脸上的微笑表情运用。在演讲作用时,微笑作为无声语言,有着十分重要的作用。大部分人在公众演讲时,表情都会显得有些僵硬,微笑是获得他人好感的最佳武器。所以在演讲时请务必保持良好的表情,特别是亲切的微笑表情。

"就像在洛桑时一样,我现在也有一点儿紧张呢。"

请注意观察,金妍儿在说到"有一点儿"这个词的时候,伸出了左手,并且将大拇指与食指轻轻碰了以下,以突然间的小动作和小技巧增强了听众的好感。金妍儿作为一名花样滑冰选手在演讲中表现出了丰富的表演技巧,通过适当的表情和手势展现出了专业演讲者的姿态。

第二,把握适当的节奏。在公众演讲时,难点在于要将准备好的内容在规定的时间内全部传达出去。要想在有限的时间内传达强烈的信息,就必须摒弃不必要的话语,将核心信息言简意赅地传达给听众。首先,要根据演讲稿的大体结构先向听众说明,即开门见山。接下来将核心事项进行编号,并点出重要的信息。在每一个段落收尾时,再做一次整理,概括出重点。

金妍儿的申奥演说只有短短的3分钟时间,但是自始至终她都保持了适当的语速,给人从容、稳重的感觉。

第三,感人的故事。故事的脉络结构可以有效地吸引住听众的注意力。

"我能够参与到申奥的过程中,对于我的同龄人来说是一件非常震撼的事情,因为今天是一个创造历史的时刻,而我有幸成为其中的一员。"

"我在温哥华参加比赛时也是同样的心情。在10年前平昌第一次申办冬奥会时,我正在首尔的滑冰场上为自己的梦想而努力。"

金妍儿通过讲述自己的故事展开演说,而她本身的经历就极具传奇性。金妍儿不仅依靠精湛的滑冰技巧,更凭借作为一名获得惊人成就的运动选手成为申办冬奥会的大使,使观众肃然起敬。请特别注意此处金妍儿的手,她将一只手放在胸前说话的样子,生动地向听众们传达出"我在讲述自己真实故事"的感觉,非常可信和亲切。

许多人在演讲时都疏忽了一点,演讲的主人公不是别人,正是自己。因此,演好自己很重要。

在演讲过程中使用手势能够将演示的效力再提升20%。擅长使用手势不是随意使用手势,无声语言的表达技巧关键在于自然,无论是眼神、手势抑或微笑,乃至体姿,讲求的都是自然真实,否则无声语言的交流价值就会丢失。当我们看到人们讲话时全身都投入进来,尤其是挥舞着手和胳膊,就不知不觉被他们的讲话内容所吸引。演讲时运用恰当的手势可以调动演讲气氛。我们在演讲或者练习讲话的过程中是需要练习或者说练好属于自己的手势,并让其成为自己演说的一部分,在应用的时候可以不需要思考或者刻意去表现。

当你第一次在整个演示过程中刻意使用手势时,可能会觉得有点怪怪的。但是练习多次后,你会发现完全可以自如地使用这些手势了。再把以前演示时没有使用手势的场景拿来对比,就会意识到当时的讲话几乎没有感染力。运用手势以便更好地为自己服务,最好的办法就是在镜子前面多加练习,当然,录制视频也是不错的选择。

我们再来看一篇文章,来自福建师范大学文学院教授孙绍振先生的《雄辩和幽默》[①],其中论及演讲的问题时,他这样写道:

> 我国是个会议大国,每逢开会必有演讲。但是,在我看来,大多数当事人,不会演讲。也就是说,不懂得演讲是一种交流。我有十几年当演讲评委的经验,大量的演讲者都是用抒情的、非常美妙的语言,非常诗化的语言,像朗诵一样的,甚至还带着舞蹈动作。不过,有的准备得很充分,有的准备得就不充分,有的就突然忘词了在那儿呆着,眼睛往上翻,还有的吐舌头就更糟糕,有的没有信心就下来了。实际上这就拉大了听众与你的距离,我在那儿做评委,每逢有人打扮得很漂亮,我一看这样的人上台我就怕,因为她准备得太充分,演讲是一种交流啊,你所有的东西都准备好了,你就很难交流啊,你的思想成果都有了。如果今天我演讲,我也拿这个稿子来念,你们早走了。演讲、谈话或者交流是相互的、是双向的,包括你们之间都要交流的,那么我这样全方位运作,除了我的动作、我的眼神、我的身体语言、我的有声语言以外,还包括我用语言的情绪,还包括我一头想成的观念,一头表达,又一头寻找最恰当的词汇这个过程,都跟你们在交流,都不是一个现成的东西。而如果一个演讲者上来以后,让我感觉到他是在背一个现成的讲稿,虽然他没有拿稿子念,但是我能看到透明的玻璃在他的眼前,我可以看到他眼神里的恐惧,他最怕某一段的某一行会忘掉,他还没到那个地方就怕了,结果到那儿真的就忘掉了。

孙绍振教授的这一段内容告诉我们,演讲是一种交流。交流是需要"全方位运作"的,除了有声语言之外,还有无声语言,绝非拿一个现成的东西去现场表演。再充分的准备忽略了"交流"这个关键点,那演讲者的演讲都是独角戏,只有保有一种交流的心态,真诚地与听众分享自己的想法,与听众打成一片方是交流。

接下来,他用自己看到的演讲实景故事与读者交流,这些自己亲身感受的演讲者的

---

① 孙绍振:《雄辩和幽默》,《收获》2021年第1期,第101页。

风格真实且珍贵,既属于他个人也属于那个时代。

总的说来,一个人要会讲话,首先就要会交流。我们国家领导人朱镕基是个最大的演说家,我有幸听过他两次演说,他一上台就会把整个气氛协调得非常和谐,互相交流,非常平等,一点架子都没有。我参加全国作家代表大会,五年一次,第一次是1998年底,上午是一位领导作报告,讲国际形势,我们抱着极大的希望,希望他能给我们讲一点我们不知道的事情,至少是内部的新闻,可他一上台就违背了演讲最基本的原则,拿了一卷稿纸,眼睛也不看我们,就开始念。我一看坏了,我希望他念了一段之后起来解释解释,结果他继续念,就在那个人民大会堂里面,听的人很多,有些个代表年纪是比较大的,就有一个不可控的趋势,头就开始歪过去了,而且是一排。我比较有礼貌,但眼睛睁着也不知道听的是什么东西。但,这个人修养很好,不管你底下头怎么歪,他照念不误。下午就轮到朱镕基作报告了,早就知道他比较会演说,因为他在清华当过学生会主席,演讲比赛得过第一名,但也没想到他那么会讲。他一上台就说:"我来给你们作家作报告,我就心里打鼓,我是管经济的,满脑子都是抽象的数字,你们都是形象思维,我不知道我这个报告应该长一点好还是短一点好?"底下的人喊一声:"长一点好。"他说:"长一点可能犯错误呢。"底下说:"不会呀!"他说:"那我就做长一点,但是底下有些同志觉得疲倦了,那就可以小憩片刻,有些同志还需要的话也可以自行方便,不过要分期分批。"他这么一讲,哄堂大笑起来,整个会场的气氛就不一样了。他讲:"我们的股市不是有一点爆棚嘛,一下子涨到1300点,有一点儿过分了。"他就让《人民日报》发了一篇评论员文章,提醒当心股市风险,股市平息下去了。他说,他每天看西方的评论。其中有一个评论非常没礼貌,说,中国股市不正常,既没有牛市,也没有熊市,只有"猪(朱)市"。他说,骂人也不能这样骂啊,这是很没有礼貌的。他没有总理的架子,讲话妙趣横生,缩短了我们作为一个普通群众和总理的距离。①

孙绍振教授用两个领导作报告的不同风格向我们再次说明了"交流"的重要性。他强调:学会交流,就是学会尊重和你不一样的逻辑、不一样的感觉。

第三节　演讲稿写作

演讲稿既有一般议论性质应用文的特点,又有文学作品艺术手法的特点,上口入耳,见解独到,形象生动。演讲稿是为演讲准备的书面材料,能够梳理演讲者的思路,提示演讲的内容,消除演讲者的心理紧张,引导听众更好地理解演讲内容,以加强宣传、鼓动和教育作用。

一、演讲稿的结构

演讲稿的结构通常包括标题、称呼、开头、主体、结尾。

---

① 孙绍振:《雄辩和幽默》,《收获》2021年第1期,第102页。

（一）标题写作技巧

1. 直接揭示主题

例如，《天灾无情人有情》《困难、造就坚强》，等等。

2. 标题揭示演讲场合

例如，《在马克思墓前的讲话》《在地震救灾现场上的讲话》，等等。

3. 用祈使句作标题

例如，《大学生，请补上交际这一课》《注意，路路处处有红灯》，等等。

4. 用正题加副题的形式作标题

例如，《未来与现在——写在毕业之前》《巴菲特与比尔·盖茨——两位富翁的忘年交》，等等。

（二）称呼写作技巧

写作称呼需要提行加冒号，根据听众和演讲内容需要决定称呼，常用的称呼有"同志们""朋友们""女士们、先生们"等，也可加定语渲染气氛，如"年轻的朋友们"等。不过，需要注意的是，面对香港、台湾的听众时，称呼不适宜用"同志们"，这个称呼在港台文化中是多义的。当然，也可以根据演讲场合不用称呼，自然进入演讲。

（三）开头写作技巧

演讲稿开头又叫"开场白"，虽然只有三言两语，但却具有设置气氛、控制情绪、导入主题、激发情感等多重作用，所以必须设计好开头，吸引住听众。一般开头常用以下方法。

1. 提问法

开篇围绕主题提出大家关心的问题，引导听众积极地参与思考，并顺势自问自答，展开全文。

2. 揭示法

在开头总述全文内容，或强调作者的观点，或揭示演讲的主题，给读者提供一把解读的钥匙。

3. 介绍法

在学理性演讲和竞职性演讲中，演讲者通过介绍自己的学习经历或者工作经历，赢得听众的认可与支持，可增加演讲的信任度与权威性。如国学大师南怀瑾在上海讲《人文问题》中是这样开头的：

诸位，我的名字叫南怀瑾，因为我是浙江人，以前年轻时在上海、浙江一带读书，有名的，大家叫我"难为情"，上海话说怕难为情，所以陈峰今天讲的，我很难为情，很不好意思，陈峰除了做航空以外，好像有个专长，会开帽子店，给我戴了很多的高帽，不过，人都喜欢戴高帽的，明知道高帽是假的，听到也非常舒服。可是大家不要给高帽骗了啊！

南先生的这种介绍法谦虚低调，真实贴心，为接下来的演讲营造了良好的气氛。

4. 引用法

引用一些流传久远、广为人知的俗语、名人名言、警句格言引出演讲的内容。

5. 故事法

例如,1952年春,众多学者集合于上海,研讨著名文艺理论家、华东师范大学教授钱谷融先生的论文——《论文学是人学》。钱先生一身西装,一上台就讲:

> 请允许我讲一个故事。有位先生原来有妻室,是父母包办的婚姻,虽然妻子很贤惠,但感情这东西不像数学1+1=2那样简单清楚。他在社交中认识了某位女士,一来二往,两人就情投意合,就是说情已他移。这难以多责怪,因为他们确有共同语言,真正感受到恋爱的甜蜜。然而,他却很苦恼,他尽管非常爱她,却不敢挽着这位女士的手臂走近社交场合,而是专心地带着他的老婆,还要在脸上堆着笑,显得很恩爱。更叫他疑虑重重的是,不少人尽可以私下里赞同他的恋爱观,可是如果一到了公开场合,准会侧目以待,甚至慷慨陈词,所以他只能苦恋着。——诸位,我就是那位先生,那位女士就是我的《论文学是人学》!但是今天,我终于把她带到大庭广众中来了!话音刚落,会场上人声鼎沸。坐在近旁的一位鸭舌帽摘下帽子挥舞了几下,高声说:"早该带出来了!"

这个开头人情味十足,将钱先生与"情人"的感情详细地描绘给公众,将听众引入他的情感故事,最后再将"情人"露面,《论文学是人学》在钱先生心中的地位瞬间在听众心中燃爆。

6. 悬念法

在演讲开始,故意将自己需要讲的东西隐藏起来,不像开门见山那样地直接讲出来,这种引而不发的开头运用的就是悬念法。制造悬念可以勾起听众的好奇心,激发他们的倾听兴趣,使听众带着问题急切地想听下面的内容。

7. 幽默法

不按常规的思维去思考问题,不按传统的观念去看待事物,这样的口才才能算是立意新颖、角度独特,语言更应追求亦庄亦谐,表达灵动,充满张力和美感。我们先来看一段演讲:

> 世界上很多非常聪明并且受过高等教育的人无法成功,就是因为他们从小就受到了错误的教育,养成了勤劳的"恶习"。很多人都记得爱迪生说的那句"天才就是99%的汗水加上1%的灵感",并且被这句话误导了一生。勤勤恳恳地奋斗,最终却碌碌无为。其实,爱迪生是因为懒得去想他成功的真正原因,所以就编了这句话来误导我们。

(四) 主体写作技巧

主体部分是演讲稿的重点,它既要承接开场白,又要内容翔实、主旨鲜明,并要逻辑清晰、结构分明,更重要的是要设计好演讲的高潮部分,以使听众产生心灵共鸣。

1. 结构设计

第一,并列式。即从不同角度论述演讲中心,而这几个角度之间的关系是并列的。白岩松在《人格是最高的学位》中的正文是这样写的:

在采访北大教授季羡林的时候,我听到一个关于他的真实故事。有一个秋天,北大新学期开始了,一个外地来的学子背着大包小包走进了校园,实在太累了,就把包放在路边。这时正好一位老人走来,年轻学子就拜托老人替自己看一下包,而自己则轻装去办理手续。老人爽快地答应了,近一个小时过去,学子归来,老人还在尽职尽责地看守,谢过老人,两人分别!

几日后是北大的开学典礼,这位年轻的学子惊讶地发现,主席台上就座的北大副校长季羡林正是那一天替自己看行李的老人。

我不知道这位学子当时是一种怎样的心情,但在我听过这个故事之后却强烈地感觉到:人格才是最高的学位。

这之后,我又在医院采访了世纪老人冰心。我问先生,您现在最关心的是什么?老人的回答简单而感人:是年老病人的状况。

……世纪老人在陆续地离去,他们留下的爱国心和高深的学问却一直在我们心中不老。但在今天,我还想加上一条,这些世纪老人所独具的人格魅力是不是也该作为一种传统被我们向后延续?

前几天我在北大听到一个新故事,清新而感人。一批刚刚走近校园的年轻人,相约去看季羡林先生,走到门口,却开始犹豫,他们怕冒失地打扰了先生。最后决定,每人用竹子在季老家门口的土地上留下问候的话语,然后才满意地离去。

这该是怎样美丽的一幅画面!在季老家不远,是北大的博雅塔在未名湖中留下的投影,而在季老家门口的问候语中,是不是也有先生的人格魅力在学子心中留下的投影呢?只是在生活中,这样的人格投影在我们的心中还是太少。

在这里,作者通过季羡林、冰心的故事来阐明人格魅力的重要性,用具体的名人故事让听众感同身受。

第二,对比式。论点之间、材料之间的关系是对立的,形成正反的对照,让听众能辨清论点的正确性。

第三,递进式,也称层层深入式。先将演讲主旨进行分析解剖,然后逐层进行论述和证明。一般来说,这种论证的层次是不可调动的,即提出论题后,或按由浅入深,由现象到本质的过程进行分析;或按由感性认识到理性认识、由片面到全面的层层递进进行拟写。论点与演讲时的态度和观念要明确,无论是赞成还是反对,表扬还是批评,都不能含糊其词、模棱两可。专题演讲如学术演讲、政治演讲因篇幅较长,所以特别看重讲述的层次。

2. 善用修辞手法

演讲稿主体部分的观点要展开,主要的论据材料要铺陈,仅仅靠罗列材料是远远不够的,需要巧妙地运用多种修辞手法,灵活多样地表达。

第一,叙述时要讲究技巧,平常中点题升华。在展开主体内容时,叙述容易平淡啰嗦,这就需要围绕主题进行概括,并在叙述中穿插议论进行点题,平中出奇,耐人寻味。

第二,在说理时要充分,讲究逻辑性。引证的事例要具有典型性和代表性,论证要有逻辑性,论证手法可以多样化。

第三,在叙述和议论中,可适当插入抒情,抒情要自然真挚。

第四,演讲稿中常常综合运用比喻、排比、反问等多种修辞手法,可以强调重点,加强气势,增强感染力。

（五）结尾写作技巧

结尾往往是演讲词最关键的部分，它影响着演讲的效果，一个好的结尾往往可以让听众意犹未尽，比较常见的结尾部分有以下几种：

第一，总结式结尾。这是指用明确的话语总结内容，点化主旨，给听众留下完整的总体印象。

第二，抒情式结尾。这是指在叙述典型事例后，用抒情的方式结尾，留有余韵。

第三，感召式结尾。这是指用富有感召力、鼓动力的语言提出希望、决心，激起听众的热情。

第四，诵唱式结尾。这是指用歌词或者诗歌、格言、警句等结尾，言简意赅，富有韵律。

第五，要点式结尾。这是指将演讲的主要内容进行归纳，让听众对演讲内容留下完整的印象。

第六，祝贺式结尾。这是指用祝贺或赞颂的话语结尾，能造成欢乐愉快、热情洋溢的气氛，使听众在愉快中增加自豪感和荣誉感，激励听众满怀信心去创造未来。

第七，点题式结尾。这是指用重复题目的方式来结尾。演讲的题目或者标题是演讲的重要组成部分，是最具个性和特色的标志。在演讲结束时，如果重复题目，再次点题，就能加深听众对演讲的印象。

我们无所畏惧——特蕾莎梅议会演讲

二、即兴演讲的结构

（一）即兴演讲的三个公式

很多人在即兴讲话时会感到为难和尴尬，感觉没有话说，不知道应该说些什么好，找不到合适的话题，等等。针对这种情况，可采用即兴演讲的第一个公式，即讲话者可以留心一下现场的情况，有时候你不经意间的发现会为思维提供灵感，为自己快速地找到话题，从而破解尴尬的局面。在现场，可以寻找与演讲主题相关的、比较特殊的物体和重要的人群，经过联想把他们融入主题当中，从而可以借助物或者人说事。生活中，即使在准备充分的情况下，我们也可以从现场寻找一些话题。只有把现场的人和事与论证的观点联系在一起，才能让讲话者与听众达到思想共鸣的效果，也只有这样，才能让自己的讲话增添色彩和分值。

公众演讲属于公众沟通，公众沟通不仅承担着信息的传递、思想的交流，还有情感的沟通。情感的沟通往往是最能打动听众的。第二个公式是在即兴讲话时从你和对方的共同经历说起，这样不仅可以找到共同点，还可以深受听众喜欢。换句话说，在即兴演讲时可以从自己的经历谈起，找出与人共同的地方，这样的讲话也显得更加真诚和可信。

我们来看一篇演讲稿,这是原华中科技大学校长李培根在学生毕业典礼上的一次演讲,他就充分运用了从经历中找共鸣的方法,这次讲话深受学生们的好评。

我知道,你们还有一些特别的记忆。你们一定记住了"俯卧撑""躲猫猫""喝开水",从热闹和愚蠢中,你们记忆了正义;你们记住了"打酱油"和"妈妈喊你回家吃饭",从麻木和好笑中,你们记忆了责任和良知;你们一定记住了"姐的狂放""哥的犀利"。未来有一天,或许当年的记忆会让你们问自己,曾经是姐的娱乐,还是哥的寂寞?

亲爱的同学们,你们在华中科技大学的几年给我留下了永恒的记忆。我记得你们为烈士寻亲千里,记得你们在公德长征路上的经历;我记得你们在各种社团的骄人成绩;我记得你们时而感到"无语",时而表现得焦虑,记得你们为中国的"常青藤"学校中无华中大一席而灰心丧气;我记得某些同学为"学位门"、为光谷同济医院的选址而愤激;我记得你们刚刚对我的呼喊:"根叔,你为我们做了什么?"——是啊,我也得时时拷问自己的良心,到底为你们做了什么?还能为华中大学子做什么?

我记得,你们都是小青年。我记得"吉丫头",那么平凡,却格外美丽;我记得你们中间的胡政在国际权威期刊上发表多篇高水平论文,创造了本科生参与研究的奇迹;我记得"校歌男",记得"选修课王子",同样是可爱的孩子。我记得沉迷于网络游戏甚至濒临退学的学生与我聊天时目光中透出的茫然与无助,他们还是华中大的孩子,他们更成为我心中抹不去的记忆。

我记得你们的自行车和热水瓶常常被偷,记得你们为抢占座位而付出的艰辛;我记得你们在寒冷的冬天手脚冰凉,记得你们在炎热的夏季彻夜难眠;我记得食堂常常让你们生气,我当然更记得自己说过的话"我们绝不赚学生一分钱",也记得你们对此言并不满意;但愿华中大尤其要有关于校园丑陋的记忆。只要我们共同记住那些丑陋,总有一天,我们能将丑陋转化成美丽。

同学们,你们中的大多数人,即将背上你们的行李,甚至远离。请记住,最好不要再让你们的父母为你们送行。面对岁月的侵蚀,你们的烦恼可能会越来越多,考虑的问题也可能越来越现实,角色的转换可能会让你们感觉到有些措手不及。也许你会选择"胶囊公寓",或者不得不"蜗居",成为"蚁族"的一员。没关系,成功更容易光顾磨难和艰辛,正如只有经过泥泞的道路才会留下脚印。请记住,未来你们大概不再有批评上级的随意,同事之间大概也不会有如同学之间简单的关系;请记住,别过多地去抱怨,成功永远不属于整天抱怨的人,抱怨也无济于事;请记住,别沉迷于虚拟的世界,还得回到社会的现实;请记住,"敢于竞争,善于转化",这是华中大的精神风貌,也许是你们未来成功的真谛;请记住,华中大,你的母校。什么是母校?就是那个你一天骂她八遍,却不许别人骂的地方。

亲爱的同学们,也许你们难以有那么多的记忆。如果问你们关于一个字的记忆,那一定是"被"。我知道,你们不喜欢"被就业""被坚强",那就挺直你们的脊梁,挺起你们的胸膛,自己去就业,坚强而勇敢地到社会中去闯荡。

亲爱的同学们,也许你们难以有那么多的记忆,也许你们很快就会忘记根叔的唠叨与琐细。尽管你们不喜欢"被",根叔还是想强加给你们一个"被":你们的未来"被"华中大记忆……

在演讲中,李培根校长使用了一些发生在学生们身边的具体事件作为材料,这不仅让毕业生们回忆起了自己的大学时光,更拉近了校方与毕业生之间的距离。全篇讲稿没有太多华丽的辞藻,更多的是平实可亲的语句,句句都是毕业生们曾经的真实写照,没有处处引经据典,也没有深奥的哲理,有的只是大家的共同经历,自然让毕业生们听起来亲切、自然、感动。其实,并不是所有的演讲都是以讲解知识、做报告为主。有的场合,知识只是一个方面,特别是在社交场合,大家聚在一起不是来讲经论道的,而是增进彼此之间的感情。在这样的时候,不妨多谈及共同经历的事情,或者寻找彼此之间的共同话题,这样更能唤起大家的共鸣,促进感情的交流。

第三个公式则是重视日常积累,拓宽知识结构。在即兴演讲时,可以从以上两个方面,即现场和自我经历说起,但是这并不适用所有的场合,有的场合不一定适合说这方面的话题,有些场合还需要多说一些自己的思考。当今世界上的任何事物都在变化着,国内外新事件、新问题、新矛盾不断出现,我们也在大数据时代接收着来自四面八方的各种讯息,我们在获取讯息的同时也应该学会去及时捕捉新话题和新故事。

接下来是杭州电子科技大学校长薛安克在2013届本科生毕业典礼上的演讲,演讲的题目是"破解人生的迷惘,你需要的是思考",演讲词如下:

我是77级大学生,当年,一张大学文凭就可以走遍天下。而今,你们却遭遇了史上最难就业年。挤在699万就业大军中,你们为生计、为理想苦苦寻求。此时此刻,我很想像杜甫那样,大声疾呼:安得岗位千万个,大庇你们俱欢颜!这样的现实值得我深深地思考,更值得中国教育深深地思考。

所以,临别之际,我想和大家谈谈思考。也许同学们一听就笑了:思考谁不会?思考多累啊?思考又有什么用呢?

这个时代,似乎意境无需思考。内事不决百度一下,外事不解谷歌一番,我们已经习惯了寸步不离电脑,习惯了与手机耳鬓厮磨。网络覆盖世界,信息湮灭一切。

这个时代,似乎已经无暇思考。大家忙于玩人人、逛淘宝、织微博、打网游。为应付各种考试要背的东西太多,南一门报亭边要收的快递太多,32号楼要约会的"甜素纯"太多。

这个时代,似乎已经无心思考。一部《泰囧》,国人盲目追捧;一曲骑马舞,竟然全球狂欢。微信、微博、微电影……微时代的到来,让我们的知识碎片化,需求感官化,审美娱乐化。

这个时代,似乎已经无法思考。现代人就像生活在高压锅里,面对高物价、高房价,直呼:压力山大!难怪近期有个统计,70%的人甘于把自己归为屌丝。屌丝还需要思考吗?!屌丝只需逆袭!

有人说:这是一个最好的时代,也是一个最坏的时代。我害怕在这个时代,你们已经习惯了不思考,习惯了只活在当下;为生存而"蜗居",因沉溺网络而"宅居",或缺少真爱而"独居",成为"无梦、无趣、无痛"的"橡皮人"。我更害怕,外在的生活会压倒内心的本性,大学培养的社会精英随波逐流,成为"精致的利己主义者"。灵魂逐渐消磨,思想日益枯竭。思考令人痛苦,甚至让人孤独,这就是所谓的"思考之痛"。但是,30多年的社会阅历带给我的最大启迪是:人生走得越远越需要思考,社会环境越复杂越需要思考,世界变化越大越需要思考。一旦思考明白,你将会无比地轻松与快乐;一旦思考明白,你就有勇气和力量,去改变现状,去改变命运!

这篇演讲是结合当前的就业形势而发表的,有自己的看法和见解。以"大学生就业难"开篇,层层深入,告诉大学生们面临当下的形势,要学会思考,并且用三个排比说出了大学生不喜欢思考的现象,这些话都说到当今学子的心里去了,这和平时的观察积累密切相关。

(二)学会讲故事

在公众演说的过程中,讲故事可以使讲话者和听众之间产生共鸣,可以刺激对方,使其产生好奇心,懂得说话之道的人经常采用讲故事的方式来传达核心信息,学会讲故事也是提高演讲能力的重要方法。

人们为什么喜欢听故事呢?我们可以想象一下,你的朋友在讲述他与恋人相处时,一定有那么一两次说"我就知道是这样"。然后呢?然后他说了什么?我们一定很好奇接下来到底说了什么,这也是我们常说的"吊人胃口"。

在当今时代背景下,讲故事的能力是在选拔人才时必须考虑的重要能力之一。美国的趋势专家丹尼尔·平克在世界各大公司、大学院校及各种协会进行演讲,丹尼尔·平克认为,未来社会的最高领导者将是故事型人才。试想,你去参加一个两人面试,其中一个应聘者的自我介绍像履历书一样枯燥无味,另一个应聘者的自我介绍却像一分钟小说一样幽默和富有才华。孰胜孰败,一目了然。

故事的关键点可以分为以下几种:第一,在演讲过程中,演讲一定要有热情,如果自己缺乏热情,很难触动观众;第二,故事必须有针对性和典型性;第三,故事要生动和富有变化。

大家都知道史蒂夫·乔布斯的现场表达能力极强,看过他在发布会上演说的人们都有一个共同的感觉,仿佛看了一部电影或一场戏剧一样精彩。

即使是在很简单的新品发布会,经过乔布斯的宣传,马上就有神奇效果。他的现场表达既有起承转合的完整结构,又有电影中戏剧性的反转。那么,他的秘诀是什么呢?没错,正是讲好故事。

我们来看乔布斯的演讲。他在介绍新产品"IPHONE"的发布会中,伴随着激昂的音乐登上舞台,谁也想不到乔布斯会在商业发布会上大声播放音乐,观众们都惊呆了,爆发出阵阵掌声。另外,他所选取的音乐也非常新颖,选用的是詹姆斯·布朗的"I FEEL GOOD",这首歌曲在美国几乎家喻户晓,人人都会哼唱。这首歌的歌词与公司的理念或产品的特性毫无关联,之所以会被选为发布会歌曲,是运用了一个心理学原理:听众在听到熟悉的音乐时,自然会卸下防备,并且潜意识中认为将会有好事发生。

这时,乔布斯登上舞台,展示出了两张幻灯片。第一张幻灯片中出现了一个被咬了一口的苹果图案,第二章幻灯片中仅有两个单词——MAC WORLD。乔布斯并没有将发表的主题立即道出,而是通过"今天我们一起创造历史"这样简单明了的语句来传达出核心信息。

有意思的是,乔布斯总是按照特定的顺序来讲述故事。首先他介绍新概念,然后对其进行详细说明,最后对整体内容进行概括。在 IPHONE 上市的发布会上,他对 IPOD、电话、网络通话这三个功能进行了强调和说明,并要求听众复述,使所有人都自然而然地接受他所传达的核心信息。

乔布斯的发布会就像戏剧一样有着动人心弦的作用,参加发布会的人们纷纷表示愿意拥有苹果公司的各种产品。这种调动人们的购买欲望的本事,让乔布斯成为市场营销的标杆人物。乔布斯让听众把注意力集中在他身上,并把自身的主张移植到听众身上,向我们展示了讲好故事的重要性。全世界各地的苹果专卖店的布置以及营销人员的讲解,继续发挥着讲好故事的魅力。

再来看一位参加过抗美援朝战争的志愿军战士在某校作的演讲,演讲主题是"教育下一代"。其中,他在演讲中这样描述他的战友:

381号高地关系到整个战局的形势,夺下了就可以占据主动,痛歼敌人;夺不下,则有全军覆没的危险。因此,司令部下令要成立一支突击队进行首攻。

大家都积极报名,最后我们的团长担任这支突击队的队长。在发起攻击之前,团长亲自做了动员:"同志们,你们是中国人民的骄傲。养兵千日,用兵一时,这次战役能不能成功,就看你们这百十号人了,别给咱中国人丢脸,是好汉还是孬种咱们战场上见。现在,我命令你们15分钟内务必夺下381号高地。"

战斗打响了,团长端起冲锋枪,喊了声"跟我上"就一跃而起,冲在最前面,战士们也不甘示弱,呐喊着冲了上去。

敌人开始疯狂地扫射,炮弹和手榴弹不时在我们身边爆炸。战场上硝烟滚滚,喊杀声惊天动地,战士们机警地一边向上冲锋,一边寻找一切障碍物做掩护。但是,还是有人不幸中弹倒下了。

他只是简单地包扎了一下,便又继续匍匐前进。可是,又有一颗炮弹在他身边爆炸。他被巨大的爆炸声震得昏了过去。

等他醒过来的时候,他发现自己的小腹已经被炸开。可是,我们英勇的战士,随手在身边抓了一个钢盔,用钢盔卡住伤口,再用子弹袋扎紧,又挣扎着向前爬去。一米,两米,三米……

他实在没有力气了,便努力支撑着自己的身体,用尽最后一点力气端起冲锋枪,向着敌人的阵地扫射过去。在他牺牲前,他打完了枪里的30发子弹……

这细致入微的讲述,让在场的每一个人都情绪激动,听众都被带入演讲者所描述的情景中去了,仿佛亲眼看见那场惨烈的战斗。描述如果恰如其分可以增加演讲的视觉和听觉效果,使听众身临其境。

要组织好一篇即兴演讲稿,有个好办法,就是将要讲的内容列出3~5个要点来,然后在每一个要点的部分写一个小故事或者有趣的例子。这样将理性的观点和有趣的故事融合在一起,讲演会变得既风趣又实在。如果实在想不出什么相关的故事,可以从自己过去的经历来写故事,叙述过去你是怎么解决类似的问题的。其他人遇到同样的问题时应该怎么做。多从这样的思路去举例子或者讲故事,就会想出不少例子或者故事。故事不必感天动地、惊世骇俗,只要有趣、好记、与演讲主题有关即可。

当你开始将故事作为演讲的要素时,就会发现好的故事其实可以反复使用,很快,一份好故事辑录就会慢慢被整理出来,从而帮助你在各种话题的演讲中展开,即兴演讲也就不再是极为可怕的活动了。

（三）学会简洁地说话

有些人叙述一件事，为了卖弄才华，极力地使用修辞，用重复的形容词或者倒装句，或者穿插歇后语、俏皮话，甚至引经据典，使听众云里雾里，摸不着头脑。有些人在说话时，东拉西扯，缺少组织和系统，也使人有不知所云的感觉。如果你要提升自己的影响力，在说话时请简明扼要地表达观点。话还没说出口时，先打好一个腹稿，然后再按照顺序，一一道来。

有人把冗长乏味的演讲称为"马拉松式"的演讲，这种演讲往往空洞无物，不仅不能使听众受益，还浪费了大量的时间；即使言之有物，但冗长的演讲往往会使听众抓不住重点，并且感到烦闷。所以，演讲者要注意演讲的场合，注意掌握时间，在不宜多说的时候，要长话短说，简明的演讲也能够收到很好的效果。

一般情况下，演讲或者说话时使用简洁的话语常常能够让人有意犹未尽的感觉。当演讲观点有高度概括性的时候，听众才容易记得住。不要指望听众完全记住一场会议或演讲的内容。我们来看中外两个名人的例子：

五四新文化运动的倡导者胡适先生在一次座谈会上说"男人也要三从四德"，顿时语惊四座。他进而解释道："三从，就是太太出门要跟从，太太的话要服从，太太说错要盲从。"说罢，人们都笑起来，接着说："四德是太太化妆要等得，太太发怒要忍得，太太生日要记得，太太花钱要舍得。"话音刚落，全场又大笑起来。

丘吉尔是英国历史最著名的首相之一。他领导英国人民度过了战争的动乱，领导英国走向辉煌。丘吉尔一生最后的一次演讲是在剑桥大学的一次毕业典礼上，在上万名学生的注视下，丘吉尔在随从的陪同下走进了会场，挥挥手走向讲台。他脱下大衣交给随从，然后摘下帽子，默默地注视所有的听众。一分钟后，丘吉尔说了一句话："Never give up!"说完，丘吉尔穿上大衣，戴上帽子离开了会场。这时整个会场鸦雀无声，几秒钟后，掌声雷动。

"永不放弃"，这句话虽然很短，但是说出了丘吉尔成功的根本原因。正是靠着这种永不放弃的精神，丘吉尔领导英国在极端艰苦的情况下挺过了伦敦大轰炸，最终战胜纳粹德国，赢得了二战的胜利。

有一句说得好，能把一句话说成十句话的人是语言的庸才，能把十句话说成一句话的人是语言的天才。

（四）向演说大师学习

向演说大师们学习，这是一个提高公众演说能力的行之有效的办法。实际上，要区分真正大师级的演说家倒是一件不容易的事情，很多人徒有虚名。我们这里收集了几位大师级的演说家，可以在网页上查找他们演讲的音频或者视频资料来学习、研究。

奥格·曼迪诺，尽管他现在已经不是网红了，但他任何一个一小时时长的主题演讲仍然有值得学习的地方。奥格·曼迪诺是因其处女作《世界上最伟大的推销员》一跃成为美国最受欢迎的收费演说家的。研究他的讲话，要特别留意他是如何巧妙地利用停顿来准确表达自己的观点的。

博恩·崔西，他做职业演讲长达二十五年。他的演讲模式可以用他自己的话来概括——挡风刮水器,这种演讲模式的特点是在整个演讲过程中将理性观点和各种趣味故事、奇闻轶事穿插在一起,在循规蹈矩的演讲中保持一定的娱乐性。

汤姆·彼得斯,是一位情感丰富、立场坚定,与时俱进的演说家。他能在演讲中通过使用幻灯片来达到良好的效果,并能将商业演讲也说得激情四射。

比尔·克林顿,这位美国前总统的演说魅力非同一般。我们可以多多关注比尔·克林顿卸任以后的演讲,他的风格随意、直接、轻松,令人心潮澎湃。他能轻松地将相关的事实穿插进自己的演讲中,使自己的演讲不会变成空洞枯燥的陈述。

罗宾·夏玛,加拿大人,比上面提及的几位演讲大师要年轻许多,他穿着随意,具有类似禅宗哲学家一样的风范。罗宾非常善于讲故事,其方式让人信服。

一位顶级演说家的讲话中,可以学习的地方有太多太多,用心去研究他们演讲的结构和风格,会有所得。

【思考与训练】

1.按下面的要求进行走台练习,介绍自己。要求如下:从门外步入讲台,用眼神与观众交流,站定后介绍自己,时间不超过2分钟。注意有声语言与无声语言的融合运用。

2.班级将开展一次演讲比赛,假如你是主持人,请你为此次活动准备一段开场白。要求:除讲明活动的意义之外,需要用热情洋溢的语言,点燃现场的气氛。

3.三人游戏,由任意一人任意提出一个话题,指定另外两人中的一人即兴演讲,时间为60秒。话题不限,同时考验出题人的创意。

第四章 辩论艺术

辩论辩论，有辩有论，唇舌之战，一字一句，谨慎准确。辩论，是多种思维的碰撞。遇到问题，想要去解决问题，就会促使你去进行哲学的思考，这将会带给你一种全新的学习方式。辩论，是一项竞技性的艺术活动。在辩论比赛中，辩手不但需要表现出自信、热情，还需要具备专业、过硬的辩论技能。

当然，在日常生活中，你或许不会去参加任何一场专业的辩论比赛，但掌握一些基本的辩论知识，能让你在学习和工作中更游刃有余。

第一节 辩论概述

掌握辩论的基础知识是学好辩论这门语言艺术的前提条件。辩论可以让我们去思考可能从未考虑过的问题或观点，可以增强我们说话的策略性，可以帮助我们提高演讲技巧。

一、辩论的含义与作用

辩论，是观点对立的双方或多方，就同一论题，阐述己见，辩驳或者说服对方时所进行的言语交锋。辩论的最终目的是辩明事理，彰扬真理，否定谬论。

在口语表达中，辩论具有重要的作用：辩论是发扬真理、揭穿谬误的重要武器，是保护公民正当权益、捍卫法律尊严的重要手段，是推进学术发展的重要途径，是保证决策科学化的重要条件。

辩论赛是一种有组织、有准备的言语交锋，是一种以模拟和检验论辩技巧为目的的带有娱乐性的竞赛活动。它把辩论者分成相对的两组，各组依一定的规则，当面把自己的观点表述出来，以求评判出胜负。

二、辩论赛的特点

第一，这种辩论的主要目的不在于达到真理性的认识，而是对辩论能力和技巧的训练，因而它属于一种开发智力的方式；

第二,这种辩论要依一定的规则进行。每一个辩论员什么时候发言,用时多少都有比较严格的规定,不得违反;

第三,在这种辩论中只要能够"自圆其说",能够驳倒对方,就可以取胜。所以,在辩论赛中,胜方的观点并不一定就正确,败方的观点也并一定就错误;

第四,比较注重语言美和姿势、仪表美。辩论竞赛言语相互批驳的动机是为了取悦于评判员和观众,他们对参赛双方的印象直接决定了谁是优胜者。

由于辩论赛是一种有组织的、要评判出胜负的竞赛,它就必须有一定的组织形式和竞赛规则。

三、辩论的原则

(一)观点鲜明、理据充分

在辩论时,持不同观点的双方要鲜明地表达自己的观点,不可模棱两可,不可含糊其词,在辩论中,无论是阐述自己的观点,还是辩驳对方的观点,都必须做到理据充分,即在引证公理、典籍法规,列述事实,援引数据时,都能做到典型、准确、充分,从而产生强大的逻辑力量。

(二)剖析辩题、理解原意

辩题即辩论双方认识相悖,需要通过辩论分清是非曲直从而取得共识的问题。辨清了辩题,才能把握住关键,有针对性地进行言语交锋。辨析辩题的要领是:第一,分清辩题的共认点。共认点又可称为共识,即在辩题范围内,辩论双方观点一致的认定。它被称为辩题范围内不需要辩驳的部分。分清了共认点,有助于划定辩题的外延,明确辩论的展开方向。第二,分清辩题的不同点。不同点就是分歧点,即双方观点的对立点所在。准确地把握住辩题的不同点,才能抓住核心,抓住关键,牢牢把握辩论的方向和中心。在辩论实践中,这种不同点在中心论点、各级分论点甚至在论据上逐步逐层显露出来,因此需要理清这些不同点的层级,逐层依次进行辩驳,取得最后的胜利。第三,分清楚不同点的主次。有些辩题较为单一,分歧点鲜明且集中,而有些辩题不同点多且界限不清,这就需要把握分歧点的主次关系,抓住分歧点的核心,形成集中而明确的辩论焦点,不能四面出击、毫无章法。

(三)态度诚恳、有理有节

辩论的目的在于明是非、权利弊、求真理,在于促进学术的完善深化、法律的正确实施、决策的科学得当,所以必须讲究高尚的辩论道德和素养,树立正确的辩论作风。这就要求做到有理有节,以理服人,而不是以势压人。辩论要讲究分寸,对不同意见的辩驳要得体、要适度,不要将问题硬扯为立场问题,将学术问题或是非问题硬扯成政治问题。

四、辩论的种类

(一)学术辩论

学术辩论是辩论中常见的一种类别。开展学术上不同观点、不同思想的辩论,是促进科学发展、文化繁荣的重要方法。由于立场、客观两方面的限制,我们的认识水平是不一样的。在各种科学领域中,必然会存在各种不同的观点、不同的理论体系。开展争鸣和辩论可以更好地明辨是非、优劣。正确的、优秀的被发扬光大,错误的、低劣的受到抵制和淘汰。学术辩论的辩者一方面态度要严肃认真,既要敢于坚持真理,也要敢于在真理面前低头;另一方面也要待人和善,辩论时平心静气,以理服人。

(二) 决策辩论

决策是人类的基本活动之一,也是一种重要的领导行为。它是人们对行动目标与手段的探索、判断和抉择。例如,诸葛亮做"隆中对"分析天下局势,朱元璋采纳"广积粮,高筑墙,缓称王"的建议而创立明朝,这些脍炙人口的决策故事都说明了正确的决策对于实现战略目标和夺取胜利的重要性。

(三) 法庭辩论

法庭辩论是法律活动中一个重要的组成部分。诉讼活动包括两个方面:诉,就是告诉、控诉;讼,是辩论是非。现代法庭审判中辩论是法定的重要程序之一。我国刑事和民事诉讼的法庭辩论,从法律角度来看是有区别的,但从辩论的角度来看,却是基本相同的,都是为了辨明事实真相,以确保法庭审判的正确。

(四) 专题辩论

专题辩论是指在专门场合进行的有特定议题的辩论,如毕业答辩、外交谈判、联合国大会辩论、美国总统竞选中的电视辩论、各种谈判中所发生的辩论等。

(五) 赛场辩论

赛场是将辩论作为一种比赛项目来进行的演练活动。参加"国际辩论比赛"的多为各国大学的学生。比赛前,先确立一个辩题,辩题可以涉及社会、道德、法律、论理、政治等人们所关心的问题。比赛的双方分为正方和反方,正方支持这一辩题,反方则反驳这一辩题,评分以参赛人员的立场、辞令和演讲风度等为标准,总分最高者为优胜。

(六) 日常辩论

日常辩论是指人们在日常生活中随时随地发生的争辩。它一般是在双方都没有准备的情况下突然发生的,可以说是即兴的。

总之,口才交锋的手段很多,辩论、雄辩、诡辩各有其魅力。不过,辩论的技巧运用在于让人有足够的思考力,辩论不是简单的胜负之争,而是要在辩论思辨的过程中,丰富、整合并凝练自身的思想,寻求对当下时空的最大、最小阈限和真假、善恶的有效认知,以及通过理性对手不断提高自身,从而发现自身思想的盲区、谬误。

第二节 辩论准备

一、熟悉辩论场上的理论

如果有机会去往世界名校进行参观,你会发现跟国内授课方式不同的是,西方很多学校在教学方式上采取讨论模式,学生的参与性很强,表达观点时也很积极。而且学校里还会经常举办各种主题的辩论赛,讨论的主题都是诸如"贫穷国家应当允许雇用童工"这类现实问题。

追溯辩论的历史,大概可以回到西方的古希腊雅典,当时雅典是比较开明的奴隶制城邦,政治上的民主、经济上的繁荣带来了思想领域的活跃。雅典学派林立,各种学说之间互相论辩极为盛行。这与中国春秋战国时期的"百家争鸣"有异曲同工之妙。

美国的"全民辩论化"尤为明显。在美国,辩论涉及人们日常生活的方方面面,从生活小事到总统选举,对于政客而言,一次完美的辩论极有可能赢得民众的选票与支持,从而影响竞选的最终结果。当然,辩论文化同样渗入日常教育当中。美国的中学课堂内容中会涉及关于美国内战的辩论。老师提前布置好阅读任务,学生们课前做好准备,待到上课时,老师没有讲解美国内战发生的时代背景、地点人物、影响意义等基本史实,而是基于课前阅读资料提出一些问题,让学生们针对问题发表自己的看法。最重要的是,要表达出支持这些看法和观点的史实依据是什么,以及如何论证并得出结论的。这是一种将辩论形式引入课堂教学的模式,既促进了学生主动学习的积极性,又在无形当中锻炼了学生的独立思考的能力。

不仅是美国,在很多其他发达国家,高等教育阶段同样重视培养学生独立思考的能力,思考与逻辑是辩论过程中能够胜出的关键。很多世界名校更是以辩论著称。英国牛津大学盛产思想家、怀疑者和改革家,这是一所对语言无比热衷的学府。在牛津,好的学生并不是顺从和听话的,而是敢于反抗和挑战权威,甚至能和教授激烈地展开辩论。演讲和辩论是牛津学生的必备技能,也是他们的核心标签。牛津演讲者俱乐部作为牛津的一张名片,已经有近两百年的历史,是世界上最负盛名的顶级演讲和辩论俱乐部。爱因斯坦、丘吉尔、尼克松、卡特和撒切尔夫人都曾在此发表过演说。他们的辩论模式效仿英国议会,虽然在形式上与之有很大不同,但对辩手的要求一样严格。牛津大学在英国政坛中的地位举足轻重,英国历史上的 55 位首相中,毕业于牛津的就有 28 位,而牛津演讲者俱乐部更是素有"政治家摇篮"之称。

同样以辩论著称的还有美国康奈尔大学。在康奈尔大学,辩论已经成为一块金字招牌,它还拥有世界大学排名第一的辩论队,素来以培养辩手而得名。这种校园氛围的形成离不开美国整体对辩论文化的热爱,美国很多顶尖学府以及政府机构、大型企业等作为雇主雇用员工时都非常重视其表达能力。而演讲和辩论,是锻炼表达能力最重要的活动和工具之一。

事实上,辩论不仅能锻炼表达能力,它对于人们思维能力的培养同样是很有帮助的。

第一,辩论可以培养批判性思维,让人思维聚焦,提升判断力。具有良好的批判性思维的人善于做决定,能够做出恰当的选择和决策。

第二,辩论可以锻炼创造性思维,让人思维拓展,激发无穷的想象力。具有创造性思维的人善于谋略,具有创新力和想象力。

第三,辩论可以提高拓展性思维,让人思维发散,破除认知的局限,体会更多的可能性。所谓真知灼见,往往来自多思善疑。

作为一项把语言、思辨和人类的竞争天性完美结合起来的活动,辩论对综合素质的提升也大有裨益。《华尔街日报》曾经报道过一项调查结果,美国高中的平均升学率是70%,而辩论队员的升学率高达98.58%,辩论队长进入常青藤大学的概率又比一般学生高60%。可见,辩论不单是简单的"唇枪舌战",对于辩手来说,清晰地了解主题和自己的立场,确定论点并用逻辑梳理论证非常重要,同时,还需要确定应对策略,并根据对方的表现随机应变,针对可能出现的情况随时做好反击准备。这不仅能够拓宽辩手的眼界和视野,还能够培养他们的推理和思辨能力。

西方教育对辩论的重视,其实也是对学生独立思考能力的重视,正如苏格拉底所言,"教育不是灌输,而是点燃火焰"。

了解辩论的源流后,还会出现一个实际问题,那就是一些辩手可能还做不到完全熟悉或掌握辩论的理论,下面就介绍几种常见理论。

(一)边际效应

边际效应,也称为边际贡献,指其他投入固定不变时,连续地增加某一种投入,所新增的产出或收益反而会逐渐减少。也就是说,当增加的投入超过某一水平以后,新增的每一个单位投入换来的产出量会下降。

(二)乌合之众

这一理论出自《乌合之众:大众心理研究》一书,是法国社会心理学家古斯塔夫·勒庞所作,首次出版时间为1895年。在这本书中,勒庞阐述了群体以及群体心理的特征,指出了当个人是一个孤立的个体时,他有着自己鲜明的个性化特征,而当这个人融入了群体后,他的所有个性都会被这个群体所淹没,他的思想立刻就会被群体的思想所取代。而当一个群体存在时,他就有着情绪化、无异议、低智商等特征。

(三)拟剧理论

拟剧理论是指美国学者提出的一种解释人类行为的理论,代表人物是戈夫曼。该理论认为,人就像舞台上的演员,要努力展示自己,以各种方式在他人心目中塑造自己的形象。其核心概念是"印象管理",即在人际互动过程中,行动者总是有意无意地运用某种技巧塑造自己给人的印象,选择适当的言辞、表情或动作来制造印象,使他人形成对自己的特定看法,并据此作出符合行动者愿望的反应。

(四)马太效应

马太效应是指强者愈强、弱者愈弱的现象,广泛应用于社会心理学、教育、金融以及科学领域。

（五）二八定律

二八定律又名 80/20 定律、帕累托法则，是 20 世纪初意大利经济学家帕累托发现的。他认为，在任何一组东西中，最重要的只占其中一小部分，约 20%，其余 80% 尽管是多数，却是次要的。

（六）马斯洛需求层次理论

马斯洛需求层次理论是关于需要结构的理论，认为人的需要由生理的需要、安全的需要、归属与爱的需要、尊重的需要、自我实现的需要五个等级构成。马斯洛认为，需要层次越低，力量越大，潜力越大。随着需要层次的上升，需要的力量相应减弱，高级需要出现之前，必须先满足低级需要。在从动物到人的进化中，高级需要出现得较晚，婴儿有生理的需要和安全的需要，自我实现的需要在成人后才出现。此外，所有生物都需要食物和水分，但是只有人类才有自我实现的需要。

（七）墨菲定律

墨菲定律由爱德华·墨菲提出，也称为墨菲法则。墨菲认为，如果有两种或者两种以上的方式去做某件事情，而其中一种选择方式将导致灾难，则必定有人会作出这种选择，即如果事情有变坏的可能，不管这种可能性有多小，它总会发生。

（八）破窗理论

破窗效应是犯罪学的一个理论，认为环境中的不良现象如果被放任存在，会诱使人们仿效，甚至变本加厉。一幢有少许破窗的建筑，如果那些窗户不被修理好，可能将会有破坏者破坏更多的窗户，最终他们甚至会闯入建筑内，如果发现无人居住，也许就在那里定居或者纵火；一面墙如果出现一些涂鸦没有被清洗掉，不久墙上就会布满乱七八糟、不堪入目的东西；一条人行道有些许纸屑，不久后就会有更多垃圾，最终人们会视若无睹，理所当然地将垃圾顺手丢弃在地上。这些现象就是犯罪心理学中的破窗效应。

（九）同温层效应

同温层效应是人类心理学认知上的一个偏误，是指我们比较重视跟我们的假设或信念一致的事例。人们总是跟意见相似的人为伍。美国心理学家艾尔芬·詹尼斯在 1972 年提出了这个概念，含义是：群体在决策过程中，成员倾向让自己的观点与群体一致，因而令整个群体缺乏不同的思考角度，不能进行客观分析。

（十）回音室效应

回音室效应是由心理学家凯斯·桑斯坦提出的。他认为，在一个相对封闭的环境中，一些意见相近的声音不断重复，并以夸张或者其他扭曲形式重复，令处于相对封闭环境中的大多数人认为这些扭曲的故事就是事实的全部。回音室效应更侧重在网络技术带来便捷的同时，也在无形中给人们打造出一个封闭的、高度同质化的回音室。

（十一）幸存者偏差

幸存者偏差指的是当取得资讯的渠道，仅仅来自幸存者时，此资讯可能会与实际情况存在偏差。幸存者偏差是由优胜劣汰法则之后自然选择出的，即未幸存者已无法发声。人们只看到经过某种筛选而产生的结果，而没有意识到筛选的过程，因此忽略了被筛选掉的关键信息。

1941年，第二次世界大战中，美国哥伦比亚大学统计学教授沃德应军方要求，利用其在统计方面的专业知识来提供关于"飞机应该如何加强防护，才能降低被炮火击落的概率"的相关建议。沃德教授针对联军的轰炸机遭受攻击后的数据，研究后发现：机翼是最容易被击中的位置，机尾则是最少被击中的位置。沃德教授的结论是：我们应该强化机尾的防护，而军方指挥官则认为：应该加强机翼的防护，因为这是最容易被击中的位置。沃德教授坚持认为：①统计的样本，只涵盖平安返回的轰炸机；②被多次击中机翼的轰炸机，似乎还是能够安全返航；③并非机尾不易击中，而是因为机尾被击中的飞机早已无法返航，寥寥几架返航的飞机都依赖相同的救命稻草——引擎尚好。

（十二）沉没成本

沉没成本又称为沉落成本、沉入成本、旁置成本，是管理会计中的一个术语，主要是用于项目的投资决策，与其对应的成本概念是新增成本。具体而言，说的是已发生或承诺、无法回收的成本支出，如因失误造成的不可收回的投资。沉没成本是一种历史成本，对现有决策而言是不可控成本，不会影响当前行为或未来决策，从这个意义上来说，在投资决策时理性的决策者应排除沉没成本的干扰。

（十三）无知之幕

无知之幕来自约翰·罗尔斯的《正义论》，说的是在人们商量给予一个社会或一个组织里的不同角色的成员的正当对待时，最理想的方式是把大家聚集到一个幕布下，约定好每一个人都不知道自己在走出这个幕布后将在社会/组织里处于什么样的角色。然后讨论针对某一个角色大家应该如何对待，无论是市长还是清洁工，因为每个人都不知道自己将来的位置，这一个过程下的决策一般能保证将来最弱势的角色能得到最好的保护。

（十四）平庸之恶

平庸之恶是一个哲学术语，指在意识形态机器下无思想、无责任地犯罪。一种对自己思想的消除，对下达命令的无条件服从，对个人价值判断权利放弃的恶，是由犹太裔著名政治思想家汉娜·阿伦特提出来的。1961年4月11日，以色列政府对艾希曼的审判在耶路撒冷进行，审判一直持续到5月31日，艾希曼最终被判处绞刑。当时，阿伦特以《纽约客》特约撰稿人的身份，现场报道了这场审判，并于1963年出版了《艾希曼在耶路撒冷——关于艾希曼审判的报告》，提出了著名的"平庸之恶"概念。

汉娜·阿伦特认为罪恶分为两种：一种是极权主义统治者本身的"极端之恶"；一种是被统治者或参与者的"平庸之恶"。一般认为，对于显而易见的恶行却不加限制，或是直接参与的行为，就是平庸之恶。

（十五）皮格马利翁效应

皮格马利翁效应又称罗森塔尔效应，美国心理学家罗森塔尔和雅克布森在智力测验中发现，教师对学生心理潜移默化的影响，能使学生取得教师原来所期望的进步现象，即对人们的期望越高，他们的表现就越好。

（十六）本我、自我与超过

在心理动力论中，本我、自我与超我是由精神分析学家弗洛伊德的结构理论提出的精神的三部分。1923年，弗洛伊德提出相关概念，以解释意识和潜意识的形成和相互关系。

（十七）奶头乐

"奶头乐"是布热津斯基提出的一个理论，基本意思是当社会的精英阶层和平庸阶层分化后，精英阶层为了稳定这种分化，应用自己控制的各种资源，向平庸阶层提供各种可以消耗时间的活动，比如娱乐八卦、打折促销、社交网文、赌博色情，等等。这些事情非常具有成瘾性，让平庸阶层沉浸其中无法自拔，消耗掉工作时间以外的业余时间，减少平庸阶层的思考时间和进取斗志，使其能安于现状，不去挑战精英阶层的统治。简单地说，只要不是能够提高自己知识水平和能力的活动，几乎都是奶头乐，比如绝大多数电视剧、真人秀、社交网络、娱乐八卦，等等。

二、学会批判性思维

很多人最缺乏的是批判性思维，孩子们不断地被灌输知识，却很少会提出问题，更别说提出有创意的问题了。不懂批判性思维最糟糕的结果是什么呢？不仅仅是自己思维混乱了，到了社会上，还容易被人忽悠，人云亦云。与其怪别人坑你，还不如好好动动脑子，学会批判性思维。先来看个例子：

假设你约了一个女生看电影，结果女生告诉你：不好意思，我今晚突然有别的安排，不能和你看电影。

一个男生听到女生这番话后是如何思考的呢？有些人可能会想：女生拒绝我了，她应该是不喜欢我。

这种想法就是缺乏逻辑性的表现，他认为：既然女生拒绝我，那应该就是不喜欢我。其实，在统计学里，相关性并不代表因果性。

那如果是一个有逻辑性的人是如何思考的呢？

他会选择第一时间消除歧义，如果女生只是刚好有比较重要的事情所以无法赴约，那应该只是延期，下次再约就可以了。如果女生真的"不能和你看电影"，那一定是其他原因，也许只是偶尔有事情，也许是她对你没有兴趣。逻辑差的人往往会犯一个严重的错误：想当然。女生答应我的邀请（相关性），她应该是喜欢我吧（因果性）。考试前我喝瓶红牛，这次成绩特别好（相关性），下次考试也一定要喝红牛（因果性）。很多人都有想当然的表现，其实这就是一种缺乏独立思考的表现。学的太少，所以害怕自己思考会出错，所以宁愿相信别人的话，另外，懒得思考，一直都没有养成思考这个习惯。要让自己养成独立思考的习惯就要多提问，从不同的角度去提问。

我们遇到问题,马上想到该如何去解决,这种属于线性思考,也许可以快速地解决当下的问题,但是并不是长远之计。例如:

问题:这次考得很差。

解决:下次再努力一点。

假设我们用逻辑思考会如何呢?

考得很差的原因到底是什么?仔细判断有三种原因:没有提早复习,没有按照大纲去复习,不够努力。在这三个原因当中真正原因只有一个,其他两个可能相关性较小,我们如何去判断真实的原因呢?

可以反省自己的学习方法有没有出错,也可以请教成绩好的同学复习的方法。提高逻辑能力的重点就是不要想当然,多去思考一下,看看书、上网搜索资料、请教别人,这样才能找到问题的核心。

三、了解辩论赛组织形式和竞赛规则

(一) 辩论分组

参加辩论赛的人员分成正、反两组。参赛人数可以是每组出战 2 人、3 人或 4 人不等,即构成 2∶2 式、3∶3 式或 4∶4 式等。每组应配备教练和领队,也可配备 1~2 名预备队员。出赛人员可分主辩和助辩,主辩由一人担任,其他人任助辩。也可以按一、二、三、四名依次排列,第一名实际上是担任主辩角色,也有按着其他次序排列的情况。

(二) 确立论题

论题一般由辩论赛的组织者确定。对论题要确立正反相对立的两种观点,参赛队的观点一般不能自定,依据抽签决定正方和反方。一般以肯定的形式表述观点的一组为正方组,以否定的形式表述观点的一组为反方组。

(三) 一般程序

辩论赛分为规则论辩和自由论辩两个阶段。第一阶段规则论辩,由正反双方轮流各派一名队员依次按规定时间发言,其发言顺序是正方第一人,反方第一人;正方第二人,反方第二人……依次往下顺推。一般来说,各方第一人担负表明立场观点的任务,接着的队员加强分析论证,最后一名队员担负总结论点的任务。通常在各方所有队员发言一遍以后,就进入第二阶段即自由论辩阶段。自由论辩由正方任何一位队员先发言,然后由反方队员发言,正反交替,每一位队员的发言顺序和次数不受限制。在自由论辩每一方总的规定时间内,每一位队员发言的时间也不受限制。自由论辩之后,评委离席进行评议。

(四) 时间限制

一般规定规则论辩阶段,助辩每人三或五分钟,主辩每人五或十分钟;自由论辩阶段规定每组总的发言时间。

(五) 辩论赛的组织人员

主要包括:(1)主持人。主持人是整个辩论赛的组织者,一般由擅长辞令、公正不阿

的人担任。(2)计时员。正反两组各指定一人为计时员,一正一副。正计时员于每一辩论员发言时间将到前两分钟予以预告(按铃或击鼓)。时间到时,正副计时员一同起立,表示时间已到,副计时员有监督、辅助之责。(3)评判员。评判员人数一般为五或七人,须为单数。

(六) 评判辩论胜败的方法

评判辩论胜败的评分方法比较多,常见的有单项评分和综合评分。单项评分是将论辩发言的理由、言词、技巧、姿态、仪表等不同方面的内容按比例予以评分。综合评分是靠评判员的综合把握能力,一次给分。决定胜负的方法可以根据评判员累计分数的多少决定,也可以由评判团根据自己评分情况投票决定。辩论赛一般不是当场亮分,而是采用回避评议的办法。

四、参赛前的准备工作

辩论赛是集体活动,因而整体的组织与配合便显得格外的重要。参赛队要想取得辩论的胜利,参赛前必须充分做好以下几个方面的准备工作:

(一) 分析论题

分析论题的一般步骤是:首先,把握论题的含义。即论题表达了什么样的思想,只有对论题中每个概念的内涵、所指对象都搞清楚了,才能明确地把握整个论题的含义。其次,通过对论题的分析,辩论者能明确双方在哪些问题上思想是一致的,在哪些问题上双方是互相对立的,从而使论题变窄,为获胜奠定好的基础。

(二) 知己

辩论前的准备工作是否充分,关键取决于对辩论双方的了解程度,知己知彼,方能百战不殆。如何做到"知己"呢,可以从以下几个方面入手:

第一,防守是否牢固。

辩论总是由防守和进攻这两个方面构成。防守就是辩护,进攻就是反驳。要进攻首先得做好防守,不给对方以可乘之机。这主要看以下几个环节:

其一,自己的观点是否正确。辩论前自己必须对自己的观点,从正反两个方面进行一番论证,看是否能站得住脚,甚至可以来一番自辩,站在论敌的立场上同自己先来一番辩论,看能否驳倒自己的观点。如果能驳倒自己的观点,这说明自己的观点还有漏洞,必须加以修正。

其二,自己的论证是否充分。在辩论中有时辩论者的观点虽然正确,但缺乏充分有力的论证,结果不能有效地为自己的观点辩护或不能反驳对方的观点,从而导致失败。考察自己的论证是否充分主要看两个方面:一是用来证明自己观点的论据是否真实可信,是否有根有据;二是要考察你的论据是否必然推导出你的观点。如果不能推出,那么就说明你的论证还不充分,须进一步加以论证才行。

第二,进攻是否有力。

防守只能保护自己的观点,进攻才能突破对方的观点。要使进攻有力,应在赛前从以下几个方面做好准备工作:

一是寻找对方的薄弱环节,把它当成进攻的突破口,并针对对方的薄弱环节制定自己的进攻计划。

二是准备一两个棘手问题,在辩论过程中,选择合适的时机向对方提问。这种问题应是对方要躲避的问题,或者是这种问题能够把对方逼到进退两难之地,答复则自破其垒,不答则显得虚弱。这种棘手的问题在辩论的关键时候提出来,是攻敌之要害的绝招。

三是选择恰当的进攻方法和技巧。例如在进攻时是从正面进攻,还是从侧面出击;是直攻论敌之要害,还是诱敌深入等,应从实际出发选择恰当的方法和技巧,以便简洁有力地攻破对方的防线。

(三) 知彼

辩论前除了"知己",还要"知彼",这样才能制定出对付对方的最佳方案。

其一,必须了解对方的观点,及对方的观点与自己观点的分歧之所在。在此基础上,再通过与自己观点的比较,发现对方观点的错误所在。在辩论中就可以紧紧盯住这个目标展开攻势直至取得最后的胜利。

其二,还必须了解对方用来证明自己观点的论据和论证方法。因为对方的观点是靠对方所提供的论据和论证方法来支持的,对方观点的不正确总可以从对方的论据或论证方法中找到线索和原因。对对方的论据,主要考察其是否真实可信。如果有虚假的论据或来源不明的论据,都是在辩论中需要攻击的目标。对对方的论证方法,主要考察是否能由对方的论证方法必然得出对方的观点,如果不能,就说明对方的论证是错误的。这也是在辩论中所要攻击的重要目标。

(四) 撰稿

在参赛前通过对自己、对对方的分别考察了解,对即将到来的辩论就有了比较具体而全面的认识,由此形成了自己的辩论方案。在此方案的指导下,就可以准备撰写论辩稿了。每个论辩员的论辩稿是一个整体的有机组成部分,既要注意到各自的独立性,更要注意到它们之间的相互联系和相互作用,论辩稿篇幅不宜过长,可以列一个发言提纲,写出发言要点:重点写出自己的观点、对方的观点、辩护和反驳的方法及步骤;同时,用卡片抄好用来辩护和反驳的材料。行文中语言要口语化、生活化,要通俗易懂,尤其是涉及一些深奥的专业知识时,既要有论辩力,又要易为观众理解和接受。

(五) 演习

参赛前的最后一项准备工作是演习,即参赛队模拟正反方的实战情况进行练习。因为辩论赛是临时通过抽签来定谁为正方、谁为反方的,所以在演习中要尽量使每个成员既能扮演正方角色,又能扮演反方角色。这样就可以做到能守能攻,在比赛中不管己方是正方还是反方都能克敌制胜,立于不败之地。

演习是论辩前知己知彼的重要途径,通过演习可以充分暴露出自己准备工作的漏洞,可以使队员进一步熟悉论辩稿,增强对论辩赛场气氛的适应能力,还可以检验论辩队员个人口才和技巧的发挥水平,以及全体队员相互配合、相互协作的程度,以便在某些环节和问题上进行必要的调整或加强,从而进一步修正和完善自己的辩论方案。

辩论赛场上可谓是风云变幻,在辩论中意外的情况会不断出现,只有在赛前做好充分的准备工作,才能在辩论中灵活机动,随机应变,随着辩论的展开,不断调整自己的对策,一步一步地走向胜利。

第三节　辩论技巧

一、常用辩论技巧

(一) 借力打力

在辩论中可以借用对方攻击的力量反击对方,例如,在关于"知难行易"的辩论中,有这么一个回合:

正方:对啊! 那些人正是因为上了刑场死到临头才知道法律的威力。法律的尊严,可谓"知难"啊,对方辩友! (热烈掌声)

当对方以"知法容易守法难"的实例论证论题"知难行易"时,正方马上转化之:"知法不易"的角度强化己方观点,给对方以有力的回击。扭转了被动局势。这里,正方之所以能借反方的例证反击对方,是因为他有一系列并没有表现在口头上的、重新解释字词的理论作为坚强的后盾:辩题中的"知",不仅仅是"知道"的"知"。更应该是建立在人类理性基础上的"知",守法并不难,作为一个行为过程,杀人也不难,但是要懂得保持人的理性,克制内心滋生出恶毒的杀人欲望,却是很难。这样,正方宽广、高位定义的"知难"和"行易"借反方狭隘、低位定义的"知难"和"行易"的攻击之力,有效地回击了反方,使反方构建在"知"和"行"表层上的立论框架崩塌了。

(二) 去粗取精

可以剔除对方论据中存在缺陷的部分,换上于我方有利的观点或材料,收获"四两拨千斤"的效果。还是接着上文中的"知难行易"的例子。

反方:古人说"蜀道难,难于上青天",是说蜀道难走,"走"就是"行"嘛! 要是行不难,孙行者为什么不叫孙知者?

正方:孙大圣的小名是叫孙行者,可对方辩友知不知道,他的法名叫孙悟空,"悟"是不是"知"?

这是一个非常漂亮的论辩案例。反方的例证看似有板有眼,实际上有些牵强附会:以"孙行者为什么不叫孙知者"为驳难,虽然是一种近乎强词夺理的主动,但毕竟在气势上占了上风。正方敏锐地发现了对方论据的片面性,果断地从"孙悟空"的名字入手,以"悟"就是"知"反驳对方,使对方因提出关于"孙大圣"的引证惹祸上身,自食其果。

不过这种技法在论辩理论中属于强攻,它要求辩手勇于接招,勇于反击,因而它也是一种难度较大、对抗性很强的论辩技巧。当然,实际的论辩过程中不是随时随地都有"孙行者""孙悟空"这样现成的材料可以使用的,也就是说,更多的技巧需要辩手对对方

当时的观点和我方立场进行精准的归纳或演绎。比如,在关于"治贫比治愚更重要"的论辩中,正方有这样一段陈词:

  对方辩友以迫切性来衡量重要性,那我倒要告诉您,我现在肚子饿得很,十万火急地需要食物来充饥,但我还是要辩下去,因为我意识到论辩比充饥更重要。

  话音刚落,掌声雷动。这时反方从容辩道:

  对方辩友,我认为"有饭不吃"和"无饭可吃"是两码事……

  反方的答辩激起了更热烈的掌声。

  正方以"有饭不吃"来论证贫困不足以畏惧和治愚的相对重要性,反方立即从己方观点中归纳出"无饭可吃"的关键,鲜明地比较出了两者本质上的差别,有效地扼住了对方偷换概念的倾向。

(三) 顺势反掌

  表面上认同对方观点,顺应对方的逻辑进行推导,并在推导中根据我方需要,设置某些符合情理的障碍,使对方观点在有所增设的条件下不能成立,或得出与对方观点截然相反的结论。例如,在"愚公应该移山还是应该搬家"的论辩中:

  反方:……我们要请教对方辩友,愚公搬家解决了困难,保护了资源,节省了人力、财力,这究竟有什么不应该?

  正方:愚公搬家不失为一种解决问题的好办法,可愚公所处的地方连门都难出去,家又怎么搬?……可见,搬家姑且可以考虑,也得在移完山之后再搬呀!

  神话故事都是夸大其事实来显现道理的,其精髓不在事实本身而在于寓意,所以正方绝对不能让反方周旋于就事论事之间,否则,反方符合现代价值取向的方法论就会得手。从上面的辩词来看,反方的就事论事,理据充分,根基扎实,正方先顺势而为,肯定"搬家不失为一种解决问题的好办法",再增设"愚公所处的地方连门都难出去"这一条件,自然而然地导致"家怎么搬"的诘问,最后水到渠成,得出"先移山,后搬家"的结论。如此一系列的理论环环相扣,以势不可挡的攻击力把对方的就事论事打得落花流水,真可谓精彩绝伦!

(四) 拨乱反正

  指出对方论据与论题的关联不紧凑或者背道而驰的地方,从根本上矫正对方论据的立足点,把它拉入我方"势力范围",使其为我方的观点所用。较之第三种技法,这种技法恰恰是反其道而辩之。例如,在"跳槽是否有利于人才发挥作用"的论辩中,有这样一节辩词:

  正方:张勇,全国乒乓球锦标赛的冠军,就是从江苏跳槽到陕西,对方辩友还说他没有为陕西人民作出贡献,真叫人心寒啊!(掌声)

  反方:请问到体工队可能是跳槽去的吗?这恰恰是我们这里提倡的合理流动啊!(掌声)对方辩友戴着跳槽眼镜看问题,当然天下乌鸦一般黑,所有的流动都是跳槽了。(掌声)

  正方举出"张勇"的例子,他从江苏到陕西后,获得了更好的发展空间,这是事实。反方马上指出对方具体例证引用失误:张勇到体工队,不可能是通过"跳槽"这种不规范的人才流动方式去的,而恰恰是在"公平、平等、竞争、择优"的原则下"合理流动"去的,可信度高、说服力强、震撼力大,收到了较为明显的反客为主的奇效。

(五) 有的放矢

刁钻的选择性提问,是许多辩手惯用的进攻招式之一。通常,这种提问是有预谋的,它能置人于两难境地,无论对方作哪种选择都于己不利。对付这种提问的一个具体技法就是,从对方的选择性提问中,抽出一个预设选项进行强有力的反驳,从根本上挫败对方的锐气。例如,在"思想道德应该适应(超越)市场经济"的论辩中,有如下一轮交锋:

反方:……我问雷锋精神到底是无私奉献精神还是等价交换精神?

正方:……对方辩友这里错误地理解了等价交换,等价交换就是说,所有的交换都要等价,但并不是说所有的事情都是在交换,雷锋还没有想到交换,当然雷锋精神谈不上等价了。(全场掌声)

反方:那我还要请问对方辩友,我们的思想道德它的核心是为人民服务的精神,还是求利的精神?

正方:为人民服务难道不是市场经济的要求吗?(掌声)

在此交锋的第一回合中,反方有"请君入瓮"的意思,明显是有备而来,如果定势思维被动作答,就难以处理反方预设的两难选择:选择前者,则刚好证明了反方"思想道德应该超越市场经济"的观点;选择后者,则有悖事实,更是谬之千里。但是,正方辩手却跳出了定势思维,反过来单刀直入,从两个预设的选项中抽出"等价交换",彻底地推翻了它作为预设选项的正确性,语气从容,交锋犀利,应变灵活,技法高明,值得学习!

当然,辩场上的实际情况十分复杂,要想在论辩中变被动为主动,掌握一些反客为主的技巧还仅仅是一个方面,另一方面还需要即兴发挥,而这一点往往是随机应变的。

(六) 正本清源

在辩论中往往会出现这样的情况:双方纠缠在一些细枝末节的问题、例子或者表达上争论不休,结果是看上去辩论得很热闹,实际上离题万里,毫无意义。这是辩论的大忌。一个重要的技法就是要在对方一辩、二辩陈词后,迅速地判断对方立论中的要害问题,从而抓住这一要害,一攻到底,以便从理论上彻底辩倒对方。

例如"温饱是谈道德的必要条件"这一辩题的要害是:在不温饱的情况下,是否能谈道德? 在辩论中只有始终抓住这个要害问题,才能给对方以致命的打击。在辩论中,人们常常有"避实就虚"的说法,偶尔使用这种技法是必要的。再比如,当对方提出一个我们无法回答的问题时,假如强不知以为知,逞强回答,不但会失分,甚至可能闹笑话。在这种情况下,就要机智地避开对方的问题,另外找对方的弱点辩过去。

不过,在更多的情况下,我们需要的是"避虚就实",也就是在基本的、关键的问题上打硬仗。如果对方一提问题,我方立即回避,势必会给评委和听众留下不好的印象,以为我方不敢正视对方的问题。如果我方对对方提出的基本立论和概念打击不力,也是会失分的。善于敏锐地抓住对方要害,猛攻下去,务必求胜,乃是辩论的重要技法。

(七) 查漏补缺

辩论双方由四位队员组成,四位队员在辩论过程中常常会出现矛盾,即使是同一位队员,在自由辩论中,由于出语很快,也有可能出现矛盾。一旦出现这样的情况,就应当马上抓住,扩大对方的矛盾,使之自顾不暇,无法进攻我方。

比如在一场辩论赛中,某队的三辩认为法律不是道德,二辩则认为法律是基本的道德。这两种观点显然是相互矛盾的,那么,我方辩友则可乘机扩大这两位辩手之间的观点裂痕,攻击对方,使对方陷入窘境。又比如对方一辩先把"温饱"看作是人类生存的基本状态,后来在我方的攻势下,又大谈"饥寒"状态,这就是与先前的见解发生了矛盾,我方迅速抓住,反驳之,使之无言以对。

(八)避锋侧击

在辩论中,常常会出现胶着状态,当对方死死守住其立论,不管我方如何进攻,对方只有几句话来应付时,如果仍采用正面进攻的方法,必然收效不好。在这种情况下,要尽快调整进攻方法,采取迂回方法,从一些看来并不重要的问题入手,诱使对方离开阵地,从而打击对方,在评委和听众的心中形成良好印象。

例如"艾滋病是医学问题,不是社会问题"的论辩中,对方死死守住"艾滋病是由HIV病毒引起的,只能是医学问题"的观点。于是,正方采取了迂回战术,正方二辩突然发问:"请问对方,今年世界艾滋病日的口号是什么?"对方四位辩手面面相觑,为不至于在场上失分太多,对方一辩站起来乱答一气,正方立即予以纠正,指出今年的口号是"时不我待,行动起来"。这就等于在对方的阵地上打开了一个缺口,从而瓦解了对方的坚固防守。

(九)另辟蹊径

当我们碰到一些在逻辑上或理论上都比较难辩的辩题时,不得不采用引入新的概念来化解困难。

比如,"艾滋病是医学问题,不是社会问题"这一辩题就是很难辩论的,因为艾滋病既是医学问题,同时也是社会问题,从常识上看,是很难把这两个问题完全区分开的。所以,反方的观点是"艾滋病是社会问题,不是医学问题",如果完全否认艾滋病是医学问题,也会于常理不符。因此,在辩论中反方引入了"医学途径"这一新的概念,强调要用"社会系统工程"的方法去解决艾滋病,而在这一工程中,"医学途径"则是必要的部分。这样一来,反方的周旋余地就变大了,正方得花大力气纠缠反方提出的这一新概念上,其攻击力就大大地弱化了。

当然,辩论是一个非常灵活的过程,在这一过程中,可以施展一些比较重要的技巧。经验告诉我们,只有使知识积累和辩论技巧完美结合,才可能在辩论赛中取得好成绩。

(十)以慢制胜

在日常生活中,我们可以见到这样的情况:当消防队接到求救电话时,常常会用慢条斯理的口气来回答,这种和缓的语气,主要是为了稳定说话者的情绪,以便对方能正确地说明情况。论辩也是如此,在某些特定的论辩局势下,快攻速战是不利的,缓进慢动反而能制胜。

例如,1940年,丘吉尔在张伯伦内阁中担任海军大臣,他因力主对德国宣战而受到人们的尊重。当时,舆论欢迎丘吉尔取代张伯伦出任英国首相,丘吉尔也认为自己是最恰当的人选。但丘吉尔并没有急于求成而是采取了以慢制胜的策略。他多次公开表示在战争爆发的非常时期，他就准备在任何人领导下为自己的国家服务。当时，张伯伦和保守党其他领袖决定推举拥护绥靖政策的哈利法克斯勋爵作为首相候选人。然而，主战的英国民众公认在政坛上只有丘吉尔才是具备领导这场战争的领袖。在讨论首相人选的会议上，张伯伦问："丘吉尔先生是否同意参加哈利法克斯领导的政府？"能言善辩的丘吉尔却一言不发，足足沉默了两分钟之久。哈利法克斯和其他人明白，沉默意味着反对。一旦丘吉尔拒绝入阁，新政府就会被愤怒的民众推翻。哈利法克斯只好首先打破沉默，说自己不宜组织政府。丘吉尔的等待终于换来了英国国王授权他来组织新政府。

从上面的例子中，我们可以概括出，在论辩中要正确使用"以慢制胜"法，至少要注意以下三点：

其一，以慢待机，后发制人。俗话说得好，欲速则不达。在时机不成熟的情况下不宜仓促行事，论辩也是如此，"慢"在一定条件下也是必需的。以慢取胜实际上是论辩中的缓兵之计，延缓对方进兵的谋略。当论辩局势不宜速战速决时，应避免针尖对麦芒的直接交锋，而应拖延时间等待时机。一旦时机成熟，就可后发制人。

其二，以慢施谋，以弱克强。以慢制胜的技法适用于以劣势对优势、以弱小对强大的论辩局势，它是弱小的一方为了战胜貌似强大的一方而采取的一种策略。慢中有计谋，缓动要巧妙。这里的慢并非反应迟钝，而是大智若愚。

其三，以慢制怒，以冷对热。在论辩中唇枪舌剑，自控力较差的人很容易激动。在这种情况下，要说服过分激动的人，宜采用慢动作，用和缓的语调来应付，只有对方心平气和了，你讲的道理他才能顺利接受。

总之，论辩中的"快"与"慢"也是一种对立统一的辩证关系。快当然好，可是，有时慢也有慢的妙处。缓动慢进花的时间虽长，但在很多时候，却可以收获成功。

二、辩论赛场礼仪

在辩论的时候，吐字清晰，不得打断对方辩友发言（根据比赛规则，有的可以打断），切忌落座时仍在发言。发言中需称呼"对方辩友"或"对方某辩"，不可直称你；需时刻牢记对主持人的尊重，辩论过程中不得发生人身攻击或肢体冲突。观点明确，互相尊敬，只能针对对方的观点和理由进行攻击，而不能涉及对方的立场和人品。观众在现场不得大声喧哗，有问题只可以在提问环节提出。

在辩论过程中，表情要好，一直微笑才能显示风度。不要拍桌子，不要扶桌子，不要手里拿笔、尺等物体指指点点。在仪态方面，要注意坐姿，在场上的坐姿应保持端正，脚必须端正放在前方，欠身而坐，稍微前倾，一般为了方便站起发言，女士坐凳子的1/3，男士坐凳子的1/2。切记要坐正，双脚不可踩在凳子或者桌子的支撑物上；切忌弯腰驼背、跷二郎腿之类的动作。在站姿方面，发言的时候，提问或者回答问题的时候必须身体直立，始终保持微笑，经常微笑往往能给火药味十足的辩论赛场带来一丝舒缓，获得额外的印象分。

鞠躬分为浅鞠躬和深鞠躬两种，男女的鞠躬方法也不相同。男士一般在行赛前、赛后礼时，行深鞠躬，鞠躬角度为75度左右，双手紧贴裤缝，在比赛当中发言行浅鞠躬，鞠躬角度以20~35度为宜。女士在行赛前、赛后礼时，行深鞠躬，鞠躬角度在75度左右为宜,双手自然摆放,在比赛当中发言行浅鞠躬,鞠躬角度为 20～35 度为宜。不回答问题时,要坐端正,目视对方辩友。

在站起来立论、回答或者提问的时候,一般左手需要拿手卡,手卡上面一般都是准备好的材料,还要准备和组员沟通的空白手卡,千万不要带一张十六开的大白纸到赛场。手卡不需要的时候一般放在腰间,右手要有一定的手势,动作不宜太大,辩论可以显示风度,一切小动作都不要出现。在本队的队员回答问题时,如果你想告诉他,可以写在手卡上递给他,但是不可以大声地替他回答。在一辩和四辩总结时,大家可以把问题写在小纸卡上,传给他,但是动作幅度不要太大。

一辩在立论的时候先要说:"谢谢主席,对方辩手,大家晚上好。"这是因为在一辩发言前是主席讲话,所以这是一种赛场礼仪。二、三辩在攻辩的时候,切忌用一根手指指着对方,可以用手掌摆出一个"请"的姿势,比如:刚刚对方辩友提到……(如动作)。在赛场提问和回答问题结束后需要马上坐下,因为只要是站着的时间都会被计算在内,所以提问和回答问题时不要拖沓,要节约时间。在自由辩环节,一定要有顺序地回答或者提问。各方不要出现几个人同时站着的状态,也不要互相抢答,各方最好按顺序回答,保证次数的适当均衡。

除此之外,还需要注重赛场环节的礼仪,尊重主席、对方辩友、评委和观众。只有当主席说完之后,才可以发言。当获得发言批准时,应该记得先说:"谢谢主席,谢谢对方辩友"等礼貌用语。在攻辩环节,不可直视对方的眼睛,更不可目光四处游历、飘忽不定,应该注视对方同学的眼睛稍上方的位置。在对方辩友质询的过程中不可打断,不可反问,更严禁人身攻击、粗言恶语;时间结束时,被提问的一方应等到提问一方坐下后再坐下,以示对提问方的尊重,而不可先行坐下。在自由辩论环节,要等到对方发言完毕后再站起来发言,不可心急打断对方的发言,同时应认真倾听对方的发言。对于对方所提出的论据,尽量不要怀疑、质问,以示对对手的尊重,除非有确实明显违背常识或事实的论据。

三、辩词讲稿撰写

竞赛辩论要写辩词,法庭辩论要写公诉词或辩护词等。辩词有两类:一类是立论性辩词,主要用于陈述本方论点。这类辩词应精心写作、字斟句酌、反复推敲,甚至要形成完整的文字讲稿。另一类是驳论性辩词,主要用于论战交锋,它以驳论为主,因辩论交锋中不可知因素较多,所以这类辩词只能拟定辩词纲要或局部性辩词,作为辩论指导,在辩论中相机而用。从写作角度来看,应把立论性陈述辩词的撰写作为重点。

(一) 辩词写作的一般要求

1. 围绕论点安排层次

立论性辩词以证明本方论点为主要内容,在层次结构上大体分为三部分。[①]

第一部分:提出本方论点。

第二部分:对本方论点进行论证。这是辩词的核心部分。通常在总论点之下,分成

[①] 张蔼珠:《谋略之战——辩论赛的理论、筹划与动作》,上海:复旦大学出版社:1997 年,第 45-52 页。

若干分论点,从几个侧面或几个层次进行论证。在层次逻辑关系上可以采用并列式、递进式等方法。在论证中,要引用大量论据,运用适当的论证方式证明本方观点的正确,或反驳对方观点。

第三部分:引出结论,与论点呼应。

在竞赛辩论中,立论陈述是由几个辩手的辩词共同完成的。每篇辩词都是围绕总论点展开的一个独立论证的子体系。几篇辩词各自相对独立,又相互连接,组成一个完整的体系。

2. 构建论证大纲

立论的层次安排确定之后,应把内容要点进一步细化,构建好论证大纲。

3. 撰写辩词

辩词写作的重点应放在论证上面,要围绕总论点和分论点引用大量事实材料和理论材料,用最有利的论证方式,把论点与论据结合起来,运用好归纳论证、引证论证和分析论证等方法。

4. 语言生动简明

辩词在语言表达上,既要保证书面语言的严密性,又要具有口头语言的生动性和通俗性;既要注意各个层次之间的逻辑关系,又要加强语言修辞,适当运用修辞手法,加强辩词的感染力。

(二)陈述性辩词的写作

1. 法庭辩护词

通过一篇陈述性辩词单独完成立论或驳论,在法庭辩论中较为多见。一般情况下,公诉词较多用于立论,证明被告有罪;而被告人或辩护人的申辩词、辩护词兼具驳论内容,针对对方立论进行反驳,是在答复对方指控中,进行再证明的答辩。

以辩护词为例,其结构形式如下:[①]

第一部分:引子。说明辩护人的职责,对案件掌握的情况,提出辩护人的立场观点。

第二部分:辩护内容。包括对控诉的反驳,运用事实和法律条文,及对案情进行分析论证,以证明本方论点。这部分内容常常针对指控提出的几个问题,对应地分几个层次加以论证或反驳。各段首要列出序数,以使层次显得更加明了清晰。

第三部分:处理意见。对辩论论证归纳说明。

2. 竞赛辩论陈述性用词

在竞赛辩论过程中,程序发言通常由几篇辩词构成。四个辩手的辩词担负着立论过程中的四个阶段的不同任务,各自的辩词从不同角度完成特定层次的论证任务。由于任务不同,辩词的角度、论据材料的运用,都有区分和安排。

一辩的辩词担负着破题立论的任务,这就要求开门见山提出本方总论点,并做一般论证,让人明白本方的观点和论证的层次。在语言风格上要有气势,先声夺人。

二辩的辩词在内容上承接一辩,继续正面阐述本方观点,如可从理论的角度,做深

[①] 胡伟、胡军、张琳杰:《沟通交流与口才》,北京:清华大学出版社,2013年,第285—286页。

层次的论证,并引用大量材料,使本方观点更加丰满。

三辩的辩词要转换论证角度,从新的角度深化本方的观点,如从事实角度进行论证,把论证引向新的层次。

四辩的辩词要求驳立结合。先驳对方的观点,后对本方的观点进行总结发言,最终完成本方立论。在语言上要有力度,有震撼感。

四位辩手各自的辩词,应独立成篇,相对完整。

【思考与训练】

1. 在当代视角下,祝英台应该选择梁山伯还是马文才?
2. 如果外星人来访地球,你觉得他们更有可能是善意的,还是恶意的?
3. 若人有死亡轮回,不需要消除记忆,这是一件可喜还是可悲的事情?
4. 王者荣耀等手游的流行是不是社会的悲哀?
5. 从乔峰到萧峰是悲剧,还是不是悲剧?
6. 如果九九八十一难最后一难是让唐僧吃肉,唐僧该不该吃?
7. 《哈利·波特》中巫师与麻瓜的分治体系是否是一个稳定的合作发展模式?
8. 大学应该还是不应该设立"夫妻宿舍"?
9. 异地恋是试金石还是绊脚石?
10. 手机是拉近还是疏远了人与人之间的距离?

本篇主要参考文献:

1. 胡伟,胡军,张琳杰.沟通交流与口才[M].北京:清华大学出版社,2013.
2. 端木自在.脱稿讲话与即兴演讲[M].上海:立信会计出版社,2016.
3. 戴尔·卡耐基.卡耐基的魅力口才与处世智慧[M].清玲,译.合肥:安徽教育出版社,2013.
4. 戴尔·卡耐基.演讲与口才[M].北京:北京联合出版公司,2015.
5. 樱井弘.优秀的人都是提问高手[M].杨光,译.北京:中国友谊出版公司,2019.
6. 董乃群.演讲与口才实训教程[M].2版.北京:北京交通大学出版社,2020.
7. 威廉·詹姆斯.心理学原理[M].方双虎,译.北京:北京师范大学出版社,2019.

应用篇

谈判语言艺术

Tanpan Yuyan Yishu

第五章　谈判概述

谈判是人类生活中必不可缺的一部分。每一天,人们几乎都在同自己的亲人、朋友、同事、熟人和陌生人展开大大小小的谈判,这些活动是我们日常生活中自然而然的事情,所以很多时候人们并没有意识到自己正在进行一次谈判。事实上,当人们欲相互交往、改善关系、协商问题、谋求利益时,就要进行谈判。

一、谈判的概念与特征

(一) 谈判概念

英语中 Negotiation(谈判)一词源于拉丁语动词 negotiari,意思是"贸易或经商"。到了现代,"谈判"是指当事的双方(或多方)通过会谈、讨论和协商,达成解决有关各方问题的方案。

谈判有广义和狭义之分,广义谈判指人们为了改变相互关系而交换意见,为了取得一致意见而相互磋商;狭义谈判仅指在正式场合下,有准备、有步骤,为寻求双方的协调一致,并用书面形式予以反映的协商过程。如外交谈判、政治谈判、经济谈判、军事谈判、科技谈判、文化谈判等,它具有阶段性、程序性、正规性和能够产生法律责任等特点。

(二) 谈判特征

谈判作为人类一种有意识的社会活动,具有以下特征:

其一,谈判是一个互动的过程,单方面的施舍或接受都不能构成谈判;

其二,谈判的核心任务是一方企图说服另一方,理解或允许或接受自己的观点、基本利益以及行为方式;

其三,谈判是一种人际交往活动,是双方或多方进行信息交流、磋商协议的一个过程;

其四,谈判者的语言应用艺术在谈判信息的有效传导中起着举足轻重的作用。

谈判离不开一个"谈"字,谈判的过程就是双方交谈的过程。各方代表都需要阐述自己的想法和意见,也需要听取对方的想法和意见。这样,他们之间就有一个如何把本方的信息有效传递给对方,同时又把对方的信息正确接收过来的问题,这种信息的传递和交换是以语言为媒介来进行的。清晰、准确地表达自己的立场、观点,了解对方的需要、利益,以及体现相应社交场合的礼仪、礼貌,都需要良好的语言表达技巧。

二、谈判的理论与方法

(一) 谈判的理论

谈判作为涉及人类生活各个方面的协调行为,贯穿于整个人类历史。然而在过去相当长时间里,人们对它的研究并不多,且多局限于国与国之间的外交谈判。

滥觞于人类长期政治军事对抗的历史条件下的传统谈判,将谈判仅仅看作进行讨价还价的手段,甚至认为谈判是互相欺骗、玩弄权术的代名词,给谈判双方或多方间未来的关系埋下了巨大的隐患。第二次世界大战以后,世界范围内科技和经济的空前发展,使追求更多的合作、回避激烈的军事冲突成为一种不可阻挡的大趋势。在这种历史背景下,近几十年来,人们开始着手对谈判的基本动因进行深入研究。在20世纪60至70年代,谈判学奠定了主要的科学结构,整个理论初具雏形;到了20世纪80年代初,谈判学的基本理论已建立起来,并趋于成熟。其中有影响的谈判理论有三种:

1. 谈判需求理论

谈判需求理论是美国谈判学会会长、著名律师杰勒德·I·尼尔伦伯格在20世纪60年代首先提出的,尼尔伦伯格因此被誉为"谈判学"的开拓者。

尼尔伦伯格认为:人与人之间之所以进行谈判,是为了满足人的某一种或几种"需求",这些"需求"决定了谈判的发生、进展和结局。尼尔伦伯格在《谈判的艺术》中,归纳出"7×3×6"共126种谈判策略。谈判需求理论对各类谈判都具有普遍性的指导作用。

2. 原则谈判理论

原则谈判理论也叫理性谈判法。其代表人物是罗杰·费希尔和威廉·尤瑞,这种谈判理论的核心,不是通过谈判双方讨价还价的过程来做最后决定,而是根据价值来达成协议,寻求双方各有所获的方案。"原则谈判理论"强调价值,故又称为"价值谈判理论"。

原则谈判理论可归纳为四个基本要点:(1)把人与问题分开;(2)在决定如何做之前,先尽量设法构思能使双方得益的多种选择方案;(3)重点放在利益上,而不是立场上;(4)坚持最后结果的达成要根据某些客观标准。

3. "三方针"谈判理论

英国谈判专家比尔·斯科特在《贸易洽谈技巧》一书中,把谈判理论概括为"谋求一致""皆大欢喜""以战取胜"三个谈判方针。这是他结合自己在国际商业谈判中的经验,在总结了不同国家、不同企业的400多名从事贸易谈判人员的亲身经历和经验之后,形成的谈判理论,在世界范围内颇有影响。

新兴的现代谈判理论有一个共同的基本出发点:谈判不是满足某一方单方面的需要,而是参与方都要获得某些需求的满足。

(二) 谈判的方法

谈判者着手进行一场谈判,有四种方法可供选择:

1. "双方皆赢"式谈判法

"双赢"谈判法的最大特点是强调从各自的需求出发,去寻找出双方需求的结合点。

谈判者采取如下措施力争做到"双赢":(1)把人和事区分开来,即把对方谈判者的个性和谈判中需要具体处理的问题区分开来;(2)开阔自己的眼界,不要认定只有一种解决问题的方案;(3)寻找解决问题的办法,而不是寻找对抗与战争;(4)提出的解决办法是富有建设性的。它能促使谈判双方达成稳定的协议,在谈判中彼此所表现出的良好信誉,也为双方今后的友好合作铺平了道路。

2. "我赢你输"式谈判法

这是传统"输赢"式谈判方法的标准形式。运用此方法有几个前提:(1)谈判内容对己方十分重要;(2)与对方保持良好关系对你而言并不重要;(3)己方有足够的时间击败对方;(4)己方想争取"双赢",但对方却试图利用己方,寻求"我赢你输"结局是与对方打成平手的唯一机会。

"我赢你输"式谈判的后遗症比较大:人们对自己所受到的不公正待遇有着惊人的记忆力——在谈判中,如果一方觉得被欺骗或被羞辱或被欺诈,他们通常会生出日后报复的心态,今后与他共事将步履维艰。

3. "我输你赢"式谈判法

这是"输赢"式谈判的一个变种,只是"输"是出自谈判者心甘情愿的主动选择。使用这种方法的前提是:(1)谈判内容对己方并不重要;(2)己方重视与对方的关系,认为让对方"赢"将有助于双方建立一种长久的关系;(3)迫于时间压力,己方愿意接受"我输你赢"的结局,因为这是最快的解决方法。

谈判专家们提出:当你另有大鱼要钓时,绝不要害怕输给对方。

4. "双方皆输"式谈判法

如果谈判一方打定了主意,不让对方在谈判中成为赢家,谈判就会以双方都达不到目的而宣告结束。人们采取此谈判法的原因主要有两个:(1)己方一开始就采取"我赢你输"式谈判法,并且抱定了以自我为中心的立场不愿改变;(2)己方觉得无论如何自己都输定了,因此对方也别想赢。

当习惯于采取"我赢你输"的谈判者,感到在某些方面失去了一些东西,自己不能赢的时候,一个很自然的反应就是设法阻止另一方赢得太多,制造"双方皆输"的结局。

第六章　谈判筹划

第一节　谈判的准备

谈判是一项复杂的综合性活动,很容易受到各种主观与客观、可控制与不可控制因素的影响。谈判者要想在错综复杂的局面中左右谈判的发展,并最终取得令人满意的成果,就必须在谈判之前努力做好一系列相应的准备工作。

那么,谈判前应该从哪几个方面着手进行准备呢?

一、广泛搜集资料

在谈判的正式序幕拉开之前,一个成熟谈判方案的提出,建立在对相关信息资料的搜集与整理的基础之上。谈判者对于谈判相关的资料搜集与分析得越是充分,谈判的可行性研究工作就越能做到位。这就要求谈判者在展开一场谈判之前,要尽可能多地掌握信息、占有信息,哪怕暂时无用的资料、信息也不要放过。

对于普通谈判者来说,能够促成各种谈判成功的信息同样无处不在。身处21世纪的网络社会,一个人或一个组织要想准确把握可以改变自身状况的谈判机会,一个很重要的诀窍就在于要善于分析"公开的情报",如公开出版的文献资料、统计数据、书籍、图册、报告、企业名录、产品说明书等,以及网络上的各类信息,如国家政治、国民经济、政策、法令、论文、新闻、企业调研、市场需求等。对这些"公开的情报",只要加工、整理的方法得当,全面准确的谈判情报就可以"得来全不费工夫"。一些零零星星、表面上看来似乎并无任何联系的公开资料,一旦汇总起来,被有心人进行综合分析,往往会构成机密性很强的重要谈判信息。下面是人们津津乐道的一个案例。

20世纪60年代,我国开发大庆油田时,有关大庆的一切信息对外界都是高度保密的。除了少数人员,普通老百姓连大庆油田的具体位置都不知道。但是日本人却不仅知道,而且还掌握得非常准确。他们对我国大庆油田信息的搜集,既不是靠派遣间谍、特务,也不是靠收买有关人员,而是凭借对我国报刊上公开报道的有关大庆油田的资料进行综合分析。

1964年4月20日,《人民日报》发表了一篇题为"大庆精神大庆人"的文章,日本人便知道了中国有个大庆油田,但位置在哪儿,产量多少却一无所知;1966年7月,《中国画报》封面上登出了一张大庆石油工人艰苦创业的照片。画面上,工人们身穿大棉袄,冒着鹅毛大雪奋力工作。日本人根据这张照片,推断出大庆油田是在零下几十度的东北地区,大约在东三省北部的某个地点。接着,在《人民日报》上日本人又看到了一篇报道:"铁人"王进喜到了马家窑,说了一声"好大的油海,我们要把中国石油落后的帽子扔到太平洋里去"。于是,日本人找来伪满时期的旧地图,发现马家窑是位于黑龙江省海伦市东南的一个村子,在北安铁路一个小火车站以东十余公里处。不久,日文版《人民中国》杂志又报道:中国工人阶级发扬"一不怕苦,二不怕死"的精神,大庆油田的采油设备不用马拉车推,完全是靠肩扛人抬运到了井场上。日本人据此分析,大庆的石油钻井离马家窑远不了,远了工人抬不动。当"铁人"王进喜出席第三届全国人民代表大会的消息见报时,日本人肯定地得出结论:大庆油田出油了,不出油王进喜当不了人民代表。他们又根据《人民日报》上一幅大庆油田钻塔的照片,从钻台上手柄的架式等方面,推算出油井的直径。再根据油井直径和国务院的政府工作报告,用当时公布的全国石油产量减去原来的石油产量,估算出当时大庆油田的石油产量。在这个基础上,他们很快设计出了适合大庆油田操作的石油设备。这样,当我国突然宣布,向世界各国征求石油设备的设计方案时,其他各国都没有准备,而唯独日本人胸有成竹,早已准备好与大庆油田现有情况完全吻合的方案与设备,谈判一举成功。

显然,日本人成功的关键就在于从一般人看来不具备机密价值的公开报道中,不放过任何蛛丝马迹,最终为谈判的胜券在握奠定了基础。

成功的谈判者往往会把搜集信息作为控制自己行动的基础工作。控制论的创始人维纳指出:"所谓有效的生活,就是拥有足够的信息来生活。"

谈判情报搜集通常有以下几种路径:

1. 善用数据

有些统计数据很容易在政府的年鉴、报告等公开出版物中及在互联网上查找到。这些数据可以帮助我们分析社会及产业发展趋势,在谈判中大有用处。此路径常常为人们所忽视。

2. 专业咨询

如果武汉客商要到哈尔滨商谈由当地公司代理自己在东北地区的一项业务,武汉客商可能会感到对对方的情况了解有限。怎么弥补这种欠缺?聘请哈尔滨某家信誉好的咨询公司进行专业咨询、搜集信息,是个不错的选择,因为咨询公司一定比武汉客商更熟悉本地的情况。

3. 货比三家

这是一条亘古不变的真理。从在地摊买菜到从事大宗进出口交易,都必须货比三家。它包括到本地区之外去搜集情报,看看同一家供应商卖到其他地区的价格、标准。多搜集资料,才能交叉验证,获得更多有益情报,对行情了如指掌。

4. 敢于发问

谈判前不论本方准备得如何周全,都会有盲点存在。我们一定要养成勇于发问的习惯,千万不要以为我们知道对方要什么(因为你无法肯定对方昨天要此东西,今天还会要同样的东西),自作聪明会误事。

二、摸清谈判对象

古人云:"知己知彼,百战不殆。"初次与对方打交道,哪些信息在正式谈判之前需要尽可能地掌握呢?为了举一反三之便,这里,我们着重以经济谈判为例。

1. 弄清潜在谈判对象的信誉、注册资金、市场地位、经营状况及发展趋势

对对方了解得越多,就越容易抓住对方的弱点、避开其锋芒,并能有针对性地找到突破口,以使己方在谈判中占据主动地位。同时,也可以避免上当受骗。

2. 了解对方在即将开始的谈判中是处于上风还是处于下风

说得更准确些,就是在即将开始的谈判中,是己方有求于对方还是对方有求于己方。事先对此有清楚的了解,能使己方在谈判中主动地、恰当地调整自己的言行,采取有效的应对策略,促使谈判出现于己有利的最佳结果。

3. 弄清对方对己方的信任程度

与己方初次打交道的谈判对手的信息来源方式是多种多样的。在谈判前,了解对方对己方的信任程度,才能有针对性地采取不同的语言表达方式和谈判策略,使己方处于有利的地位。

4. 掌握对方主要谈判代表本人的情况

对方主要谈判代表本人的情况包括资格、地位、工作作风、决策权大小、文化素质高低、年龄、性别、性格特点、为人状况、嗜好、酒量大小等。

要设法从侧面去打听,通过寻访一些认识对方的熟人、朋友或中间人去了解,方式要委婉、含蓄。如果由于种种原因了解不清或效果不好,则可以采用延长正式谈判前社交时间的办法来直接观察,如多安排一些参观、考察、娱乐、旅游、宴会等活动,在各项活动中观察了解对方,发现其特点,特别是其弱点。

三、认定自身实力

正确评估自身的实力是谈判前一项重要的准备工作。许多谈判者由于事前准备工作草率,没有正确地把握自身情况,以至于在谈判目标的定夺、谈判策略的运用上无法做出恰当的选择。那么,谈判者应该如何去发掘与展示自身实力呢?

1. 确立谈判目标

优秀的谈判者通常将所追求的谈判目标划分为三个层次:

第一,必须达成的目标;

第二,立争达成的目标;

第三,乐于达成的目标。

乐于达成的目标是己方争取的最优期望目标,在必要时可以放弃;立争达成的目标是己方力保的实际需求目标,只有在万不得已的情况下才考虑放弃;必须达成的目标则是己方要坚守的最低目标,毫无讨价还价的余地。这就给己方的谈判事先划定了一个明确的界线。

2. 明晰自身状况

(1) 弄清己方所拥有的谈判资本;

（2）明了己方所拥有的选择范围；
（3）明确己方所能提供的利益中,哪几种对对方最有吸引力；
（4）认清己方的弱点。

3. 普通谈判须知

在开始任何一次谈判之前,谈判者如果能向自己提出以下问题并且认真地思索出答案,将有助于做好谈判前的准备工作：

第一,我需要什么——我所希望的结果是什么？
第二,我为什么需要这个结果——这个结果对我有什么益处？
第三,对我来说,最满意的交易是什么？
第四,对我来说,可以接受的交易是什么？
第五,如果没有得到我所希望的结果,可能发生的最糟糕的事情是什么？
第六,得到我所希望的结果有一种以上的途径吗？
第七,我的界限是什么——我必须固守的底线在哪里？
第八,我能够做出什么让步？
第九,我的实力和弱点是什么？
第十,在我看来,对方需要什么？他们为什么需要它？
第十一,对方的实力、弱点、策略可能是什么？
第十二,这次谈判对他们很重要吗？如果没有达成协议,他们将会失去什么？

一个优秀谈判者与一个蹩脚谈判者的主要区别在于：前者事先想好了要做什么,他不仅考虑过阻碍谈判的各种因素,还能够换角度站在对方的立场思考问题。

四、选择谈判地点

谈判地点是决定谈判能否顺利进行的一个非常关键的因素。世界上的足球联赛通常采用主客场制,即在己方球队所在城市比赛一场,到对手所在城市再比赛一场,就是为了公平。足球比赛如此,对于谈判场所的安排同样如此。

1. 己方所在地

只要可能,谈判的地点应尽量安排在己方的办公室、会议室、本地的酒店甚至自己的家里。在这种场合,环境本身就给对手施加了压力,己方可以充分地发挥主场效应,把心理优势先拿到手。其优点在于：

第一,我方可以凭借"天时、地利、人和"的有利条件,向对方展开轮番攻势,以争取让步；

第二,便于谈判人员随时向上级请示、汇报,及时与己方的专家、顾问们沟通、联系,迅速提取相关的谈判资料；

第三,对己方人员有利的时间安排、有规律的起居、合口味的饮食等,都能促成对己方有利的谈判结果。

人类是一种有着很强领域感的动物,当自己的领域一旦受到侵犯,就会本能地激发出巨大的潜能来反抗侵犯,而这种本能在自己的领域之外就很难发挥。

2. 对方所在地

当我们在对方的所在地,即"客场"谈判的时候,不仅没有了主场的心理优势,反而增加了许多心理、生理的压力:不仅要靠自己独立完成谈判任务,还得努力克服"怯场"心理,而长途奔波、无规律的起居、不合口味的饮食、不适应的气候、被动的时间安排、讨厌的礼节应酬、对方的倨傲无礼等,让人难以把自己的身心调整到最佳状态以发挥出原本具备的谈判能力。何况有时候这一切就是对方有意安排的。这种"客场效应"可以从以下几个方面着手化解:

其一,己方在差旅费上没必要过于节俭。在力求高效工作的前提下,己方要尽可能地走好、住好、吃好,先保证身体不出问题;

其二,主动邀请对方到你下榻的地点会谈;

其三,最好能带上得力的助手,以避免"舌战群儒"的紧张场面。

3. 中立的地点

如果你预料到谈判将气氛紧张、激烈,双方的分歧较大或外界干扰太大,以上两个地方都不合适,可以选择一个与己方与对方都没有关系的地点举行谈判。例如,两国间高级别的外交谈判一般都选择在中立的第三国进行;同一个组织内部的谈判也经常选在本组织之外的一个地方进行。这样,任何一方都不会有地点不利的心理障碍。

五、进行模拟谈判

律师在接手大案要案时,常常事先演练一番;政治家在应对重要的媒体采访时,也要经过充分准备;企业高管在向股东进行重大情况通报时,也需要演练一下——他们设想对方可能提出的质疑与建议,练习回应的策略,目的是让失误在与同事或手下的演练中就充分暴露出来,毋庸等到正式上场时再出现这些失误。

模拟谈判,就是正式谈判开始前,在己方内部进行谈判演习。它将己方谈判人员分成两组,一组扮演己方,另一组扮演对手,从对方的角度提出各种假设的问题,模拟谈判对手的立场、观点和风格来与己方的人员对阵。模拟谈判能使谈判者进一步了解自己与熟悉对方,以免在正式谈判时出现失误。

常见的模拟谈判形式有两种:

1. 列表法

运用表格,由代表己方与代表对方的人员,各自写出对己方与他方谈判实力、谈判者能力等诸项目的评估,并对应地写出有针对性的处理意见(如表6-1)。

表 6-1　针对性的处理意见

己方	对方
1. 自己所希望的谈判结果。 2. 自己不需要什么? 3. 自己的限制条件有哪些? 4. 自己能够讨价还价的利益有哪些? 5. 自己的长处和弱点? 6. 自己理想的、力保的和最低的底线? 7. 我方的谈判筹码有哪些?	1. 他们可能希望的谈判结果是什么? 2. 他们不需要什么? 3. 他们的限制条件是什么? 4. 他们将会对什么问题讨价还价? 5. 他们的长处和弱点是什么? 6. 他们理想的、力保的和最低的底线是什么? 7. 他们有多少筹码?

2. 排练法

由己方人员扮成不同的角色进行实际谈判的预演。有效的想象不能只去想象事情发生的结果,还要想象谈判中双方可能发生的一切行为。进行实际排演,要求模拟谈判按照从始至终的相应顺序进行,充分反映出谈判双方在面对面交锋时可能出现的各种情形,包括谈判气氛、面目表情、对方可能提出的问题及意见、己方的各种答复及策略、技巧的运用等。

模拟谈判是为了发现问题、完善方案,谈判者应及时总结,适时反思。

第二节 谈判的心理

谈判是人与人之间进行交往和处理关系的过程。谈判双方的关系是随着思想的互动不断发展的,而思想又是人内心活动的反应和结果。若要使谈判获得成功,就必须研究人们的谈判心理:一来有助于对己方谈判人员进行有效的心理调适,使之在应对中时时保持最佳状态;二来有助于我们在谈判中把握住对方的心理活动,力争把话说到对方的心坎上,从而占据主动和优势。

一、谈判与需求理论

谈判是满足各方需求的活动。需求是人对客观事物的某种欲望,它是人们行为活动的内在驱动力。无论任何个人、组织乃至国家,也无论采用何种洽谈形式,谈判都是建立在产生需求并满足需求的基础上。要参与一次谈判并争取到自己所希望的结果,就必须对人类的需求有基本的了解。

(一) 人类的需求层次

美国布朗戴斯大学的心理学教授亚伯拉罕·H.马斯洛(1908—1970年),通过对人类行为的长期研究分析后发现,策动人们行动的内驱力是人的需求。他根据人们对需求的不同满足程度,将各种需求划分为五个层次,并由低级到高级排列成一个"需求阶梯",如图6-1所示。

图6-1 马斯洛的五个需求层次

1. 生理需求

马斯洛认为:在人类的一切需求中,生理需求是最优先、最基本的需求。人类最重要的需求就是能够生存下去,维持生命。这一需求主要指的是物质生活资料的满足,即必须有衣、食、住、行、休息和性欲,等等。在这种维持身体健康的需求未得到基本满足之前,他不会对其他四种形式的需求产生更大的兴趣。所以,生理需求是最强烈的需求,也是一种不可避免的最低层次的需求。

2. 安全需求

马斯洛认为:当人类的生理需求得到基本满足之后,就会产生满足安全的需求,即努力达到自身的舒适、稳定和安全。这种安全需求不仅包括不遭受身体和情绪上损害的安全,也包括身体的实际安全:如劳动安全,职业安全,生活稳定,希望免于自然灾难、战争动乱,摆脱瘟疫和病痛,防御外人的盗窃、抢掠,希望未来有保障,要求劳动保护、储蓄投资和社会保险或保障,等等。

3. 社交需求

马斯洛认为:当一个人的生理需求和安全需求得到了相对的满足,即人们不再为饥寒交迫所困扰,有了足够的安全感、稳定感、秩序感后,他就会产生一种社交需求,又称为爱与归属的需求。他需要与他人相关联,需要被一个与他关系亲密的团体所接纳。在现实生活中,就是每个人都希望得到友谊、爱情、配偶和孩子,同时还有与他一起工作的关系密切的朋友、同事,并希望为某个团体所接纳。他既要从那里获得爱的享受,也要给别人以爱的温暖。他感到自己有接受和给予"温暖"的需求。如果一个人被别人抛弃或被拒绝于团体之外,他便会产生一种孤独感,精神上感受到压抑。所以,社交需求是人类生存和发展的需要。

4. 获得尊重需求

马斯洛认为:除非是心理有障碍者,所有的人都有自尊心。人类一旦在生理、安全和社交这三个方面的需求获得相对的满足以后,他就非常注意自己的尊严了。他开始有自尊心,需要受到别人的尊重,即希望得到别人的认可、赏识、尊重。这就产生出如下的追求:其一,渴望有实力、有成就,并能胜任工作;其二,渴望得到名誉和声望,即希望受到别人的尊重、赏识、注意和欣赏。如果尊重需求得到了满足,就会使人增强自信心,觉得自己生活在社会上有地位、有价值、有实力、有发展前途。相反,如果这种需求受到了挫折或阻挠,遇到障碍,人便会萌生自卑感和丧失自信心,产生无能感。

5. 自我实现需求

马斯洛认为:人类一旦在生理、安全、社交以及获得尊重的需求方面得到满足后,还会产生一种新的需求,这就是自我实现需求。这种需求的目的,是自我发掘。他希望实现理想中的自我形象,最完美地发挥自己的能力。这种需求又被称作"创造性需求"。

马斯洛指出:上述五个需求的阶梯是逐级上升的。在低一级需求获得相对满足以后,人们就开始追求更高一层次的需求,并以此作为奋斗的动力。他同时强调:这些需求是相互依赖和重叠的,在高层次需求满足以后,低层次的需求依然存在,只是对行为的影响比重减轻了一点而已;同时,这五种需求是不可能完全获得满足的,需求的层次越高,得到满足的百分比就越小。

(二) 需求理论在谈判中的运用

马斯洛的需求层次理论揭示了人类在一般情况下的需求状况。掌握了需求理论,能使我们在谈判的过程中,对驱动对方行为的五种需求加以重视和分析,有针对性地采取措施去顺应、抵制或改变对方的动机。

1. 生理需求与谈判

生理需求在谈判中主要表现为谈判者对衣、食、住、行等方面的需求。谈判是一种大量消耗体力与脑力的劳动,谈判者同时也承受着极大的心理压力。如果谈判人员的生理需求得不到保证,就会影响到谈判人员的精力与情绪,最终影响预定谈判目标的实现。

作为东道主一方的谈判者,要注意给对方的吃、住、行提供一切可能的支持与帮助,而且还要尽可能地符合对方的习惯与要求,这样可以减轻对方因陌生环境所带来的种种不适与压力,以及由此导致的急躁、怀疑、敌对的情绪,更有利于创造出一个友好、信任、合作的谈判气氛。在对方的吃、住、行等方面提供支持和帮助,对方在谈判中常常会有所回报,至少不会增加敌意。

2. 安全需求与谈判

安全需求在谈判中主要体现在谈判者的人身安全和地位安全上。

人身安全是指身处客场的谈判者,由于对当地的风俗习惯、交通状况、社会治安等不甚了解,常常会感到缺少一种安全感。在这种情况下,作为东道主的谈判者,应当尽可能地在各方面予以照顾,如安排专人负责接送、陪同参观、游览购物等。这样做,能在不知不觉中让对方把你作为可以接受、可以依赖的人,这对谈判的顺利进行是相当有益的。

地位安全主要表现在谈判者双方可能都会把达成协议作为自己的任务和前提。协议能否达成往往会影响到谈判者原有职位的保持和晋升,所以,在谈判中有时会出现"签订一个不太理想的谈判协议总比没有签协议、空手而归要强"的情况。对于这个问题,谈判者及其上级部门应当有一个清醒的认识,不能简单地以是否达成协议作为考核谈判人员业绩的标准。

3. 社交需求与谈判

社交需求在谈判中具体表现为:对友情、对双方建立友好关系的渴望;同时,也期望谈判班子内部能加强团结,齐心协力去争取谈判的圆满成功。

谈判是对彼此的利益进行划分的一个过程,谈判双方的关系常会因此而处于紧张或对立的状态之中。但是,就人的一般天性来说,是不愿意置身在一个紧张对立的环境中进行活动的。谈判者大多希望能在一个宽松友好,而不是对立猜忌的气氛中进行谈判。鉴于人们的这种心态,作为主场的谈判者,应利用一切机会建立和发展与对方的友情。比如,为对方举行家宴、邀请对方一起联欢、赠送礼品给对方,等等。那些优秀的谈判者,在正式谈判之外的场合,常常会尽力施展出自己的交际手段:他是个能与不同层次的人都说得来的"侃爷",是个颇具魅力的舞伴,是个不错的卡拉OK歌手,是个善于游山玩水能使同游者尽兴的"驴友"……一旦谈判双方产生了友情、建立起良好的关系,让步与达成协议就是一件不需要花费很大气力就能办到的事情。

4. 获得尊重需求与谈判

获得尊重需求在谈判中具体体现为:谈判者不仅要求在人格上得到尊重,而且要求在地位、身份、学识与能力上得到尊重和欣赏。

首先,谈判者应当尊重对方的人格。使用语言时,要有礼貌,千万不能使用带有侮辱性的语言。在谈判中即使发生了争论,也要对事不对人,不应对对方施行人身攻击。

其次,应尊重对方的身份和地位。接待的礼节要符合一定的规格要求,特别是在双方谈判人员的级别职务上,要讲究对等。在双方关系比较友好、又是进行较重要的谈判时,可以在谈判之前、中间或之后,请东道主一方的高层人员与对方会面,以示尊重。

最后,应尊重对方的学识与能力。在谈判中间,有时对方会有意无意地搅乱谈判的程序与思路,或故意混淆一些本来很明白浅显的概念,这时己方不要去贬低、嘲笑或讽刺对方,只需从正面将被其搞乱的事情进行澄清、理顺即可。

5. 自我实现需求与谈判

谈判中对自我实现需求的满足,是通过谈判所取得的成果来具体体现的。谈判者在谈判中争取到的谈判利益越大,自我实现需求的满足程度也就越高。自我实现需求是谈判者的最高需求,也是最难满足的需求。

那么,如何在本方取得了较多利益,对方只获得了较少利益的情况下,去满足对方的自我实现需求呢?此时,己方务必适当地掩饰一下自己获利后的喜悦,多多强调客观上对方所面临的种种不利因素,多多赞赏他在主观上所做出的辛勤努力以及敬业精神,使他在面子上和心理上得到平衡。特别是要尽可能当着他的上司和同事讲,这能使他从作为失败者愧对上司与同事的心态中走出来,感到自己确已尽最大的努力,只是运气稍差一点而已,由此得到一些安慰与满足。如此,己方并无损失,对方却会在心里格外地感激你,可以说是一个较圆满的解决办法。

二、谈判者成功心理塑造

当你谈判的时候,无论面前的对手看上去多么强大,你都要明白一个基本事实:如果不是想从你这里获得他们所需求的东西,他们是不会同你进行谈判的。这种需求也许是金钱、知识、技巧、合作或者其他。不管他们的需求是什么,只要你在与对方进行谈判,无论你多么弱小,都意味着你拥有某种权力。借助本节所介绍的几个简单心理训练,你就可以让对方把自己看成一个有能力、有信心的谈判者,继而提高自己在谈判中运用语言处理问题的效率。

(一)用"想象"塑造良好的谈判形象

笔者曾应邀协助几位学生参加某公司的招聘面试。事先,除了指导他们详尽了解该公司的有关情况、把对方可能问到的各种问题反复思考、想好答案外,还帮助他们运用"想象体验"的方法,在头脑中反复"排练"这次面试最终成功的具体情景:自己坦然地走进考场,伴着考官们审视的目光、柜机空调的嗡嗡声、自己平静的鼻息、面对最为刁钻的问题,自己冷静地做出适当的反应……事后,这些学生反映说:虽然"排练"的许多东西没有用上,但在考场上却是异乎寻常的平静与自信,因为自己早已"身临其境",考官们的许多反应尽在意料之中,所以即便是情况有所变化,依然能随机应变。英国作家布尔沃·林顿指出:"绝大部分人只是在自己已经熟悉的——不管是想象中还是实际中熟悉的——危险中表现勇敢。"

现代生理心理医学研究表明:人的头脑与神经系统具有类似电子计算机般惊人的能力。它不仅能保存大量的信息,而且几乎可以一模一样地再现这些信息。常言说:

"一事成功,万事如意。"这是因为过去的成功记忆会成为固有的"贮存信息",激发我们对目前的工作产生自信,引导我们发挥自身的潜力。那么,对于一个只经历过种种失败的人来说,是否意味着,他便无从吸取以往成功的经验,只能一味沦于失败的境地呢?回答是否定的。

国外的临床心理学家和实用精神病医学家经过多年探索发现:就人的大脑和神经系统而言,它无法区分实际中"真实"的体验和活灵活现"空想"出来的体验。也就是说:人的头脑和神经系统对于"真正的成功"与"想象的成功"没有分辨力。假如你能在想象中,将你所希望的结果描绘成一幅鲜明清晰的"心理图像":"看到"自己扮演的成功角色,依照你所希望的那样行动、感受,并且不断给自己展现这些想象的画面,添加一些真切的小细节,反复地"把玩"它们。等到你的"心理图像"经过多次重复而变得越来越"真实"的时候,相应的感觉就会油然而生,你的神经系统和大脑内部也会随之发生变化,大脑皮质将刻下新的"记忆痕迹"和"神经中枢"样式,它将激活你潜意识中全部的能量,塑造出一个全新的"自我"。

生动地把自己想象成谈判场上的失败者,你就会四处碰壁;生动地把自己想象成谈判场中的胜利者,并且让它占据你的心间,就可以由此塑造出良好的谈判形象。

(二)用"先行效应"营造良好的谈判氛围

美国肯尼奥恩学院语言研究所的专家们曾应美国海军的邀请,利用其基地上的电话和通信设备做过一个实验:为了确定上级下达指示和命令时的最佳音量,这些实验者们向舰艇上的指挥官提出一些简单的问题,每一个问题分别使用不同的音量。结果,得到的回答始终与实验者问话的音量高低相同:当温和地提问时,收到的回答也温和;当呼喊着提问时,对方也总是禁不住反过来喊叫。

这项实验的结果与人际关系专家们的研究报告不谋而合:在与他人交往时,我们自己待人的态度,会从别人对我们的态度中反射回来。恰似站在一面镜子前,你笑时,镜子里的人也笑,你皱眉,镜子里的人同样皱眉。

事实证明:在与别人交往的一开始,我们就在用自己的行为和态度,钳制着别人的行为和态度。世界上的每一个人其实都在等待着我们去告诉他该干些什么。他会根据自己所发现的、我们提供在他面前的"舞台",灵活应变,来扮演自身在生活中你给他定下的角色。常常是你的第一句话和第一个动作,几乎就为整个的交涉定下了基调。你用拘谨的调子开始吗?那么交往将是拘泥于形式的;你以友好的调子开始吗?则会面将是友好的。当你受到无礼的、故意冷落的对待时,大约有 90% 的情况下是你"自找"的,是你诱导了别人的行动,"让"他这样对待你的——倘若你事先认定某人将会是难以应付的,那你多少会用带点敌意的方式去接近他,在心中握紧双拳准备开战。在你这样做时,无疑便是搭设了一个"舞台"让他上去表演。他的潜意识敏锐地洞察到你的"不友善",自然随机应变,扮演起你为他设计好的这个角色。你从不觉得错在自身,反而认定对方的确是一个"蛮横的家伙"。

因此,在你与他人进行一次谈判之前,最好能先弄明白两个问题:

第一,我想从这场交涉中得到的真正东西是什么?

第二,我希望最终形成什么样的气氛?

用你想结束这场交涉的基调开始,你就能把握住对方的行为和态度。

(三) 用"理性"调整出良好的谈判心态

在谈判中,我们所面对的谈判者并不总是一些言行友好的谦谦君子,在很多时候,你不得不与一些看上去难于相处的人打交道。

一个优秀的谈判者总是力求通过自己的眼睛去了解对方,尽量将他人对某人的评价暂且搁置一边,他们深知:和别人情不投、意不和的人,不一定跟自己也相处不好。

心理学研究表明:很少有人会出于故意地要做一些不合逻辑、荒唐可笑的事情,在他们看来,自己所做的事是很有意义的。你没法深入到对方的内心深处,故而对方的某些做法会让你感到有些不可理解。所以,当你不得不与难以相处的人接触,特别是发现对方不高兴甚至是带有敌意的时候,为了不让这些负面因素阻碍你谈判目标的实现,你可以尝试用下列方式来调整自己的心态:

第一,当你觉得某人做事有点不太理性时,不妨自我安慰。

第二,自问一下对方是不是在费尽心机让你生气。如果是,认清楚这一点会让你有意识地克制住自己的脾气,以一种看客的心态来观看对方的"表演"。这样一来,对方的行为将不会产生他们预期的效果。

第三,提醒自己:或许今天对方心情不好。在谈判之前,你无法猜测对方在来此地的路上发生过什么事情。如果对方把他的不良情绪带到了谈判桌上向你发脾气,这是很令人讨厌的,但是你应当明白,这不是冲着你来的。

第三节 谈判的语言

良好的语言沟通能力是一个成功的谈判者所必备的基本功,它意味着谈判者既能够清楚地表述自己的想法和意见,又能够明智地听取对方的想法和意见。所谓应用语言艺术,是指使语言表达产生出最佳效果,发挥出最大功效的技巧与方法。本节将集中阐述谈判语言运用的原则、倾听艺术、问答艺术、委婉与拒绝艺术以及说服艺术。

一、谈判语言应用原则

(一) 客观性原则

客观性原则指谈判者的语言表述必须以客观事实为依据,为对方提供令人信服的证据。谈判语言的客观性,能给对方留下"以诚相待"的印象,由此促进双方立场、观点的相互接近,为谈判的顺利开展确立良好的基础。这是一条最基本的原则,是其他原则应用的基础。离开了客观性原则,无论一个谈判者有多么高超的语言艺术,他所讲的只能是谎言,谈判也就失去了进行的意义。

(二) 针对性原则

针对性原则指谈判者运用语言要围绕主题,有的放矢。在谈判的过程中,谈判者要针对不同的谈判内容,有选择地使用与谈判内容相关的行话、术语,尽量做到言简意赅;同时,还要针对不同的谈判对象使用不同的沟通语言,例如,面对老少、男女、生熟、官民、善恶等谈判对象,应区别对待;即使是同一谈判对手的不同需求,也要恰当地使用有针对性的语言。只有选择性地、有针对性地使用谈判语言,才能有助于谈判活动的不断深入。

(三) 策略性原则

策略性原则表现为谈判者运用语言时,须根据特定的环境和条件,时而干脆时而含蓄地表达思想、传递信息。谈判语言在很多情况下表现为一种弹性语言,具有外交语言的圆滑性、模糊性和缓冲性特征。在一般情况下,谈判者不会断然否定对方的提议,除非该提议危及自身的根本利益。对于谈判中的分歧,精明的谈判者总是试图以委婉的方式表示自己的异议,不简单处置,设法留下重新商量的余地,使双方日后有回旋的机会。这样,既可以满足对方自尊的需要,又可以避免己方的失礼;既能够说明问题,还能够为未来的进退预留下空间。

虽然我们前面强调谈判语言的运用要遵循客观性、针对性原则,但并不意味着谈判者在任何情况下都必须直来直去、无遮无掩。相反,只有根据不同的情境,灵活运用"弯曲相间""半隐半显"的语言表达方式,才会收到良好的效果。

二、无声语言——倾听艺术

在谈判中,"听"往往比说"说"更为重要。一个优秀的谈判者,必定是一个很好的倾听者。富兰克林曾说:"与人交谈取得成功的重要秘诀,就是多听,永远不要不懂装懂。"因为,"听"是"谈"的基础,倾听是为了更好地阐述自己的观点,没有认真地倾听,就不可能准确地获取信息,也不可能策略地回答对方的提问和恰如其分地向对方提问。中外谈判专家们都非常重视倾听技巧,认为善于倾听是一个成功的谈判者所应有的基础素养。

有效倾听的关键在于集中精力、全神贯注。下面这些做法,不但能够提高谈判者倾听的效率,还可以表明你是在认真倾听对方的讲话。

(一) 使用中性短语

在倾听时,除了主动与讲话者进行目光接触,做出某种表情,如扬一扬眉、赞同地点点头之外,时不时发出"嗯,嗯""哦"之类的声音,或"是的,我明白你的意思""这是一个很有趣的问题"之类迎合对方的短语,都表明你在仔细倾听对方谈话,这能使对方认为你对他所讲的内容有兴趣,鼓励着他继续说下去。

(二) 适时质疑

在对方讲话的过程中,通过简短的提问,不但能让对方确认他谈话中的要点,还可保持自己思维的敏锐性。比如:

"那么你是说……"

"那么你个人的观点是……"

有关谈判中的提问技巧,下面我们还将进行专门的探讨。

（三）重复陈述

重复对方刚才说过的某些话，以此表明你很感兴趣，能引导对方把话继续讲下去。例如，对方说："今年，我们的广告投入准备大幅度地增加。"你可以重复说："大幅度地增加"，然后看下一步将会发生什么情况。对方多半会解释他所说的"大幅度地增加"是什么意思，你甚至可以发现为什么在这次谈判中，这一点对于他来说是如此的重要。

（四）摘记要点

记笔记是谈判者集中注意力的有效方法之一，它迫使谈判者必须仔细倾听对方的讲话。记笔记不仅可以帮助谈判者回忆和记忆，而且有助于在对方发言完毕后，就某些问题向对方提出质询，日后也有时间分析对方讲话的直接含义与延伸含义。同时，谈判者记笔记或者停笔抬头看着讲话者，通常都会对讲话者产生一种鼓励作用。

在一场错综复杂的谈判中，记录谈判所达成的要点，将有助于你快速浏览彼此的观点，更加容易地掌握协议的主要内容。

（五）总结反馈

避免误听的一个重要技巧就是在听讲过程中要不断总结、及时反馈。在对方陈述观点的间隙，要抓住时机，简明扼要用三言两语概括对方先前讲话的要点。这也是核实你所听到的信息是否准确的一种好方法，它给了对方一个补充可能忽略了的内容的机会。如果误解了，这能够让对方再次明确阐释他们的意图。例如：

"让我确定一下是否准确理解了你的意思。你的广告费需要大幅度提升，大约7%，因为……"

"如此说来，你刚才说的意思是……"

说完停顿一下，对方会纠正你可能出现的任何误解，并增加其他重要信息。

（六）保持沉默

当你提出了某个问题后，对方的回答不能令你满意时；当你觉得对方仅仅讲出了部分内容，而你需要了解更多信息时……你能采取的最好方法就是安静地注视对方，一声不吭，保持沉默。

沉默是一个无形的空档，使对方有一种无形的压力，感到自己有责任去填满它。如果对方说完了，而你没接话茬，过不了多久，对方就会接着阐述其观点。最终，对方可能说出你想要了解的信息。有一位经验丰富的谈判者曾经利用沉默，使对方持续讲了20分钟，最终弄清了对方的真实意图。

三、探究——提问与回答

（一）提问

提问是谈判双方进一步沟通的基本途径。提问的目的在于了解对方的想法和意图，掌握更多的信息。在谈判中，提问常常被用于以下几种情况。

第一，收集资料："你可否谈一谈你方所希望的付款条件？"——了解对方在付款问题上的看法。

第二,探索对方的动机和意向:"是哪些因素促使贵方放弃了与 M 公司的技术转让谈判?"——了解对方在技术转让中的主要需求。

第三,提供资料:"不知贵公司是否了解本公司的交货条件?"——如果对方不清楚,谈判者可以将本公司的交货条件向对方做详细介绍。

第四,鼓动对手发表意见:"你是否认为扩大我们之间的技术合作,有助于贵公司自身的发展?"——以此了解对方参与谈判的意向。

第五,证实双方的见解是否一致:"让我总结一下贵公司对产品规格、质量的看法……我这样说是否与贵公司的看法相一致?"

……

谈判者还可以利用提问来避免谈判中出现僵局、消除相互间的积怨、给自己思考问题的时间、激发创造性思维,其用处可谓不胜枚举。

1. 提问的时机

提问时机的把握相当讲究。在正常情况下,提问的时机有这么几种。

(1) 在对方发言完毕之后提问

在对方发言的过程中,不要急于提问。因为打断别人的发言是不礼貌的,容易引起别人的反感。当对方发言时,你要积极倾听。即使你发现了倍感迷惑的问题,也不要打断对方,你可以把想到的问题先记录下来,等对方发言完毕之后再提问。这样,不仅反映了自己的修养,而且能够全面、完整地弄清楚对方的观点和意图,避免因操之过急,曲解和误会了对方的意思。

(2)在对方发言的停顿、间歇之际提问

如果谈判中对方的发言过于冗长,或不得要领、或纠缠细节、或离题太远,影响了谈判的进程,那么,你可以在他讲话的停顿、间歇之际提问。

例如:当对方停顿时,你可以借机提问:

"具体的细节我们稍后再谈,请谈谈你的主要观点好吗?"

"第一个问题我们已经明白了,那第二个问题呢?"

(3)在自己发言之前或之后提问

当轮到自己发言时,可以在阐述自己的观点之前,先就对方刚才的发言提出设问。目的不是要求对方回答,而是自问自答,以争取主动,防止对方接过话头,影响自己的发言。例如:"供货问题您讲得很清楚了,但保修的问题怎么办?我先谈谈我们的要求,然后请您补充。"

在充分阐述了己方观点之后,为了使谈判沿着自己的思路发展,牵着对方的鼻子走,可以借助发问提出下一步的要求,让对方回答。例如:"我们对产品质量的要求就是这样,请问贵公司怎样满足我们的要求呢?"

2. 提问的技巧

(1)封闭式问题与开放式问题

如果单就问题的类型加以区分,一个问题只能两者必居其一:要么是封闭式问题,要么是开放式问题。

①封闭式问题。

所谓封闭式问题,就是只能用"是"或"不是"来回答的问题。例如:

"你能在三个星期之后交稿吗?"

"你打算在这里住下来吗?"

这类问题将讨论的主题封闭起来,鼓励人们用简短的句子做出肯定或否定的回答。

②开放式问题。

所谓开放式问题,指那些不能用简单的"是"或"否"来回答的问题。它需要对方进一步谈论相关细节,引导其回答时尽可能多地透露一些重要信息。例如:

"你打算如何实行新的研发计划?"

"为什么你认为这个条件特别重要?"

这类问题都需要详尽阐述,它鼓励对方完整地回答问题,并说出具体原因。

一般来说,如果你想让某人就某个问题谈谈看法、发表意见,那就用开放式问题;如果你想要某人对某个问题做出肯定或否定的回答,那就提封闭式问题。

(2)谈判中的提问技巧

问题的表述是通过一系列的问句来实现的。目的不同,提问的方式迥异。同一个意思,可以用不同的问句加以表述。在谈判中,常用的提问方式有以下几种:

①假设性提问。

假设性提问,是在不清楚对方的态度或虚实的情况下,采用虚拟的口吻来探查对方的意向。它既能避开正面提问时对方拒绝回答所产生的难堪,在多数情况下又可以达到相同的目的。比如:

"如果我答应三十天内付款,你可以给我打折吗?"

"假如这个合作项目由我们提供技术,您肯让我们占多少股份呢?"

②探究性提问。

这是用开门见山的方式,提出一系列追根究底的问题,要求对方证实或补充先前的答复。

a. 从一般到具体的提问。

问:"花一年的时间去西南地区旅游,此行的目的是什么?"

答:"我能探访许多的少数民族。"

问:"探访许多少数民族,对你有什么价值呢?"

答:"我能考察西南少数民族的不同文化,解开许多我现在感到困惑的东西。"

问:"你体会到西南不同的少数民族文化,对你又有什么意义呢?"

……

从一般到具体的提问,能层层深入地找寻到对方的真实意图,这是一种很重要的提问方法。在谈判中,如果你这么向自己提问,有助于弄清楚你所希望得到某种结果的真实原因;如果你向谈判对手这样提问,有助于对方将注意力更明确地集中在他们所关注的结果上。

b. 从具体到特殊的提问。

指对一个具体情况加以进一步地分解,意在弄清对方话语中被省略的内容,知晓更为详细的情况。

甲:"我对我的上一个供应商不满意。"

乙:"在哪些方面你尤其不满意?"

这类紧紧盯住对方的回答的追问,能将涉及的范围进一步缩小,准确理清事情的来龙去脉。

③针锋相对的提问。

这是用另一个问题回复一个相当困难的问题。比如:

甲:"你可以采用多少种颜色?"

乙:"你喜欢什么颜色?"

又如:

甲:"把这种颜色完全调配好需要多长时间?"

乙:"你什么时候需要?"

良好的沟通来自良好的提问。提问的功能不仅是了解需求,还可以用来引导对方、改善沟通、鼓励对方参与以及建立起专业的形象。

(二) 回答

对谈判者来说,回答比提问更见难度。提问是了解情况、认定事实,提问者是主动的。回答则没有那么简单,谈判者不但要根据对方的提问来应对,而且要尽可能地讲清楚,使问题得到答复;并且,他对自己回答的每一句话都负有责任,因为提问者理所当然地把回答看成是一种承诺,这无疑会给回答者带来一定的精神负担与压力。问得不好,不利于谈判;而回答得不好,则会使己方陷于被动。因此,一个谈判者水平的高低,在很大程度上取决于他回答问题的水平。

要想有效地回答问题,预先进行准备是非常必要的。在谈判前,除了对己方的谈判观点、资料要了如指掌,还应当在对对方的情况进行充分调查和分析的基础上,自己先假设一些难题来思考,预先写下对方可能提出的问题。你考虑得越全面,所做出的答案也会越好。

回答问题的要诀在于:知道该说什么和不该说什么,而不必去考虑所回答的内容是否对题。以下建议,有助于谈判者更好地回答问题:

1. 不要彻底回答对方所提的问题

回答者要将问题的范围缩小,只回答问题的某一部分,或对回答的前提加以修饰和限制。

2. 不要确切回答对方的提问

回答问题时,要给自己留有一定的余地,不要过早地暴露你的实力。因此,学会运用模棱两可,富有弹性的回答很有必要。例如:

当对方问:"你们打算购买多少?"如果你觉得先说出订数不利于讲价,你可以说:"这要根据情况而定,看你们的优惠条件怎么样?"

3. 要减少提问者继续追问的兴致和机会

在许多情况下,提问者如果发现了答话的漏洞,往往会采取连珠炮的形式,刨根问底地追问下去,这对回答者很不利。特别是当对方有备而来时,会诱使回答者落入其圈套。要想使提问者找不着继续追问的理由和借口,声称这个问题目前无法回答或彼此的着眼点不同,是一种较好的回避方法。例如:

"这个问题可以留待今后解决。"

"现在讨论这个问题为时尚早,没有实质性意义。"

4. 让自己获得充分的思考时间

谈判者每次回答对方的问题前,必须认真思考,谨慎从事,而要做到这一点,就必须有充分的考虑时间。一般情况下,谈判者答复问题的好坏与思考时间成正比。因此,回答者不必顾忌对手的催问,你可以直接告诉对方:你必须进行认真思考,因而需要时间;你也可以借着点上一支烟、喝上一口水、调整一下自己坐姿、整理一下桌上的资料、翻一翻笔记本等来延缓一下时间,考虑问题。

在谈判中"对答如流"是最要不得的。尤其是碰到对手提出一些旁敲侧击、模棱两可的问题时,更需要辨其意旨,明智作答。切不可轻易应对,以免上当。

5. 有些问题不值得回答

谈判者有回答问题的义务,但并不等于你必须回答对方提出的每一个问题。特别是对某些不值得回答的问题,你可以礼貌地加以拒绝。

例如:在谈判中有的谈判者会提一些与谈判主题无关的问题,回答它显然是浪费时间;有时,对方会有意提一些容易激怒你的问题,意在使你失去自制力,回答它只会损害自己。对此你可以一笑了之,或"顾左右而言他",外交辞令中的"无可奉告"也可一用。

6. 要求对方再次阐明某个问题

"我还是不了解你的问题,请你把这个问题再重复一遍。""在答复你的问题之前,我想先听听你方的观点……"类似的话语实际上都是在为自己争取思考问题的时间。当对方再次阐述问题时,你可以根本不去听,而只考虑如何回答问题。

7. 找借口拖延答复

"对你所提的问题,我目前没有第一手资料进行论证,我想,你肯定希望我为你做详尽而圆满的答复,但这需要时间,你说对吗?"

在谈判中,回答者如果遇到不便回答或仓促之间想不出如何回答的问题,或有待查询、请示的问题,即使对方一再催逼,也不必勉强作答,可以用"资料不全""需要考虑""有待请示后再作答复"等借口来拖延答复。这种"缓兵之计"彼此心照不宣,并非无礼的表现。这些用语摆脱了为难处境,又保留了回答的机会,以便稍后灵活处理。

8. 答非所问

在谈判中,有时对方提出的问题,回答者无法从正面做出有针对性的回答,可是拒不回答,会被对方指责为毫无诚意;如果勉强作答,说不定会落入对方的陷阱。在这种情况下,那些擅长答复的谈判高手,常常会提供一些"没有答复的答复"巧妙地转移话题,一方面使对方得不到想要的答案,一方面又不破坏良好的谈判气氛。例如:对方反复地强调一个他们认为十分重要、要求己方做出同意其观点的问题。己方实在难以直接回答时,可以这样说:"这个问题我方也认为确实十分重要,比方我方就曾遇到过这样一件事……"貌似回答,而实际上是从原题的侧面"滑过",谈了与原题相关而实际上却是对另一个问题的看法。

四、表态——委婉与拒绝

(一) 委婉

谈判中,时常会遇到无法直接反驳对方观点或建议的情况。这时,运用委婉的说法来表明自己的态度,更易于被对方所接受。委婉的说法由表义和本义两部分构成:表义,即话语表面的意思,这是说话人明白说出的;本义即隐含的意义,是说话人没有道出的潜伏在表义背后的那一部分。表义和本义结合,构成了委婉说法的有机整体。它让听话人透过表义看本义,以达到传递说话人态度的目的。

1. 用含蓄的言辞,使彼此心照不宣

含蓄的言辞,就是在交谈中不直陈本意,而是用婉转之词来暗示,使人揣摩而得之。谈判中,当有些事情直述其意可能会伤害对方的感情时,通常会采用含蓄的说法。

1972年美国总统尼克松访华,周恩来总理在欢迎宴会上祝酒时说:"由于大家都知道的原因,中美两国隔断了二十多年。"这句话十分含蓄,既暗示了造成这种状况的原因,又没有正面指责对方。同样,尼克松访华签发《上海公报》时,用了这样一个词组:"台湾海峡两岸的同胞"。据说这是基辛格花了一晚上时间才琢磨出来的。这是各方都能接受的词语,由此,公报得以顺利发表。

含蓄的说法在谈判中随处可见。例如,当对方在背后搞小动作时,谈判者往往不会直说对方是"耍阴谋"或"耍心眼儿",而是说对方"不够明智";服装店售货员在评说顾客身材时,总是将"胖"说成"富态",把"瘦"说成"苗条"。

2. 用谈论你自身的感受,取代评判对方的行为和动机

谈判中,尽量不要去评判对方的行为和动机。世界上的事情错综复杂,你的评判未见得正确,而判断失误常常会使对方感到蒙受了不白之冤,更易激起对方的愤怒。即使你的评判是对的,直言不讳往往使对方失去了回旋的余地,也弄得自己陷入被动。且看下面的例子:

(1)母亲走进儿子房间说:"这地方看起来像个狗窝!"
(2)父亲冲着孩子吼道:"你音响开得太大了,整楼人都被吵昏了!"

以上说话者,都有意无意中扮演了一个评判者的角色。这种说话方式,由于没有顾及对方的自尊心,即使内容正确,对方也会听不进去。

消除这种情况并不难,说话者只需把话语中的"你"改成"我",把对对方行为与动机的评判,改为陈述自己个人的感觉。下面看看改进后的说法:

(1)母亲:"每次看到这个房间没有收拾干净,我就替你难受。"
(2)父亲:"音响开得太大扰乱了家里的清静,我快受不了啦。"

说话者只在述说对目前情况的感觉如何,并没有表现出伤害对方自尊心的意思,谁会对你的感觉如何予以争辩呢?

3. 用站在对方的角度说话,代替只从自己的立场说话

在谈判中,很多谈判者习惯于站在自身立场上说话,而忘记了对方真正想要的是什么。以商品推销为例:推销员竭力向客户介绍产品和服务,希望对方购买,却忘了客户是为了满足自身的利益而采购,不会为了成全推销员的业绩而掏钱。只有在帮助你的

同时,也能给自己带来好处的情况下,客户才会与你做交易。下面是推销员与客户交谈时常用的语句:

(1)"请帮我们这个忙"。

(2)"非常抱歉,在您百忙之中占用宝贵的时间。"

这里,销售人员自以为是在用诚恳、谦虚的姿态同客户交谈,但客户听后有何感想呢?例1中,客户会想:"好吧,我就做一次好人。这次我给他一个机会,他可是欠了我的人情,下次我要求什么,他也会买我的账的。"例2中,客户会想:"你知道就好。我听你介绍产品就是给你面子。"

所谓站在对方的角度说话,就是从满足对方的需求出发,和对方一起走向自己所希望的目标。我们不妨把上述话语变换一个角度说出来:

例1:"请帮我们这个忙。"

改为:"希望我能帮上你们的忙。"

例2:"非常抱歉,在您百忙之中占用宝贵的时间。"

改为:"希望我的介绍能给您带来价值。"

以上都是站在对方的角度说话。例1中,客户会想:"这个推销员不错,愿意为我们着想。"例2中,客户会想:"尽管他的介绍有些啰唆,我也很忙,但他的诚心可嘉,应该给他一点时间。"当然,客户不一定会有像上述猜测的心理活动,但却很可能因受到推销员这番话的影响而朝着这个方向去思考。

4. 用"先承后转"的表述,替换刺激性的语言

刺激性的语言指那些有意无意隐含着否定或毁损对方意思的话语。比如:"我们认为,在这件事情上,我们是非常合情合理的",这句话实际上是暗示对方不合情合理;又如:"我要证实你这种看法的荒谬",这实际上是说"我比你聪明"。类似的语言,会引起对方的反感,使对方对你产生出一种敌对的情绪。

"先承后转"是一种迂回战术:谈判者首先并不反对对方的说法,相反,还会表示赞同对方,待申述理由时,再指出其中的矛盾,让对方明了自己的态度。

曾经有一个鞋厂老板想用英国文豪萧伯纳的名字做一种鞋油的牌子,于是找到萧伯纳说:"如果你同意这样做,全世界都会因此而熟悉你的大名。"

萧伯纳回答说:"你说得对极了!可是,那些穿不起皮鞋的人们呢……"

用萧伯纳的名字做鞋油的牌子,这是商家想利用"名人效应"来推销产品。面对鞋厂老板"以偏概全"一厢情愿的说法,萧伯纳并没有当即回绝这番"好意",毕竟老板是打着替萧伯纳扬名的旗号,直截了当反对未免不近人情。所以,萧伯纳先表示赞同对方的观点,宽缓一番对方的情绪;接着,他再提出了另一种可能性,不伤彼此的和气,又委婉地表了态。在萧翁的许多机智妙语中,这种"先承后转"的表达,占据相当大的比重。

(二) 拒绝

拒绝是谈判中一项难度很高的技巧,作为一个谈判者,只有学会了拒绝,才能赢得真正的交流与尊重。在谈判中,当对方向你提出某种要求或某项建议,由于种种原因,你不能答应他时,精明的谈判者一般不会直接使用"不",这个具有强烈对抗色彩的字眼,因为它尽管干脆利索、开诚布公,却往往会损害双方之间的关系。

拒绝的技巧很多，追求的效果只有一个：既要说出"不"，又要让对方能够体谅，尽可能减少对方因被拒绝而引起的不快。

1. 措辞婉转，顾全对方的面子

在谈判中，遇到你必须拒绝的事情，而又不愿意伤害对方的感情时，可以设定一些条件或寻找一些托词，语调温和地说出自己的意见，点到为止。

在商店购物时，有些卖者会纠缠不休，寻找合适的借口脱身非常重要。

一位女士是这样拒绝的："不知道这种颜色合不合我老公的意。"

一位少妇是这样表示的："要是给我妈妈买，我选我喜欢的就行了，但这是送给我婆婆的，不知道她会不会满意？她这人挺挑剔的。"

这些说法都非常委婉，令对方无法强求。用这种含蓄的方法拒绝对方，比直接说出对对方的货物不中意，效果要好得多。

措辞委婉的拒绝方式还有很多：

将"不"字改用建议的方式说出。例如："我有一个建议，和你的想法的思路是一致的……"或"这样虽然不错，但如果采取……措施，我想可能会更好一些"。

用榜样的做法来代替说"不"字。比如："某某公司通常是……做的，很有效果，我们是不是也可以……"

2. 使用"是的，但是……"句式

美国的保护消费者团体，为了避免家庭主妇被迫买下自己所不愿意购买的东西，发行了《如何与推销员打交道》的手册。在该手册介绍的诸多拒绝推销员妙方中，以"是的，但是……"说法最为有效。

比如，对方说："你闻闻看，很香吧？"你可以说："是的，但是……"

先承认对方的说法，然后，以"但是"的托词回应。倘若一开口就断然地说"不"，推销员一定会不甘心，会千方百计和你磨蹭，以达到说服的目的。可是，当你先说出"是的"，表示出对推销员观点的认可，这就在两人之间架起了一座桥梁，给推销员吃下了一颗定心丸，这样，即使接下来再听到"不"，就不至于引起对方的反感。推销员再精明，也无可奈何，只好放弃说服的企图。

一开口就说"是"，比刚听完对方的话就断然说"不"，能给对方以安心感。谈判实践证明：一个缺乏经验的谈判者，当他内心轻视自己的对手时，往往动不动就会脱口说出"不"，这只会令对方不愉快，产生与谈判者希望的目的相反的效果。当谈判者能够先用"是的"搭起沟通的桥，再有效地说出"不"时，他就是一个有经验的谈判者了。

3. 先阐述理由，再表达反对或拒绝的意见

在谈判中，如果对方提出的某种要求或建议你不能接受时，先说明你不能答应的理由，再说出你的决定，也是一个拒绝的好说法。

许多人有拒绝朋友借钱的经历，多喜欢用一句"我也正缺钱"来一推了之。这种方法尽管干脆，却容易给对方留下你不够意思、不想帮忙的印象，甚至心存芥蒂。如果换一种说法——先说明引发你"拒绝"的理由，再表明意见，不仅可以避免误会，且对方也不好意思再增添你的麻烦。

"五月份我在临江花园买了一套房子，每个月必须还贷款，手头没有多余的钱，请您原谅！"

"对不起!我女儿今年考上了研究生,每年学费一万二。不是不愿意帮您的忙,实在是……请您务必谅解!"

4. 坚持说"不",明确表示没有回旋的余地

虽然我们一再强调:说"不"的时候,要慎重考虑,注意表达的方式。然而在谈判桌上,也不能总是顺情说好话,当对方的要求令你实在无法接受时,就得敢作敢为,尽管对方不喜欢,也要直接说"不"。这个至关重要!该说"不"的时候就说"不",不但不会影响谈判,而且能让对方明白你是一位坚持原则、敢说敢做的人,对方会因此更加敬重你。况且,果断地坚持自己的意见,也是一种表达信心的方式,这使对方感觉到你的态度是坚定的,所提供的东西一定是过硬的,所提出的条件一定是有理由的。当你一再表明"否定"的意思之后,最后对方就会相信那真的是否定了,由此接受你的意见。

在生活中,有位女孩子对狂热地追求自己,而自己并无兴趣的男孩子是这么回绝的:

男:"今晚我请你看电影?"

女:"不!"

男(第二次):"明天晚上光谷广场有个聚会,想请你一起参加。"

女:"没空!"

男(第三次):"今晚下班,我送你回去?"

女:"不方便!"

这位男孩子第四次、第五次,甚至第十几次吃了闭门羹后,他会确信,女孩子真的是对自己没意思。

不论男女交往或买卖过程中,只要让对方相信你所坚持的是事实,不是欺骗他,也没有耍手腕、玩心眼,对方也就相信真的是"不"了。

谈判者在说"不"字时,必须掌握几个基本原则:

(1)拒绝的态度要诚恳;

(2)拒绝的内容要明确;

(3)尽可能提出建议来替代拒绝;

(4)讲明处境,说明拒绝是毫无办法的;

(5)措辞含蓄委婉。

五、沟通——说服的艺术

说服是通过语言设法令对方改变初衷,而心甘情愿地接受本方的意见。这是谈判中最重要、最艰巨同时也是最富挑战性与技巧性的工作。谈判双方之间存在着利益冲突,很难让一方轻易地放弃自己的主张而赞同对方的主张。谈判成功与否,常常取决于一方的谈判者能在多大程度上影响对方、从说服对方。

仔细分析一次次成功的谈判,谈判者的说服技巧尽管多种多样,但一个主要的秘密武器在于——他们每论述一个问题,总能设身处地从对方的立场出发,通过摆事实、讲道理,曲尽其意,说明其中的利害关系,使被说服者感觉到他是真心实意地从被说服者的切身利益着想。同时,为了从心灵上彻底打动、折服对方,实现自己的目标,虽然同样是站在对方的角度谈问题,说服者在运用语言时,往往因人而异、因事而变,采取多种多样的"说法"。下面是几种常见的说服技巧。

（一）直言利害

成功的谈判者劝说并引导对方改变原有观点和立场的通常做法，便是首先找准对方的需求，然后将对方尚未明了的有关利益开门见山地揭示出来，让其真切地认识到自己的真正利益之所在。

战国时期，居河、洛二水下游的东周国想种水稻，而上游的西周国不肯放水灌溉下游东周的稻田，东周人为此很忧虑。苏子主动向东周君请缨，去见西周的国君说："君王的计划错了！现在不放水，恰恰是让东周富裕起来。如今东周的百姓都种麦子，没有种别的东西了。君王如果真想为难他们，不如先放一阵子水，去损害他们所种的麦子。如果放水，东周一定会改种稻子，等到稻子收获的季节再去抢他们的。若是这样，就可以使东周的百姓仰仗西周而听从君王您的命令了。"（西周答应放水，苏子因此得到两国的赏金。）

战国之时，君德浅薄，为之谋划的苏子出这么个主意够"损"的。但从西周君答应放水的这个结果来看，因为苏子准确把握了西周国君欲损害东周利益这个要害点，所以，当他开宗明义直言不放水与西周君的初衷背道而驰时，对方在震惊之余，不能不洗耳恭听。接下来苏子再阐发放水的可行性与满足对方需求之间的必要性，这就把话说到了对方的心坎上，让其接受、信服。这样，就达到了使双方都"受益"的目的。

想说服对方做某件事，就应该让他知道那样做将得到的具体利益；想阻止对方做某件事，则用"害处"来提醒他。这样做之所以有效，是因为它符合人们趋利避害的普遍心态。

（二）巧用故事

优秀的谈判者都善于讲故事，他们运用故事为自己将论述的道理做前导和衬托，借以将抽象的道理讲得深入浅出、鲜明警醒而富有启发性。每个人内心潜在的"自我意识"影响，都有不愿意受他人指使的倾向。就谈判对手而言，谈判伊始，如果令他觉察到你试图说服他，他的自我意识会变得更加强烈，以至于千方百计寻找各种理由来坚持自认为正确的东西。即使你说得头头是道，在他看来，只不过是蛊惑人心的巧言饰辩而已，你的高见也就缺乏用武之地。

说故事的妙处在于：说故事者不是直接用规劝的语言去说服对方，而是借助精心选择的事例，向对方进行暗示。尤其在因情势所窘，有些话不便说或不能说等不宜直面陈言的情况下，这种暗示每每能激发预期的反应而又引起对方的抵抗。

1939年10月，时逢第二次世界大战期间，美国总统罗斯福的私人顾问、著名经济学家亚历山大·萨克斯受爱因斯坦等一批美国科学家的委托，在白宫与罗斯福总统会谈，试图说服罗斯福总统重视原子弹的研制，以抢在纳粹德国之前制造出原子弹，遏制法西斯德国的全球扩张战略。萨克斯向总统呈上了爱因斯坦的长信，还读了科学家们关于核裂变发现的备忘录。可是罗斯福听不懂那些深奥的科学理论，反应非常冷淡。他告诉萨克斯："政府在现阶段干预此事，看来还为时过早。"萨克斯眼看说服不了总统，只得起身告辞。罗斯福为了表示歉意，邀请萨克斯次日与自己共进早餐。萨克斯彻夜未眠。

第二天早上一见面，罗斯福抢先开口说："今天不许再谈爱因斯坦的信，一句也不许谈,明白吗?"

萨克斯点头表示同意,他说:"那我们聊一点历史吧。当年的英法战争期间,在欧洲大陆上不可一世的拿破仑,在海上却屡遭败绩。这时,一位年轻的美国发明家罗伯特·富尔顿来到了这位法国皇帝面前,建议他改造法国的战船,把木板换成钢板,砍掉桅杆,撤去风帆,装上蒸汽机。但是拿破仑却认为,军舰不用帆就无法航行。用钢板换下木板,船就会沉没。他嘲笑富尔顿在想入非非,毫不客气地把对方轰了出去。如今,历史学家们在评论这段历史时指出:如果当时拿破仑采纳了富尔顿的建议,19世纪的欧洲历史就得重新书写。"

萨克斯说完,目光深沉地望着总统。罗斯福总统沉思了几分钟,然后取出一瓶拿破仑时代的法国白兰地,斟满后递给萨克斯说:"你胜利了!"

萨克斯选取富尔顿劝说拿破仑建立蒸汽机舰队而遭拒的往事,向罗斯福证明:如果他和拿破仑一样不接受科学家的建议,意味着他将和拿破仑犯同样的错误而被历史和世人所耻笑。罗斯福面对前车之鉴,终于改变了态度。

由此可见,在说服他人接受一个观点、明白一个道理的时候,用形象的说法启发对方自己下结论,比直接交给他现成的答案,效果要好得多。

(三) 以情动人

古人云:"感人心者,莫先乎情"。一个优秀的谈判者,时常会用言语启发对方来一番心理位置互换,让对方设身处地体验自己的心境,最终主动调整自身的态度和行为方式。

在美国经济大萧条时期,十七岁的姑娘玛拉好不容易才找到一份在高级珠宝店当售货员的工作。在圣诞节前夜,店里进来一位三十岁左右的贫民顾客,他的衣着破烂、满脸悲愤,用一种复杂的目光盯着那些高级首饰。

玛拉转身接电话,一不小心,把一个碟子碰翻,六枚精美绝伦的钻石戒指落到地上,她慌忙蹲身收拾,捡起了其中五枚,但第六枚却怎么也找不着。这时,她看到那个三十岁左右的男子正向门口走去,顿时,她醒悟到了戒指的所在。当男子的手将要触及门柄时,姑娘柔声叫道:"对不起,先生!"

男子转过身来,两人相视无言,足足有一分钟。

"什么事?"他问,脸上的肌肉在抽搐。

"什么事?"他再次问道。

"先生,这是我头份工作,现在找个事做很难,是不是?"玛拉神色黯然地说。

男子审视着她,终于,一丝柔和的微笑浮现在他脸上。

"是的,的确如此,"他回答说,"但是我能肯定,你在这里会干得不错。"

停了一下,他向前一步,把手伸给她:"我可以为你祝福吗?"

玛拉立刻也伸出手,两只手紧紧握在一起。她用低低的但十分柔和的声音说:"也祝你好运!"

男子转过身,慢慢走向门口。玛拉目送着他的身影消失在门外,转身走向柜台,把手中握着的第六枚戒指放回了原处。

玛拉要回了中年男子偷拾的第六枚金戒指,她的说服技巧值得细细品味:这事发生在美国经济大萧条时期,很多人失业,她拥有这份工作尤为珍贵。如果被盗走了一枚戒指,后果不堪设想。即使抓住盗窃者夺回了戒指,姑娘也会因工作疏忽而被解雇。"对不起,先生!"——玛拉首先用礼貌称呼稳住这位男子;"这是我头份工作"——她以"同是天涯沦落人"的凄苦言语召唤对方的同情,对方虽是流浪汉,此时却握有打破她饭碗的金戒指,极有可能使她也沦为"流浪汉";"现在找个事做很难,是不是?"——这朴实的表白,饱含着惧怕失去工作的痛苦之情,也饱含着恳请对方怜悯的求助之意,将姑娘与男子的感情距离拉得很近;当对方传达出归还戒指的信息时,姑娘不失时机地握住他的手,送上"也祝您好运",表达由衷的谢意和美好祝愿。这一切感动了对方,戒指终于失而复得。

(四)以理服人

即通过摆事实、讲道理的方式,使谈判者的观点与论证之间具有不可辩驳的逻辑联系,让对方口服心服。

"哈佛女孩"刘亦婷的父母讲过这么一件事:升初中后一个周末,亦婷从学校回来,小嘴巴"哇啦哇啦"讲开了学校的轶闻趣事:"你们知道吗?现在我们班有人提出来一个口号:早恋是有害的,所以呢,当然就不应该去做啦,但是可以做点恋爱的游戏,双方都不当真。这样既可以避免早恋的害处,又可以享受到恋爱的乐趣。你们说好笑不好笑?"

父母都没有笑,心里多少有点发紧,这番歪理对亦婷并非没有吸引力。当晚,父母跟女儿做了如下一番分析:

> 你们的这位"游戏理论家"恐怕不知道,这种游戏陷进去容易,可要想拔出来就没那么容易了。或者是你不想玩了,让对方心生怨恨,轻者纠缠不休,重者杀人毁容,这样的案例报刊上时有所闻,谁能保证自己的游戏,不会以这种悲惨的方式告终呢?或者是你还想继续,别人却不想玩了,失恋的滋味也是很痛苦的。你曾在上学的路上看到过几个蓬头垢面又扎花带朵的"花疯子",那都是因为恋爱游戏的对方考上了大学,自己考不上,因为失恋而疯的。

作为中学生早恋的诱因之一,流传于中学生小圈子中的某些"歪理",不乏鼓动作用。它们蒙着一层面纱,乍一看冠冕堂皇,有一定的欺骗性。虽然"游戏理论"的根基相当脆弱,亦婷的父母却没有简单地一口否定,而是因势利导,摆出生活中的事实,同女儿一道展开推论,由此进入一个两难的窘境。亦婷发现:游戏的后面还有这么多的麻烦,于是判定:"恋爱游戏"不是好玩的。

(五)情理交融

单纯地采取"以情动人"或者"以理服人"的说服方法,在实际的谈判中并不多见。人是有感情的,更是有理性的。对方可能会因"情"冲动一时,稍后便会冷静下来。所以,在重大的谈判中,运用情理交融方式——以情感为前导,先调和状态;再以理性为依据,进行辨证取舍,就成为谈判大师们常用的说服方法。

汉献帝建安十三年(208年),曹操率大军南征,取荆州,败刘备,兵锋指向东吴。孙权部下多欲降曹,唯鲁肃与周瑜主战。就在曹操从江陵即将顺江东下之际,诸葛亮对刘备说:"眼下形势很危急,请派我奉命去向孙将军求救。"于是他同鲁肃一起赶赴江东,在柴桑见到了孙权。

诸葛亮对孙权说:"天下大乱,将军在江东起兵,刘豫州在汉南招收兵众,与曹操共争天下。现在曹操消除了大患,北方已经基本平定,于是南下破取荆州,威震全国。英雄没有了用武之地,所以刘豫州遁逃至此,希望将军好生估量自己的力量以面对当前的形势。如果您能凭借吴、越的人众与中原抗衡,不如早点与曹操断绝来往;假若不能,不如放下武器,向曹操称臣投降。现在将军表面上假托服从之名,内心却犹豫不决,事情危急当断不断,不久就要大祸临头了!"

孙权说:"果真如此,刘豫州为什么不去侍奉曹操呢?"

诸葛亮说:"田横,不过是齐国壮士,尚且坚守信义,不愿向刘邦称臣受辱;而刘豫州是王室的后代,才能压倒一世,许多有为之士纷纷投入他的门下,好像水归大海。假如他的事业不能成功,这是天意而已,他怎么能再做曹操的部下呢?"

孙权听了,勃然变色:"我不能以整个东吴的土地,十万的兵众,受制于人。我主意已定!除了刘豫州,目前没人能同我一起抵挡曹操。但是豫州刚刚打了败仗,有什么资本应对眼前的难关呢?"

诸葛亮说:"豫州的军队虽然在长坂打了败仗,但是现在战士归队者加上关羽水军精兵共有上万人,刘琦江夏方面的战士也不下一万人。曹操的兵众远道而来,必然疲劳困顿,听说为了追刘豫州,他的轻骑兵一天一夜奔跑三百多里,这就是人们所说的强弓射出的箭到了最后,连又轻又薄的鲁缟也穿不透。《孙子兵法》最忌讳这种情况,说:'如果这样,必定使上将军失败。'再说,曹操的士兵是北方人,不习惯水战;荆州的老百姓虽说归附曹操,只是被兵威逼迫,不是甘心降服。现在,如果将军能命令勇猛的将军统帅几万军队,与豫州联合起来,协同作战,一定能打败曹操的军队。曹操兵败,一定会退回到北方,倘若这样,荆州、东吴的势力强大,就会形成三分天下的形势。成败的关键,就在今天!"

这是围绕着"联刘抗曹"进行的第一场谈判:诸葛亮为了坚定孙权的信心,先以田横、刘备等"义无反顾"的悲情来"激将"孙权,再指明刘备、刘琦的军队数量,最后摆出曹军的现状、北方士兵的弱点、荆州百姓的实情等"硬道理",意在促使孙权下定"联刘抗曹"的决心。

孙权决定与群臣共商此事。这时,曹操派人送来了一封信:"近来我奉皇帝的命令征讨有罪之臣,大军南进,刘琮投降。现在训练了水军八十多万,准备与将军在东吴会猎。"

群臣闻之大惊失色,长史张昭等人建议:"最好的计策,不如迎接曹操的到来。"

众人纷纷点头,只有鲁肃一言不发,待孙权起身上厕所,他追到了屋檐下面。孙权握住鲁肃的手说:"你想说对我什么?"

鲁肃说:"刚才我听到了众人的议论,认为他们的意见只可能害您,这些人不值得同他们商讨国家大事。如今的形势下,我鲁肃可以迎降曹操,但您却不可以。为什么这样说呢?今天我鲁肃迎降曹操,曹操多半会将我遣送回乡下,品评我的名位,我可能还能做上一个小小的官儿,出门乘坐牛车,还有一批小官小卒跟在后面,我可以与士大夫们交游,一步一步升官,说不定将来还能捞个州官郡守一类职位。但将军若是迎降曹操,您想想,最终会得到一个怎样悲惨的归宿呢?希望您早点拿定大政方针,不要听从那些人的胡言乱语。"

孙权叹息:"众人之见,使我失望。现在你阐明的观点,正与我的想法相同。"

这是围绕"联刘抗曹"进行的第二场谈判。在孙权正准备"联刘抗曹"之际,曹操送来的一封信却让众大臣吓破了胆,长史张昭等人举出种种理由,证明曹军实力强大,劝孙权投降;而陷入孤立的主战派鲁肃,只好通过私下交谈的方式,以"人之常情"来点明迎降后孙权的处境,让孙权明白此时他别无选择,只有迎战才是唯一的出路。

鲁肃劝孙权召回正在鄱阳练兵的将军周瑜。周瑜火速赶回,他一见孙权便说:"曹操虽然假托汉丞相的名义,实际上却是汉朝的奸贼。将军凭着超人的武略雄才,加上依仗父兄开创的事业,占据江东,拥有的土地方圆数千里,武器精良资财充足,英雄俊才都忠于职守,您理当威震天下,替汉朝扫除残渣、荡涤污秽;何况这次曹操是自己前来送死,怎么可以迎降他呢?请允许我为您筹划抗曹的谋略。现今,北方的土地并没有完全平定,马超、韩遂在关西,是曹操后方的隐患;目前,曹操是丢掉骑兵,依仗船只,来与江东争胜斗强。现在天气寒冷,马匹也没有饲料;驱使中原的众多士兵来到南方的江湖地带,士兵们不服水土,一定会发生疾病。这几条都是用兵的忧患,但是曹操全然不顾这些,贪功冒进。将军擒拿曹操,就在此时。我请求领得几万精兵,进驻夏口,保证为您击败曹军!"

孙权听罢,心中有底,当即拔出佩刀,砍去面前摆放奏章桌子的一角说:"众武将文臣如有人敢再对我说迎降曹操,将与此桌同样下场!"

这天夜里,周瑜再次拜见孙权,说:"众人只听到曹操信中吹嘘水军步兵八十万,就恐慌害怕,不再分析曹军的虚实情况,由此提出迎降的意见,这是完全没有道理的。现在以实际情况审视曹操的兵力,他所率领的中原士兵不过十五六万人,而且早就很疲惫不堪了;他所收得的刘表部下,最多也就七八万人而已,况且还满怀猜疑之心。曹操凭着疲惫生病的士卒,带着心中狐疑不安的降兵前来交战,人数虽多,我们完全用不着害怕。我只要领得五万精兵,就能够制服曹军,希望您不要忧虑!"

孙权拍着周瑜的肩膀说:"公瑾,你说的这些话,很合我的心意。子布、元表等人,各人只顾自己的老婆孩子,打着自己的小算盘,这使我很是失望;只有你与子敬跟我同心同德,这是上天安排你们二人助我啊!"于是,孙权任命周瑜为前部大都督,联合刘备,大破曹军于赤壁。

这是围绕着"联刘抗曹"进行的第三场谈判:周瑜出阵,他先用"建功立业"的豪情激励孙权,又通过对曹操现状的条分缕析,指出击败曹操的可行性;当晚周瑜再见孙权,详述事实,一举点破了令众人恐慌的"八十万"大军的神话,最终解除了孙权内心的顾虑,使他下定决心,发兵迎战。经过赤壁之战,当时的中国大体上形成了魏、蜀、吴三足鼎立的局面。

【思考与训练】

1. 浅谈马斯洛的需求理论在谈判中的作用。
2. 谈判中怎样争取"双赢"?
3. 如何用"想象"塑造良好的谈判形象?
4. 举例说明什么是封闭式问题,什么是开放式问题。
5. 如何有效倾听?
6. 解析"直言利害"说服方法。

7. 扫描下面的二维码,解析"西安奔驰女车主维权事件"中维权者的语言特色。

西安奔驰女车主维权事件

8. 扫描下面的二维码,针对通话双方的沟通效果,谈谈你对有效沟通的理解。

东北大哥撞车报保险

第七章　谈判实施

经过准备,谈判者在确立了谈判目标,拟定了谈判计划之后,接下来便是与谈判对手进行面对面地正式谈判。从双方见面到击掌成交,其间的过程尽管错综复杂、千变万化,然而就谈判的基本程序而言,一般都得经历三个大的阶段:开局阶段、磋商阶段、成交阶段。本章沿用经济谈判的说法,把谈判细分为开局与报价、还价与僵局、让步与成交三个阶段。

鉴于经济谈判同人们日常生活联系的普遍性与表现上的直观性,我们可以举一反三,故本章以经济谈判为依托,兼顾其他谈判,详细探讨谈判实施各阶段的语言应用艺术。

第一节　开局与报价

一、谈判的开局

谈判的开局又称非实质性谈判阶段,是指从谈判人员见面到进入具体交易内容的讨论之前,彼此介绍、寒暄、聊天的这段时间。从时间上看,它仅占整个谈判总时间的5%左右;从内容上看,主要是闲聊一些与谈判主题关系无关的题外话。但它却非常重要。

在开局阶段,谈判人员的首要任务就是要为即将开始的谈判创造出一个合适的气氛。作为第一印象,它为整场谈判确定了基调。

(一) 开局目标的设计与实施

在正常情况下,谈判双方坐到谈判桌前,都是抱着通过谈判达到使本方合理受益的目的。也就是说,友好、和谐的谈判气氛,是双方进行良好交流的基础。因此,开局阶段谈判人员的主要任务是,建立良好的接触印象,积极营造和谐的谈判气氛。

对大多数人来说,与某人初次见面的第一印象,构成了他对此人做出整体评价的重要参照。心理学家通过研究发现:一个人对他人产生的第一印象,55%是由他所看到的这个人的外表决定的,包括肤色、性别、外貌、面部表情、手势以及着装等;38%是由他所听到的这个人的声音决定的,包括说话的声调、口音、语速和声音的高低等;只有7%是由他所听到的对方说话的内容决定的。可见,在谈判开局阶段的接触中,谈判者身上的非语言因素对谈判对手的影响,远远大于他说话的内容所产生的影响。因此,在开局目标的实施过程中,谈判者必须首先充分调动起自身的非语言因素,让它们为整个谈判氛围的定调产生积极的影响。

1. 举止言谈充满自信

开局阶段,谈判者的举止言谈充满自信,作用是多方面的:其一,对方会认为你是一个有信心的谈判者;其二,对方会把你看成是一个值得认真对待的、有能力的谈判者;其三,对方将你作为一个有能力的谈判者来认真看待,反过来能使你对自己更加充满信心。

既然对方首先是通过眼睛看,对你做出最初的判断,然后再根据耳朵听,来证实自己的判断。那么,谈判者怎样做才能使自己的一举一动表现出充分的自信呢?

(1)服饰仪表符合形象需要

由于各地风俗习惯的差异,在服饰方面不能一概而论,但衣着大方、整洁和美观,应是对谈判人员服饰的基本要求。

(2)稍稍降低一些说话声调

较低沉的声调,在交谈中能吸引对方的注意力,并显示出一个人的权威性。一个人情绪紧张的时候,说话的声音通常会变得较平常高出许多。所以,谈判者有意识地降低说话的声调,能给人一种成竹在胸、厚实稳重的印象。

(3)说话吐字清晰、发音准确

2. 效仿对方的外在言行

观察一下那些在餐厅就餐的夫妻你会发现,他们之间的关系是否和睦往往一目了然:那些看上去关系和睦的夫妻,彼此的手势非常相似。人们常说长年相伴的老年夫妻会越长越像,究其原因,这是由于多年生活在一起,他们的动作、姿势以及说话方式已经变得无比协调,以至于从外表看上去彼此之间非常相像。

谈判者要营造出和睦的谈判氛围,还有以下两个便捷的方法:

(1)使你说话的声调、频率向谈判对手靠近

如果你同一个与自己说话的声调、频率完全不同的人讲话,你应该尽量使自己说话的类型向对方靠近,这样你会发现,你们之间的交流会变得更加轻松、更加容易。如果你将自己的说话速度和频率同对方靠近一点儿,用不了多久,你就可以引导着对方按照自己说话的速度和频率走。

(2)模仿谈判对手的身体动作

"模仿"听起来简单,做好却不太容易。说它简单,因为这种技巧太容易掌握;说它不容易,因为对方会注意到你的动作,继而感受不佳或心生厌烦。所以,当你试图通过模仿对方的姿势来营造和睦的谈判气氛时,你必须非常小心,不要让人看出你是在刻意模仿对方。你的动作应该与对方动作的一般条件相符合,而不是与其确切的条件完全符合。例如:如果张三将自己的两条腿交叠在一起,那么,在你把双腿交叠之前,先把双脚交叉起来;如果张三两手托住自己的头,那你就也用一只手托住自己下巴;如果张三突然将身子挺得笔直地坐着,那你就试着把椅子向前挪动一点儿。

有意识地借贴近对方的言行来营造和睦的谈判氛围,会使谈判中的交谈比你事前想象的要顺利得多。

(二) 开局常用语言策略

"策略"一词,《现代汉语词典》中解释为:根据形势发展而制定的行动方针和斗争方式。《牛津英语词典》的定义是:策略是一个预测最后获得某种结果的过程。本章中的语言策略,是指在谈判实施阶段,谈判者讲究语言运用的艺术,注意说话的方式方法。

精明的谈判者多半会选择下面这些话题作为谈判的开场白:

1. 中性话题

中性话题的范围很广,一切和正题不相干的话题都是中性的。谈判伊始,为什么需要选择中性话题开场呢?因为对中性话题的谈论有利于情感的沟通,容易引起双方感情的共鸣,给彼此"接话茬"提供方便,迅速实现情感上的融通。这些中性话题包括:

(1)关于天气的话题

这是最古老的开场白。如:"今年的气候很有意思,都十二月了,天气还这么暖和……"

(2)来访者的旅途经历

这是最便捷的切入点。如:"各位这次经过杭州,有没有去玩玩,印象如何?"

(3)体育新闻或文娱消息

最大众化的聊天材料莫过于此。如:"昨天晚上的欧冠杯决赛看了没有?""大唐唯美剧《长歌行》,观众的评价两极分化。"

(4)有关衣食住行的话题

对方一定会开口回应这种话题。如:"这个酒店后面就是南湖,这比住其他地方风景好。"

(5)个人的爱好

谈判双方可能由此越聊越投机。如:"周末常去钓鱼吗?"

……

中性话题内容丰富,可以根据谈判的时间和地点,以及双方谈判人员的具体情况,信手拈来,脱口而出,显得亲切自然。

2. 情况介绍

(1)从"自谦"入题

如对方为客,来到己方所在地谈判,谈判者可以谦虚地表示各方面照顾不周,没有尽好地主之谊,请谅解,等等。

(2)从介绍己方谈判人员入题

谈判前,简要地介绍一下己方人员的经历、学历、年龄、成果等,可以缓解紧张情绪,又不露锋芒地显示了己方强大的阵容。

(3)从介绍己方的基本情况入题

先简略介绍一下己方的生产、经营、财务等基本情况,给对方提供一些必要的资料,以显示己方雄厚的实力和良好的信誉,坚定对方与你合作的信心。

3. 适度赞美

我们都喜欢受到他人的恭维、夸奖、尊敬。在谈判的开始阶段,谈判者适度赞美他人是获取对方信任和好感、创造出一个良好氛围的绝招。

赞美和拍马屁并不是一回事,在谈判中赞美他人应当掌握下面几个原则:

(1)必须是真诚的,不矫揉造作

当你的赞扬还未出口时,请先掂量一下,这种赞美有没有事实根据,对方听了是否会相信。仅仅是奉承,容易被别人看穿,不论对你还是对别人都不利。

例如,你对一位女孩子说:"你的手指是我所见过的最漂亮的。"她会很高兴。如果你对她说:"你是咱们学校最漂亮的女生。"就会让对方觉得言不由衷,因为事实多半并非如此。

真诚的赞美是有事实根据的,而阿谀奉承却是不顾事实旨在投对方所好。

(2)赞美他的具体行为,而并非他本人

要为一个人做的一件具体事情赞美他,不要为他是一个什么样的人而赞美他。

正确:"小周,上个月你是全公司的销售冠军。"

错误:"小周,你是我们公司最好的推销员。"

当你赞美别人的所作所为时,赞美是特指的,听起来显得真诚友好,而且别人确切地知道他为什么受到了赞美,感觉很舒服。

(3)美言的出现不要突兀

赞美对方的话不能刻意,要随着正在谈论的话题自然而然地说出来。比如,谈论技术问题的时候才夸奖对方是专家、行家,谈论市场行情的时候才夸奖对方精明,谈论人际关系的时候才夸奖对方仗义、够朋友,等等。

(4)含蓄的美言效果好

中国人历来有谦虚的美德,直白的恭维、夸奖常因对方不好意思而削弱其作用。所以,你的赞美表达得越委婉,越容易使对方轻松地接受。比如,夸奖对方的下级精明强干,就委婉地恭维对方"慧眼识才""会用人";赞赏对方公司的业绩,就委婉地夸奖了对方经营有方。

(5)"借花献佛"效果更好

最巧妙的赞美莫过于借他人之口来夸奖对方,因为这样既能达到赞美的效果又可逃避拍马屁的嫌疑。比如:"我听一个认识您的朋友××说您特仗义,才舍近求远来找您谈这笔生意的。""我是看了前天网上有关您的报道,慕名而来的"……由于直接夸奖对方的人不在场,听者用不着谦虚、不好意思,这样,美言的效果就能充分发挥。

4. 妙用聊天

聊天一般指没有目的的即兴交谈。在狭义的正式谈判中,开局阶段的闲聊只占整个谈判的5%。而在日常生活里各种非正式的谈判中,谈判者真正谈论正题的时间,往往只占整个过程的10%,其他90%的时间,则是花在一些表面上看来似乎是无关紧要的聊天上,如:聊政治、聊社会现象、聊彼此的经历、聊经济文化,等等。通过聊天,可以调节心情、愉悦情怀、沟通双方的思想、拉近双方的感情、增强彼此的信任……剩下10%的精华时间内,谈判双方才能全力以赴。

某杂志社的刘编辑向北京一位名作家约稿,这位作家不是推说太忙便是推说太累,就是不答应。不久,两人在黄山一个笔会上相遇,刘编辑登门拜访,以闲谈的方式和这位名作家聊天,一开口就说:"先生,我听说您有一部作品在美国十分畅销,是吗?"

这位作家听了十分高兴,连连点头称是,刘编辑又问:"先生的文笔十分独特,难道也能翻译成英文吗?"

作家说:"正是因为我的文笔非常奇特,翻译起来比较困难,所以一旦译成了,才会成为畅销书……"作家兴高采烈地谈起了自己的作品大受欢迎的盛况。等到作家说得尽兴了,刘编辑顺势提出了约稿要求,作家竟一口答应了。

刘编辑之所以成功,正是这番闲聊给彼此造成了一个心理相容的良好气氛。

聊天要选择合适的话题:和学者聊天,可以讲些轻松、幽默的逸闻;和老人聊天,可以谈谈养生之道、保健方法;和青年聊天,可以探讨事业、友谊及一些时尚话题……注意,不要和对方聊一些沮丧的话题,也不要涉及庸俗低级的话题。

在非正式谈判中,谈判者在进入正题之前,愿意花些时间先培养感情,往往有助于双方交易的最终达成。

5. 欲擒故纵

欲擒故纵,是指谈判者在谈判的开局阶段,使用听来与满足自身需求背道而驰的语言,有效地瓦解谈判对手的防御心理,促使对方自动上钩。

在日本东京,有一位演员的私家轿车用了多年,临近报废。于是许多推销员闻风而至,纷纷上门来推销汽车。这些推销员为了推销自己的产品,不是说:"你这部旧车早已破旧不堪,实在有失你的身份。"就是说:"你需要更换许多的零件,还不如将这笔钱用来买一部新车更划得来。"推销员们的频频造访使他不胜其烦,心中特别反感。

这一天,又一位中年汽车推销员登门拜访,该演员一种本能的反应就是:"这家伙肯定又是来推销他手头的汽车的,真讨厌,我绝不会上他的当。"

谁知这位推销员看了一眼车库里的汽车后,却说:"你这辆车起码还可以用上一年半载的,现在就换车的话,也太可惜了,我看还是过一阵子再说吧!"说着递给这位演员一张自己的名片,转身就走了。

听推销员这么一说,这位演员的心理防线一下子就崩溃了:这个人真太实在了,哪有像这样做生意的人?他缓过神后,立即按照名片上的号码拨通了那个推销员的电话。这位推销员欲擒故纵的说法大大出乎这位演员的意料,完全违背了他原先的心理期待,这种期待的落空很自然地使他产生了对对方的信任,使他十分乐意从这位推销员的手里去购买新车。

二、谈判的报价

报价又称发盘,是经济谈判中的一个术语,它不仅指产品在价格方面的要价,也指谈判双方各自提出自己的交易条件。"报价"的说法十分形象且各类谈判与之颇有相通之处,在本节中,泛指谈判一方为达成协议向对方提出的所有要求。

(一) 怎样报价

报价所涉及的问题主要体现在三个方面:谁先报价、如何报价和怎样对待对方的报价。

1. 谁先报价

就一般情况而言,先报价比后报价更具有影响力。先报价的有利之处在于:先报价的一方为谈判的最终结果设定了一个无法逾越的界限,最终的协议框架只能在此范围内达成。比如,卖方报价某货物每吨 2000 元,可以肯定地说,最终成交价是不会超过这个界限的。首先报价,不仅为谈判结果确定了一个界限,而且在整个谈判过程中将或多或少地支配着对手的期望水平。显而易见,先报价比后报价的影响要大得多。

先报价的不利之处在于,对方听了报价后,把报价方的报盘与己方的报盘相比较,使他们能够对自己原有的想法迅速进行调整,及时修改报价而获得本来得不到的好处。特别是在报价方对所谈项目的行情不是很了解的情况下更是如此。

先报价的另一个不利之处在于:对方会试图在磋商过程中迫使报价方按照他们的路子谈下去。其惯常使用的手法是:在一方报价之后,另一方并不马上还价,而是集中力量对报价进行各种挑剔和指责,使报价方处境被动,逼迫着报价方一步一步地降价,而不泄露他们究竟要出多高的价位。

既然先报价有利有弊,那么在何种情况下先报价利大于弊呢?

一般来讲,如果己方对谈判准备得比较充分,对对方的情况了解得比较透彻,你就可以率先报价,以抢得先机;如果己方的谈判实力强于对方,或者说与对方相比在谈判中处于相对有利的地位,那么己方先报价是有利的;如果对方是"外行",己方不论是"行家"还是"外行",都应该先报价,因为你的报价可以对"外行"的对手产生诱导作用;如果预计到双方谈判实力均衡,谈判一定会竞争得十分激烈,那么,己方应当先报价以争得更大的影响。按照一般的谈判惯例,发起谈判的一方应当先报价。

在己方实力较弱,尤其是当己方缺少谈判经验时,应当让对方先报价,这样可以通过对方的报价来观察对方,并且能够扩大自己的思路和视野,然后再根据情况,确定己方的报价应做哪些调整。

如果谈判双方有着长期的合作关系,彼此十分了解,先报价与后报价则没有什么实质性差异,谁先报价都可以。

2. 如何报价

报价必须遵循以下几项原则:

(1)对卖(供)方来讲:"喊价要高"——开盘价必须是"最高的";对买(需)方来讲:"出价要低"——开盘价必须是"最低的"

原因在于:

第一,如果本方是卖(供)方,开盘价给本方的要价规定了一个终极上限。开盘价一经抛出,除非有极特殊、极充足的理由,一般来讲,本方就不能再提出更高的要价了,对方也不会接受你报价后的提价。买(需)方的情况也是如此。

第二,开盘价的高低将影响对方对本方潜力的评价。报价越高,对方对报价的潜力评价越高,"一分钱,一分货"的观念是大部分人所信奉的。

第三,开盘价高,为下一阶段的讨价还价留下了充分的回旋余地,有利于本方在迫不得已的情况下做出让步,打破僵局,使本方在谈判中更富于弹性。

第四,经验证明,开盘价对最终成交水平具有实质性的影响。一般来讲,报价高,成功的可能性也越高。换言之,本方要求越高,最终能得到的往往也越多。

(2)开盘价必须合乎情理

开盘价要报得高一些,但绝不是漫天要价,它同时必须合乎情理,要能讲得通。如果报价过高,又讲不出道理,对方会认为你缺少谈判的诚意。他们或者中止谈判扬长而去;或者以其人之道还治其人之身来个"漫天杀价";或者有理有据地提出质问,令你无言以对……即使你已将出价降到比较公平合理的水平,对方仍认为尚有"水分"可挤而穷追不舍。一个可供参考的原则是,只要能找到足够的理由加以维护,则喊出的价格应尽量提高。换句话讲,喊价应高到接近但不达到你难以找到理由辩护的地步。

(3)报价应态度坚定、表达明确,不加解释和说明

报价是最终协议的基础,所以当本方报价时,态度要坚定果断、毫不犹豫。即使报价很高,也不要流露出信心不足,更不能有歉意的表示,这样才能给对方留下本方是认真而诚实的印象。犹犹豫豫、吞吞吐吐必然会导致对方的不信任,从而增强对方还价的信心。

报价时对本方的报价一般不要做任何解释或说明。因为你没有必要为那些合乎情理的事情进行解释或说明,对方自然会对其不清楚之处提出问题。如果在对方提问之前,本方主动地加以说明,容易使人产生"此地无银三百两"之感,有可能会暴露本方的意图,亦会使对方觉察到本方最关心或最顾忌的问题之所在,而这种问题有可能是对方过去从未考虑过的。过多地解释和说明,会使对方从中找出破绽或突破口。

需要注意的是,谈判者报价时应当考虑当时的谈判环境与同对方的关系状况:

①如果对方为了满足自己的利益而向本方施压,为保护本方利益,本方就应以高价向对方施加压力。

②如果双方有着长期的友好合作关系,那么报价应当稳妥慎重,出价过高,容易损害双方的关系。

③如果与本方竞争的对手很多,那就必须把要价压到能接受邀请参与谈判的程度。

(4)在经济谈判中,报价时最好不要报整数

报价方报出一个带尾数的价格,能显示其超常的事业心、胆识与记忆力,使人感到报价者是该项目的行家里手,从而产生信任感。日本一家药店的老板向太阳银行申请贷款 91 万美元,这立即引起了银行负责人的注意,问他为什么不贷个整数,老板认真地回答道:"经过计算,目前只需要 91 万美元,90 万美元不够,100 万美元多了点,借多了也用不着。怎么,这样会给你们带来什么麻烦吗?"药店老板的一番解释,使银行经理相信这是个盘算精细、经营有道的人,马上批准了这笔贷款。

美国谈判专家麦克马克在《经营诀窍——大学里学不到的学问》一书中写道:"我不喜欢在谈判时抛出 10 万美元,这种整数价格是世界上最可能被对手杀价的数字,你应该开价 99500 美元或者 104500 美元,这可能得到更好的结果。"这种做法很容易让人理解:当买方出价 99500 美元时,卖方会要求他干脆添上一点,凑个 10 万美元的整数;而当卖方开价 104500 美元时,买方也会要求他干脆去掉零头,凑个 10 万美元的整数。这化零为整的数字往往是令人愉快的数字。

3. 怎样对待对方的报价

(1)认真倾听

在一方报价的过程中,另一方要认真听取并尽力完整、准确、清楚地把握住对方的报价内容,切莫干扰对手的报价。干扰对手是一种令人气愤的行为,有碍于和谐的谈判气氛的建立。更重要的是,你的干扰迫使对手在报价的中途突然停顿,这样你将听不到报价的后一部分内容。在通常情况下,一般人在报价时喜欢把让步或优惠条件留在最后再说,你的干扰会令对手省略这部分关键的内容。

(2) 当场复述

听完对方报价后,最好能马上复述对方报价的主要内容,以确认自己不但没有误解对方的报价,而且理解得准确无误。

(3) 即使对手的报价极不合理,你都不应该当场表示全面回绝

不论你的理由多么充分,立即全面回绝将被视为轻率,而且被看成是对对方缺乏诚意与尊重。在这种情况下,另一方较为可行的做法是:不要急于还价,而是要求对方对其价格的构成、报价依据、计算的方法等做出详细的解释,即所谓的价格解释。通过价格解释,可以了解对方报价的实质、意图,寻找破绽,从而动摇对方报价的基础。在完成了这个工作之后,在可能的情况下,你可以说明你需要时间考虑,请求暂时休会。如果本方已胸有成竹,在对方解释了喊高价的理由后,你有两种选择:一种是要求对方降低要价;另一种是提出自己的报价。一般来讲,第一种选择比较有利:这是对报价方的反击,如果成功,可以争取到对方的让步,而本方既没暴露自己的报价,更没有做出任何相应的让步。

在正常情况下,一方报价之后,另一方会要求报价方进行价格解释。作为价格解释的一方,可以利用这个机会表明自己报价的合理性与合作诚意。在进行报价解释时,应当遵循十六字方针:不问不答、有问必答、避虚就实、能言不书。

"不问不答"指对方不主动问不答,对方未问到不答,以免言多有失。

"有问必答"指对对方提出的有关问题不仅要回答,并且要很流畅、很痛快地回答。吞吞吐吐、含含糊糊,会引起对方的怀疑,甚至穷追不舍。

"避虚就实"指对己方报价中实在的部分多讲一些,虚浮、水分较多的部分少讲或不讲。

"能言不书"指能口头解释的,就不用文字书写,以免被对方抓住把柄。

(二) 报价常用语言策略

1. "狮子大开口"法

精明的谈判者为了压低谈判对手的要求,在报价时往往采取喊价要狠,或者还价要低的方法,这种策略被形象地称之为"狮子大开口"法。报价者通过喊高价或还低价来改变谈判对手的最初期望值,使其降低要求,最终使自己的谈判需求得到更多的满足。

比如,服装店老板为了赚钱,往往把价格报得超出进价一倍甚至几倍。一件时装进价 400 元,老板希望 600 元成交;但当顾客问价时,他一开口就要 1600 元。因为,不管顾客多么精明,几乎没有人有勇气将一件开价 1600 元的时装还价到 600 元,而往往希望能还到 1200 元,甚至 800 元。服装店老板的高喊价策略限制住了顾客的思想,由于受开口价的影响,顾客往往都会以超过进价几倍的价格购买服装,服装店老板无疑是"狮子大开口"的受益者。

如何破解"狮子大开口"的策略呢?

首先,你要认定对方在报价中"狮子大开口"是一件很自然的事,它通常是一种虚张声势的手法。

其次,如果对方向你"狮子大开口",而你认为对方太不尽情理,你可以让谈判休会甚至中断谈判。在集贸市场上,当摊主喊出高价后,经常可以看到买主愤然离去,毫不回头。

最后,你也可以利用"狮子大开口"如法炮制,猛砍价钱。假如时装大致值400元,而卖主竟然叫出1600元的高价,那么,你可以还价至300元。

2."汉堡包"式报价法

这是从西方介绍来的报价技巧,是销售人员根据客户的购买心理所采取的一种策略。它是指一方在谈判报价时,先谈产品的相关价值,待对方对产品的使用价值有所了解以后,再谈产品的价格。所谓"汉堡包"式报价,就是把价值当作两片松软的面包置于外层,而把价格这根硬碰硬的"牛肉"夹在中间,以使整个报价变得松软可人,适宜客户在心理上接受。且看"×××家用智能可折叠小型健身走步机"的"汉堡包"式销售报价(见表7-1)。

表7-1 "汉堡包"式销售报价

面包层	①不用安装,打开即用;②自重26公斤,底部滚轮轻松移动;③可折叠直立,占地不足0.2平方米;④扶手直立开启跑步模式,扶手收纳变成走步机;⑤脚感控速,即时调整跑步机速度;⑥无刷电机噪声低,不扰邻
牛肉层	只需付2799元
面包层	不用去健身房,在家随时锻炼

对于一个客户来说,判断商品贵与不贵的标准,源自他对该物品价值的评估。当客户问"多少钱"时,他心里想的是"我得考虑考虑它是不是值"。由于价格总是与价值相比较而言的,客户又总是对价值持接受的态度,对价格持抵触的态度,所以销售人员若能根据客户的购买心理,采取先充分让客户看到产品的价值,然后再报价的方法,那么,被客户接受的可能性就会大大增加。在现实生活中,越是销售复杂的产品和服务,尤其是销售价格不菲的复杂产品和软性的服务性产品,客户越不容易从表面上看出产品的好处。因此,如果销售人员在没有让客户充分看到其价值之前就先行报价,十有八九客户会因为嫌贵而不想购买。

如果客户不等听完产品介绍就一个劲儿地追问价格,而销售人员回避不答,会让人怀疑其不够诚恳,这时该怎么办呢?

即使不得不在进行产品介绍前报价,你最好能随即提供一些让客户感到值得的参考系数。比如:"这个面霜54元,能够使用半年,也就意味着您每个月花9元钱,算下来,每天只花3毛钱。"这种说法,意在利用提供的参照系数,来减少报价给客户心理上造成的负面效应。

3."单刀直入"法

这种报价方法的核心是谈判者在报价时省掉繁文缛节,直指主题:坦言自己对交易行情已有相当的了解,心目中已有一个底价,为了省掉不必要的麻烦,只允许对手开一次价;如果对方作为卖方的开价低于(或作为买方的出价高于)底价,则二话不说——成交;反之,就"买卖不成仁义在"了!在这只有一次开价机会的压力下,对方不得不计算自己的成本,将利润压到报价方愿意接受的最低标准。它容易使谈判者迅速了解对方的要求,最后本着各自满意、双方获益的原则达成协议。

使用这种报价法的先决条件是:第一,己方居于市场优势(买方或卖方市场),手中拥有的是热门的抢手货;第二,对行情与商品不如对方熟悉;第三,本人不擅长或没时间谈判。

年青商人李先生为了业务的需要,必须换一部有气派的进口车,只得将仅买两年的热门国产车脱手。他跑了5家二手车市场问价,得到了5个价格,最高价23万。他的时间很紧,于是以23万为基础,找来某二手车商谈判。他开门见山:

"老板,你看这部车还值多少钱?估估看,如果价钱合适,我卖给你。不过,在你开价之前,我心目中已经有了一个底价,这个底价是别的车行开出来的,绝对是行情。为了节省时间,我希望你开一个'不二价',我决不接受第二个价格。如果你的价钱比我的底价高,则买卖就成交,否则,很抱歉让你白跑一趟了!"

旧车商一听傻了眼,他从来没碰到过这种议价方式,一时之间竟说不出话来。价钱报高了,会少赚;开低了,则买卖做不成。沉吟良久,他终于开口说:"这样好了,你说个数目吧!"

李先生知道,自己决不能开价。只要一开价,就会立刻从主动变成被动。因为对方会根据他的价格,重新展开谈判,这个仗就会打得没完没了!他毫不松口:"对不起!我没办法告诉你价格,因为我只想卖最高价!"

对方无奈,低头沉思良久,最后下了很大决心似的,脱口而出:"24万,多一毛钱,我就没办法了!"

短短十分钟之内,李先生又多卖了1万块钱!

在谈判中,对于己方所不熟悉的商品,千万别不懂装懂地和去对手谈品质、论行情,那只会丢人现眼。这个策略最重要的一点就是——"把价格问题留给对方去伤脑筋!"在这种情况下,对方所报出来的价格,通常是成本价加上一点合理的利润而已,而绝不会让你上大当、吃大亏!

第二节 还价与僵局

一、谈判的还价

谈判中,一方报价以后,在正常情况下,另一方决不会无条件地接受对方的出价。于是,谈判很自然地就由报价阶段转入了还价阶段。

还价是整个谈判中最活跃的阶段,谈判桌上,双方唇枪舌剑、据理力争、斗智斗勇,或者放弃自己的某些利益,或者促使对方放弃某些利益,或者彼此进行利益交换,经过一系列的商讨后,使双方的立场趋于一致。这是一个费时较长的阶段。

(一)还价的基本要素

1. 还价的心理准备

还价阶段,谈判者的心理承受能力将经受严峻的考验。中外谈判专家对于谈判者怎样保持良好的还价心态有如下一些忠告:

(1)不要低估自己的能力

大部分人所拥有的能力要比自身所想象的大。只要经过一番系统的分析,谈判者就能认清自己的实力。

(2)不要假定对方已经了解你的弱点

要假定他不知道你的弱点,并在谈判中试探这种假定的正确与否。事实上,一个担心自己处境不好的人,实际处境往往比自己想象的要好得多。

(3)不要被对方的身份、地位唬住

在日常生活中,人们总是习惯于把人分成等级,并把这种观念、习惯带到谈判桌上来,由此在权威、专家面前感到低人一头,而不敢据理力争。要记住:有的权威徒有虚名,有的专家可能过于专业,以至于不熟悉本行业以外的事情。即使他们名副其实,在谈判桌上也只是与你地位平等的对手。要记住:重要的谈判利器出自你论证的理由、你使用的策略,而不是你拥有的头衔。

(4)不要被对方列举出的数字、先例、原则所困扰

有关的先例与原则这些人为性的限制,只要它不适合谈判的现实,谈判者就可以大胆地怀疑它、回避它,甚至否定它,要敢于向它们挑战。

(5)不要被对方无理或粗野的态度所吓住

谈判者并不总是友善的,出于谈判策略的需要,谈判者有时会粗暴无礼。要假设对方所表现出来的无礼,只不过是一种要小聪明的狐狸般的狡猾,所以你不妨找机会揭穿对方,否则对方会得寸进尺。

(6)不要太早暴露出你的全部实力

慢慢地展现你的力量,比刚上阵就呈现出全部力量更有成效。它使对方因不明底细而不敢小看你,并提供了一段相应的时间让对方适应和接受你的观点。

(7)在坚持谈判立场时,不要过分在意你可能会遭受的损失或遇到的困难

假如谈判形成僵局,不仅会限制你的行动,同样也会限制对方的行动。要专注于发现对方的弱点,它们才是你可以利用的机会。

(8)不要忘记对方坐在你对面谈判的原因,是他相信可以从谈判中获利

这场谈判不论多么渺小,都是对方目标中的主要工作。单单了解这一点,就能给你提供更大的议价力量。

2. 削弱反对意见的方法

以经济谈判为例,买卖双方之间的谈判,不论是直截了当的,还是绕来绕去的,谈判的焦点大多是集中在价格问题上。那么,如何才能各取所需呢?

(1)买方

我们综合了诸多中外谈判专家的有关建议,提供给买方作为参考:

①不要开出过低的价格而冒犯卖方。价格压得太低会破坏买卖双方之间的关系,以至于使卖方提供服务的能力和意愿也会随之而大打折扣。

②永远拒绝对方的第一次报价。你得明白:这不是对方最好的和最后的出价,而且你也需要有一些时间来探测对方价格变化的范围。

③让对方看到你听到他第一次报价时的惊讶和犹疑的反应。对方在你的反应面前,也许会做出让步。

④用恰当的理由拒绝对方的第一次报价。

⑤欲通过提出一个简单的要求,就得到一个更好的价格,你只需问对方一句话:"你能给我的最低价格是多少?"

⑥询问在此次交易中,有无特别的折扣、促销的优惠等。它们可能存在,但如果不提问,你就不会知道。

⑦给对方提供一些有价值的东西,以换取他做出价格上的让步。如:长期稳定的生意关系,向他人推荐生意,以及口头宣传……这些事情对你来说毫无损失,对对方却具有重要的价值。营销专家们的研究表明,卖方获得一个新顾客,要比保持一个现有的顾客多花四倍的代价。

⑧在你打算再考虑一下而离开之前,写下对方的报价和建议价格。你可以找销售人员要一张名片并把价格写在其背面,最好能让他亲手写下价格并签名。当你不能在别处找到更优惠的价格,而再次回到原来的卖方处时,书面的报价能为你证明,即使已换成另一个销售员当班。

(2)卖方

从总体上来说,抬高价格有利于卖方。但是,一个客户的回头生意的价值,常常大于一次涨价所获得的收入。尤其当你的产品或服务是对方可能重复使用的东西时,抬高价格就不是一个好主意,这样做的结果会减少双方重复交易的机会。而且,当一位客户能够把你的产品推荐给其他人,为你带来更多的客户时,情况更是如此。

为促使交易的成功,卖方可以采取以下方法来削弱还价中的反对意见:

①谈判前——提前准备。

第一步,在和买方谈判之前,先写下自己的产品或服务与其他竞争者比较后的优点和缺点。

第二步,记下一切你所能预想到的、可能被买方挑剔的产品缺点或服务不周之处。

第三步,召集众人讨论,尽量从买方的角度提出反对意见,然后群策群力找出对策。在与买方见面之前,反复练习削弱这些反对的意见的说法。

②谈判中——冷静应对。

第一步,礼貌地拒绝对方的第一次出价,并给予充分的拒绝理由。你可以强调自己产品或服务的独一无二之处,提高产品的有形价值;也可以同竞争者的产品和价格相比较,指出你的产品比竞争者好得多,而价格只高了一点而已……这些理由能够调整对方心中的价格幅度,并给他一些理由,使其日后在向第三方汇报时,能为自己较高的出价提供正当的理由。

第二步,不要把注意力仅仅集中在价格上。你可以将诸如售后服务、其他交易的折扣等对卖方来说属于举手之劳的优惠先避而不提,尽可能地坚守产品价格。而后,你就可以把这些优惠作为额外的让步送给对方,用来维持该产品或服务的原价格。经常到餐馆吃饭的人都会有这种经历:虽然是熟客人,如果你同老板还价,要求打折,老板会说:"对不起!价钱不能折扣,但我多送你们一道菜,再免费招待一碟水果。"这是非常典型的以给予一种优惠来替代食客的降价要求。

第三步,当买方提出反对意见后,在你回应之前,先弄清问题的症结所在。

第四步,当你了解问题的症结后,需权衡一下,问题是否容易应付。若是容易应付,你可以立刻拿出证明,同时还可以要求对方同意。例如,买方对新推出的某款轿车心存困惑,汽车推销员便可如此说:"这款新车在上海车展上第一天就卖出了二百辆,都说车型好,性能优!"

第五步,利用反问来回答对方,诱导买方回答你"是"。在削弱买方的反对意见时,卖方必须记住这个要诀——让买方知道卖方是了解他的观点的,不但要表示出你能理解,同时还要用反问的方式来回答对方的反对意见,并且要诱导他回答你"是"。比如,你可以询问买方:"购车以后,你是不是担心厂家的售后服务能否到位?"若对方的回答是肯定的,你就可以趁此机会向他介绍轿车的种种优点了。

第六步,不要同意买方的反对意见。当买方的反对意见难以驳斥,或难以诱导他回答"是"的时候,通常,卖方都会顺其自然地同意了买方的反对意见。这种情形卖方千万要避免!因为,买方很可能只是随口一说,不过想杀个价而已。当买方提出的反对意见得到了卖方的认同,这会加强他的立场,更加咬定所出的价钱,使卖方失去议价的主控权。卖方若轻易地同意了买方的观点,要想再运用议价的技巧来挽救局面,往往是无计可施。

(二) 还价的常用策略

1. 投石问路

要掌握还价的主动权,谈判者就必须尽可能多地了解对方的情况。所谓"投石问路",就是谈判者借助提问的方式,于对方不知不觉中刺探"军情",从对方的回答中去发现他的需求、困难,以便拟定适当的应对策略。这里,谈判者提出的每一个问题,都犹如一块探测对方深浅的"石头",它们通常都能问出很有价值的资料,引导谈判者找到还价的最佳途径。

(1) 买方

在大型的经济谈判中,这个策略通常是如此运用的:当一个买主要购买 2000 件衣服时,他并不是马上向一个商家直接提出自己的要求,而是要求卖方分别提供 200、500、2000、5000、10000 件衣服的报价,卖方出于薄利多销的目的,报价必然随着数量的增加而逐步下降,这样买方就可以根据卖方的开价,估算出卖主的价格政策,进行讨价还价。

在语言上,"投石问路"多使用假设式提问:

"假如我们和你签订一年的合同,你们的价格能优惠多少?"

"假如货物的运输由我们来负责解决,你的价格是多少?"

"假如我们要求对原产品的规格有所改动,价格上是否有变化?"

这些"石头",通常能问出很有价值的资料,使买方更进一步了解卖方的情况。

(2) 卖方

对卖方而言,面临的困难可能会更多一些,因为客户多半不会把自己的真实想法主动地告诉你。比如:当一位客户说"我们再考虑考虑"时,也许他心里的想法是:"东西和价格都不错,比前几家强。但不能这么快就答应买他的,得拖一拖,让他着急,这样我才能杀杀他的价。"可这句话在销售人员听来,却以为是推托之词。

当客户说出一句模棱两可的话时,卖方应该如何应对,才能清楚地把握客户的真实想法呢?——你可以借不断地提问来"投石问路",一步步摸清楚客户的确切意图。

例如,客户说:"我们再考虑考虑。"你不清楚客户要考虑什么,不妨问:"当你们在选购这类产品时,一般需要考虑什么因素?除了您之外,还有哪些人会参与考虑和决策呢?"

如果客户告诉你,他们要考虑的是价格因素和质量因素,那么你至少可以从与其他竞争产品的性价比中得知你自己目前所处的位置。如果客户回答说,要考虑的是目前是否采用这类产品,那你还可以继续提问,直到弄清楚什么时候采用,采用的可能性有多大,今后向这个客户推销应该往哪个方向努力,等等。

"投石问路"的问题必须精心设计,这样才能用对方提供的证据,朝着你心里所设定的方向引导对方。

2. 吹毛求疵

在还价中,一方为了实现自己的利益,往往会竭力对对方的产品再三挑剔,先是指出质量、价格等方面的种种不是,然后又提出一大堆的问题和要求,其目的是迫使对方在自己身上先花上一笔时间和精力的投资,最终做出让步,这种技巧称为"吹毛求疵"法。

且看一个国外的例子,买主是如何极尽挑剔之能事的:

伍德先生去一家专卖店买冰箱,售货员问明伍德先生所要的规格后,告诉他这种冰箱每台489.95美元。伍德走近冰箱,这瞧瞧那摸摸,然后对售货员说:"这个冰箱外表不光滑,还有点小瑕疵!你看这儿,这一点小瑕疵好像是个小划痕!有瑕疵的货物通常不是都得打一点折扣吗?"——这是伍德先生从商品的外观上进行挑剔。

伍德先生又问售货员:"你们店里这种型号的冰箱一共有几种颜色?可以看看样品本吗?"

售货员马上为他拿来了样品本。伍德先生指着店里现在没有的颜色说:"这种颜色与我家厨房的颜色很相配。其他颜色同我家厨房的颜色都不协调。颜色不好,价格还那么高,如果不调整一下价钱,我就得重新考虑购买地点了。"——这是伍德先生从商品的颜色上进行挑剔。

……

由于伍德先生的一再挑剔,售货员不得不将冰箱的价格一降再降,终于使伍德先生以最低的价格买回了那台冰箱。

谈判者要让讨价还价收到实效,就必须具备一些相关商品的基本知识,了解该商品的类别、型号、规格、功用及商品构造原理,懂得该商品鉴别和选择的方法与技巧,这有助于给商品进行正确的估价,对商品的吹毛求疵才能说到点子上,使对方服气。

那么,卖主如何对付这种"吹毛求疵"策略呢?

第一,细心观察,看挑剔者是否有交易的诚意,如果买主根本就没有诚意,可以心平气和地打发他另找高明。

第二,对于有诚意的买主,要分析对方的挑剔和提出的问题是确实存在,还是节外生枝、故意挑剔。如果是确实存在的问题,就尽量帮助解决;如果是故意挑刺,则应及时提出抗议。

第三,提醒自己,买主总是喜欢挑剔的。如果对方真心购买,你的耐心会使他们的挑剔和问题随着时间的推移,统统失去影响和作用。

第四,要知道对方的挑剔和问题是为了让自己降低要求、不劳而获、虚张声势。为了不让对方的计谋得逞,你也可以提出一些能增强你的议价能力的理由,如"正因为这台冰箱上有划痕才卖这么多,不然价钱会更高"。

第五，对谈判对手的挑剔和问题不要轻易让步，否则对方下次来做交易时，在吹毛求疵方面还会变本加厉。

3. 寻求共同利益

任何一次谈判，只要谈判各方能坐到一起，就意味着有共同的利益可言。在谈判中，表面上可能表现为双方一系列观点的争论，但实际上，谈判的实质性问题并不在各方冲突的观点上，而在于各方的需要、愿望，以及所关心和忧虑的利益上。因此，我们需要把谈判者和谈判的问题分开，把精力集中于对方提出的条件所表明的真正利益上，然后去寻找一种既可以满足对方利益又能符合我方利益的解决方法。这种为达成协议而寻求谈判各方的共同利益的谈判方式，称为寻求共同利益法。

1967年，以色列发动"六日战争"占领了埃及的西奈半岛。在英美等国的调停下，埃以双方断断续续地进行了长达11年的谈判，但始终无法解决西奈半岛的领土纷争问题。在埃及人看来，西奈半岛是埃及的领土，因此，埃及的立场是收回西奈半岛以维护其领土完整；对以色列来说，如果埃及拥有西奈半岛的话，那么埃及的坦克就可以随时开进以色列境内，直接威胁以色列的安全，因此，以色列的立场是通过占领西奈半岛以确保其国防安全。那么，埃及和以色列双方的共同利益究竟在哪里呢？

1978年，在美国总统卡特的主持下，埃及总统萨达特和以色列总理贝京为了解决西奈半岛的领土纷争，进行了为期12天的所谓"戴维营谈判"。谈判围绕着双方争论的中心问题，着重讨论了双方的真正需要和共同利益。经过双方反复讨论，结果双方确认：以色列的真正需要是确保国防安全，并非领土扩张；而埃及的真正需要是维护领土主权，并非对以色列进行安全威胁。在卡特总统的斡旋下，双方终于达成了协议：以色列将西奈半岛归还埃及，而埃及则将西奈半岛的大部分地区变为所谓的"非军事区"。这样一来，以色列保障国防安全的需求与埃及维护领土完整的需求都得到了满足。

埃以两国关于西奈半岛的谈判在"戴维营谈判"之前的11年时间里之所以毫无进展，其根本的症结在于双方没有寻找到共同的利益。而"戴维营谈判"之所以12天就达成了协议，其根本的原因在于双方通过卓有成效的讨论，寻找到了双方的真正需求和共同利益，著名的"戴维营谈判"也因此而载入人类文明的史册。

在经济谈判中，如果交易双方不是努力地去寻找共同利益，而只是为了单方面利益的实现与另一方讨价还价，那么，谈判将会一事无成。相反，如果交易双方能为对方的利益着想，多从共同利益出发，那么，谈判就会极富效率地达成协议，并在此基础上开拓出更为广泛的合作领域。

4. 局限法

局限法是指在谈判中，谈判的一方宣称自己受到某种客观原因或条件的局限，无法满足对方，将这种客观因素对自己的限制转变为对对方所提要求的限制，从而拒绝对方的要求。

精于谈判之道的人都信奉这么一句名言：在谈判中，受了限制的权力才是真正的权力。一个谈判者的权力受到限制之后，可以使他的立场更加坚定，往往能够处于较为有利的地位。他可以很优雅地向对方说"不"，因为，这不是他个人的问题，他必须为别人或别的事情着想。例如：

权力的局限——"我无权批准这么大的一笔开销。只有我们总经理才能够这么做！

不过他目前在瑞典访问,一个月后才回来。"

政策的局限——"我很想减价卖给你。但是你知道我们公司是全国统一定价,财务制度不允许,因此我们实在无能为力!"

当一方的权力受到限制的时候,每每会成为对方的大烦恼,它逼迫对方不得不做一个很奇怪的选择:那就是只能根据眼前这位谈判者所拥有的权限来考虑这笔交易的内容,倘若无法适应这些限制,这笔生意也就只好告吹。为此,精明的谈判者往往会千方百计地寻找出一些权力有限的借口,作为谈判筹码,使自己在还价中更具灵活性。

有位单身汉,看中了某家具卖场的一套组合沙发,并预付了100元订金。过了几天,他又去了这个家具卖场,一见到老板便说:"老板,你害得我被老婆骂死了。前天,我老婆在另一个家具卖场也看到这样一套沙发。那家店的开价比你更便宜,而且还有折扣优惠。我被她强拉着去看了一下,觉得自己上当受骗了。"

他要求老板一定要再降价,否则宁愿赔掉100元的订金。

这时,无论老板怎么解释沙发的材质不同,他就是厚着脸皮,一口咬定老婆不同意,老板无奈,最后只好再降价,才完成了这次交易。

这位单身汉在谈判中为自己制造出一个"后台老板"(他那个并不存在的老婆),用"后台老板"的种种压力作用于卖方。这就像在谈判双方之间设置了一个无形的屏障,使卖方在讨价还价时,不能进行正面攻击,故而深感无能为力。"后台老板"是子虚乌有的,所以谈判具有很大的灵活性。己方的压力可有可无、可轻可重,而对方则防范困难。

面对谈判对手所提出的各种局限,谈判者应当有这样一个清醒的认识:局限绝非神圣不可侵犯,它们同样是可以改变的。凡是可以改变的事物,都有谈判的余地!倘若你轻易地将对手所表白的局限当真,你将被捆绑到施展不开的地步!

当买主使用这个技巧的时候,卖主可以采取下列的说法:

①"你想要买的是 A 型号的,但以你所出的这个价钱,你只能改买 C 型号。"

②"假如你想要以这个价格购买,交货期必须为六个月。"

③"我们可以接受这个订单,但是你必须减少这些备件。"

这表明,卖主同样可以运用局限法来加速交易的完成:或者要求增加订单,或者迫使买主把价格提高到"真正"的价位上。

5. 先例法

所谓先例,指同类事物过去的处理方式。谈判中,如果一方碰到对方的某些要求与做法对己方不利,且又不符合以前的先例时,常常会引用对自己有利的先例来约束另一方,试图使另一方迁就他。这些先例包括:

(1)过去同你谈判的先例

"以前我们都是预交两个月的房租,为什么这一次非得一次性地先预交半年的租金呢?"

(2)过去同他人谈判的先例

"××公司是我们十几年的老客户了,我们给它的折扣一直都是20%,因此,给你们超过20%的折扣是不可能的。"

为了应付对手加之于你的这些先例限制,你必须指出客观环境的变化已经使谈判中的"先例"不再适用,或不适宜再当作指导原则。例如,针对以上两个实例,你可以采取如下的答复:

"现在租房者的水电费用大大增加,预交两个月的租金根本应付不了超支情况。所以,如果只先交两个月房租的话,弄不好出租者会血本无归。说真的,先交半年的房租在我们看来还担着风险呢!"

"我同意你们给××公司20%的折扣是相当合理的,因为它在东部地区已有了许多固定的用户,无需再进行大规模的推销工作。但是,我们所在南部地区是新开发的一个市场,尚无固定用户,所以我们必须花更多的人力与财力从事推销工作。有鉴于此,给我们的折扣至少要30%才算合理。"

6. 期限法

期限是一种时间性的通牒,它可以促使对方尽快采取某种行动。在双方争执不下的谈判中,基本上都是到了谈判的最后期限或临近这个期限时才达成协议的。因为期限到来时,人们囿于时间压力,会迫不得已改变自己原先的主张,以求得问题的尽快解决。基于这个道理,懂得设定"期限"的人,在还价中能借"期限"约束对手的活动范围。

卖方常借下面的"期限"给买方施压:

"存货不多,欲购从速。"

"九月一日起这种商品就要全面提高价格了。"

"假如你迟过五月一日订货,我们将无法在六月底之前交货。"

买方也常借下面的"期限"给卖方加压:

"假如你愿意降低一些价格,请在三天之内告诉我,否则我们将与其他的厂家联系。"

"我们公司来电催促,要求5天以内必须到货,否则就不买了。"

"这次交易要由我们总经理拍板,再过几天他就要到国外考察去了。"

当谈判对手为你设定期限时,你该怎么办?

第一,不要泄露自己的期限。对手一旦获悉了你的期限,经常会故意地与你拖延,直到期限将满才认真地与你谈判。那时,你因时间束缚,而难以拒绝不利的条件。

第二,认真研究对手设定期限的动机,并且仔细比较遵守与违反期限所可能招致的后果,由此推测对方所设期限到底是一种压力,还是真的不想再谈下去了。

第三,你应该明白,谈判中的大多数期限都有商量的余地,通常只是一种还价手段而已。

7. 激将法

人的行为不仅受理智的支配,也受感情的驱使。激将法就是故意通过语言或行动刺激对方,挫伤对方的自尊心,引起对方的愤怒、怨恨,进而诱导其按己方的意愿或既定的企图行动,实现己方的谈判目的。它适合在那些经验较少、容易感情用事或自尊感很强的对象身上使用。

在一些商店里,我们经常会遇到这样的情形:顾客指着柜台里的某件物品要售货员拿出来看一看,售货员却用鄙夷的口气说:

"这个要××元呢!想买吗?真想买我就给你拿!"

这时,表面上她是在介绍产品价格,言外之意却很明显:买不起就别让我白白地拿来拿去。这分明是在讥笑顾客没有这个购买能力。对于一些年轻气盛和争强好胜的顾客来说,这无异于当众挨了一个耳光,他们被激怒了,为了证实自己的经济实力,立刻倾囊而出，买下本来可能并不太中意的商品。这恰恰上了售货员的当，让其达到了卖出商品的目的。

这种激将法有很大的副作用，它虽然达到了推销商品的目的，但却用挖苦、贬损的语言伤害了顾客的自尊心，给顾客留下了很不愉快的印象，以后他很可能不会再光顾这家商店了。所以，这实际上损害了商店的形象，堵死了以后的商路。

运用激将法一定要因人而异，除了要摸透对方的性格脾气、思想感情和心理，还要掌握好自己的火候。

在法国巴黎的一家商店，一对外国夫妇对一只戒指很感兴趣，又嫌价格太贵而犹豫不决。售货员见状便介绍说："某国总统夫人也是对这只戒指爱不释手，只因太贵没买。"这对夫妇听后不再犹豫，而是当即买下，且洋洋自得。

这里，售货员巧施激将法，既高价售出了戒指，又满足了这对外国夫妇的虚荣心，可谓两全其美。

8. 针锋相对

在谈判中，有时光靠防守是难以抵挡对方的攻势的。如果对方蛮不讲理，出言不逊，把我方的容忍看成是软弱可欺，这时，应毫不客气地给予迎头痛击，用严厉的语言和强硬的态度，以进攻来对付进攻，以进攻来阻止进攻，遏止不良的谈判气氛。

《战国策》记载：一天，秦王派人转告安陵君：秦国愿意用土地500里来交换安陵。

安陵君说："承蒙大王照顾，用大的换小的，这真是太好了！不过，我们的土地是祖先传下来的，愿意终身守着它，我不敢交换。"

秦王知道后很不高兴，安陵君于是派唐雎出使秦国。

唐雎到秦国拜见秦王，秦王十分傲慢地对唐雎说："我用500百里土地来换安陵，安陵君却拒绝了我，这是什么道理？况且，秦国已经灭掉韩国、魏国，安陵君只有50里的土地却保存了下来，这是因为我觉得安陵君是个长者，所以我没有太在意安陵国。如今我用十倍的土地，请安陵君扩展自己的地盘，而安陵君却违抗我，这是瞧不起我啊！"

唐雎说："不是这样的。安陵君从祖先那里继承了这块土地，要永远保住它，即使拿1000里土地来换也不敢，何况只有500里呢！"

秦王甚为恼怒，挑衅地对唐雎说："你可曾听说过天子发怒的情景吗？"

唐雎道："我没有听说过。"

秦王说："天子发起怒来，会使百万尸首横地，鲜血流淌千里！"

唐雎说："大王可曾听过平民百姓发怒吗？"

秦王说："平民百姓发起怒来，不过是摘了帽子，赤手光脚，用脑袋撞地罢了！"

唐雎说："这是懦夫发怒，不是勇士发怒。从前，专诸行刺王僚的时候，彗星冲击月亮；聂政刺杀韩傀的时候，白虹穿出太阳；要离行刺庆忌的时候，苍鹰在殿上扑击。这三位都是平民中的勇士，他们的满腔怒火还未迸发，上天就降示预兆。现在加上我，就会变成第四个人了。如果一定要让勇士发怒，倒在地上的尸体虽然只有两具，流血不过五步，可是天下的人都要穿上丧服。今天就会这样！"

唐雎说完，拔出宝剑，跃起身来。

秦王吓得变了脸色，忙直起腰向唐雎道歉："先生请坐，何至于此呢。寡人明白了，韩、魏两国相继灭亡，而安陵却能凭50里的土地保存下来，就因为有先生这种人在啊！"

秦王以大换小，显然是个政治阴谋。安陵君若同意交换，500里地显然不能到手，反而失去了祖传的"根据地";若不同意交换,则背上了轻视秦国的罪名,也难免被吞并。安陵国岌岌可危! 于是,安陵君派唐雎出使秦国。开始时,面对秦王傲慢地责难,唐雎委婉地应对;后来,秦王露出了狰狞面目,直言天子发怒的情形,唐雎毫不退让,以平民百姓发怒相对:用"倒在地上的尸体虽然只有两具"对"百万尸首横地",用"流血不过五步"对"鲜血流淌千里"。同时,拔剑跃身,吓得秦王连连道歉,不得不暂时放弃了侵吞安陵的计划。

二、谈判的僵局

所谓僵局,是指谈判双方对所谈问题的要求差异很大,出现争议,各执己见,谁都不愿意让步或妥协,从而使谈判呈现出的一种僵持局面。

尽管出现僵局不等于谈判破裂,它却会严重地影响谈判的进程。因为,在讨价还价的过程中,不管双方争论得多么激烈,只要谈判能继续下去,总还有成交的希望。唯独形成谈判僵局,将使双方无谓地浪费大量的时间、精力、资金,各自又一筹莫展。因此,面对僵局,许多谈判者常常显得无可奈何。

(一)僵局产生的原因

一般情况下,僵局的出现通常是基于以下原因:

其一,谈判双方实力相当,并且彼此的目标、利益都集中在某几个问题上。如在商品交易中,双方的注意力都集中在价格、付款方式这两个方面,这样,双方之间通融的余地就比较小,很容易形成僵局。

其二,在谈判过程中,谈判一方为了维护自身的正当利益,提出了反对意见,当这些反对意见得不到对方的重视或解决时,异议者便会利用制造僵局来迫使另一方让步。

其三,当一方的谈判者对另一方的谈判者或谈判议题带有偏见或成见时,由于认识上的片面性,造成了在谈判中以偏概全或先入为主地对待人和事,因而很容易与对方产生分歧,引发谈判的僵局。

其四,谈判的一方为了迫使对方放弃自己的谈判目标,有意识地给对方制造难题,扰乱视听,甚至挑起争端,另一方针锋相对,故而使谈判难以为继。

其五,由于谈判一方言行不慎,伤害了对方的感情或使对方丢了面子,为了维护尊严或挽回面子,对方的态度变得异常固执,语言也富于攻击性,在微不足道的小事上也寸步不让,亦会形成谈判的僵局。

(二)化解僵局的方法

1. 适当让步

这是最容易奏效的一种方法。如:改变付款方式,一次付出或分期付款,只要总额相同;在特定的规格或条件上稍做修改,让对方有更多的选择余地,等等。

2. 更换人员

如果谈判中僵持的谈判双方已产生了对立情绪,并不可调和时,可更换谈判成员或主谈人,或安排双方的高层领导出面,协调谈判问题。

3. 暂时休会

如果谈判双方由于情绪冲动,开始相互"较劲",令谈判难以继续进行时,可以从谈判的实际利益出发,考虑暂时休会。双方可以借休会的时间冷静下来,仔细考虑争议的问题,也可以通过私下的接触,在轻松随便的场合中个别交换意见。待气氛缓和下来后再复会,以便在平和的环境中继续谈判。

4. 找人调解

当谈判出现了严重的僵持局面后,彼此间的感情可能都受到了伤害,谈判者自身往往无法破解。这时就有必要借助第三人作为中间人进行调解。调解者通常是具有一定威望、双方都熟悉和接受的人。这是破解僵局时有效且常用的方法。

5. 改变目标

因谈判双方坚持各自的方案互不相让而形成了僵局时,各自都放弃原来的方案,共同来寻求一种可以兼顾双方利益的第三种方案,也是破解僵局的方法。

6. 改变环境

正规的谈判场所,容易给人带来一种严肃的气氛。尤其在双方话不投机时,这种环境更容易使人产生一种单调、压抑、沉闷的感觉。遇到这种情形,作为东道主的一方,可以首先提出把争论的问题先放一放,然后组织双方人员搞一些松弛的活动。如游览观光、运动娱乐、宴会舞会等,在这些活动中,谈判人员可以进一步熟悉、了解,消除彼此间的隔阂,还可以不拘形式地对某些僵持的问题继续交换意见。在轻松愉快的环境中,人们多半会尽弃前嫌,在谈判桌上争论了好几个小时无法解决的问题,也许会迎刃而解。

7. 说些故事、笑话,缓和气氛

1972年,苏联主席勃列日涅夫与美国总统尼克松就美苏两个超级大国限制战略核武器问题举行谈判。在谈判中,双方分歧很大,陷入僵局。面对这种情况,勃列日涅夫对尼克松讲了一个故事:"从前有一个俄罗斯农民,徒步跋涉前往一个荒僻的乡村。他知道方向,但不知道距离。当他穿过一片桦树林时,偶然遇到了一个枯瘦的老樵夫,就问他离该村子还有多远。老樵夫耸了耸肩说:'不知道'。这个农民吸了口气,把包袱换了换肩,便撒开腿走了。突然,老樵夫大声嚷道:'顺着道儿,再走15分钟就到了。'农民感到莫名其妙,转身问道:'那你刚才干嘛不说?'老樵夫答道:'我先得看你的步子有多大啊。'"勃列日涅夫是在用这则故事暗示对方,自己就是那个老樵夫,在限制战略核武器的问题上要先看美国人的让步幅度有多大,才能得出自己的结论。

在一场中方与外方进行的贸易谈判中,双方就某一问题进行争执,长达两个多星期仍相持不下。于是,中方主谈人开口道:"你看,我们双方至今还没有谈出结果,如果奥运会设立谈判拉锯比赛项目的话,我想我们肯定是并列冠军,并且可以载入吉尼斯世界大全。我敢保证,谁也打破不了这一纪录。"此语一出,双方大笑,局面松弛下来,随后双方各作让步,很快就达成了协议。

上述的种种打破僵局的办法之所以行得通,是由于它们能给谈判创造出一种新的气氛,使对方能再度开诚布公地和己方商谈。僵局一旦打破后,一些新的解决的方法就会随之而来,有时可能比原来的还要好。

人们碰到僵局时,常常会迟疑不决,觉得应该由对方率先采取主动。可问题在于,你并不能肯定他一定会采取行动。而僵局的持续只会带给双方更大的压力,况且,即使他不采取主动,私下里却可能非常欢迎你如此行动。因此,你所需要考虑的重点问题是:事先想好如何说、如何做,用一种既能保全面子又能打破僵局的方法,使对方愿意听从,让谈判能够再度展开。

(三) 打破僵局常用策略

1. 转移话题

在谈判过程中,由于双方在某一问题上引起争执,一时又无法解决,僵局在所难免。人们在情绪沮丧之余,每每会忽视了这么一个事实:僵持的问题往往只集中在双方认为关键的问题上,一般不可能在所有的问题上都全面处于僵持的状态。转移话题的语言策略就是谈判的一方通过变换话题,把僵持不下的议题暂且搁置一边,缓和一下紧张的气氛,使双方在崭新或友好的谈判氛围里重新开始讨论有关问题,以利双方达成协议。这是一种以积极的态度扭转不利局面的谈判方法。

在经济谈判中,此种方法屡见不鲜,比如:谈判双方在价格问题上出现"顶牛"时,一方就会转而先讨论交货期、运输方式等问题。总之,目的只有一个,就是把谈不下去的问题先放到一边再说。

改革开放初期,我国广东省某玻璃厂曾就引进玻璃生产设备的有关事项同美国欧文斯玻璃公司进行谈判。在谈判的过程中,双方在全套设备引进还是部分引进的问题上发生分歧,各执一端,互不相让,使谈判陷入僵局。在这种情况下,我方玻璃厂的首席代表为了使谈判达到预订的目标,决定主动打破这个僵局。怎么才能使谈判出现转机呢?休会?——不太合适;让步?——要损失巨大的经济利益……我方谈判代表思索了一会儿,带着微笑,换上一种轻松的语气,避开争执的问题,向对方说:"你们欧文斯的技术、设备和工程师都是世界第一流的。用一流的技术、设备与我们合作,我们就能够成为全国第一。这不单对我们有利,对你们更有利!"

欧文斯公司的首席代表是一位高级工程师,听到了这番话自然很高兴,谈判气氛一下子轻松活跃起来了。我方代表看到对方的情绪缓和,趁势将话题一转:"但是,我们厂的外汇的确很有限,不能将贵公司的设备全部引进。现在,你们知道,法国、比利时和日本的企业都在试图跟我国北方的厂家搞合作,如果你们不尽快跟我们达成协议,不投入最先进的设备和技术,那么你们就可能会失掉中国的市场,人家也会笑你们这个世界一流的欧文斯公司实在无能。"

我方谈判代表为了打破僵局,率先使用了转移话题的语言策略:首先,他对于对方的技术、设备等予以高度赞扬,强调双方共同的利益基础,使谈判气氛得到了缓解;接下来,他开诚布公地说明我方的实际情况,使对方理解我方的处境和困难;最后,利用掌握的行业情报,造成了一种竞争的局面,暗示对方如果不愿合作,将给欧文斯方面带来不良的后果。这一举措机智而诚恳,将谈判的僵局完全化解,在和谐的气氛中,双方进一步讨论,最终达成了对我方有利的协议。

使用转移话题的谈判策略时需注意这样几点:

第一,要认真地分析谈判陷入僵局的原因。比如在经济谈判中,是价格的问题,还是产品质量的问题;是交付方式的问题,还是售后服务的问题,等等。只有找出问题的症结,本方才能够有的放矢。

第二,转移话题的目的是使谈判由僵局走向转机。谈判者通过话题的巧妙转移,把有争议或对抗的问题暂时搁置一边,制造出一种有利于谈判的气氛,以消除双方的顾虑和对立情绪,为进一步的谈判铺平道路。

第三,使用转移话题要自然而然。既不要纠缠于双方争执的问题,也不宜不着边际、离题万里。应当围绕预定的谈判目标,由此及彼、由远而近、渐入佳境。

2. 先承后转

所谓"先承",就是在本方被对方指责或者当对方表明自己的意见是不可动摇的时候,将对方的指责或意见先承接下来,予以承认或表示赞同。这常常能削弱对方言辞的锋利,缓解对方咄咄逼人的气势,为接下来对方乐于听取己方的建议打下一个良好的基础;至于随后的"转折",要么是引入有关的信息和理由消解对方的指责;要么是借助提问,使对方在回答本方的问题中意识到自己说法的片面性与矛盾性,主动改变原有观点。这里必须特别注意:"后转"一定要以关心对方的切身利益为出发点,由于你的"转折"迎合了对方的需求,更容易赢得对方的首肯。

齐景公酷爱打猎,非常喜欢喂养捕捉野兔的老鹰。一天,臣子烛邹不小心,让一只猎鹰飞走了。景公知道后大发雷霆,命令将烛邹推出去斩首。

晏子急忙上朝对景公说:"烛邹有三大罪状,哪能这么轻易就宰了他呢?待我公布他的罪状后再处死吧!"

景公点头同意。

晏子指着烛邹数落道:"烛邹,你为大王养鹰,却让鹰飞走了,这是第一条罪状;你使得大王为鸟的缘故要杀人,这是第二条罪状;把你杀了让天下诸侯都知道大王重鸟轻士,这是你的第三条罪状。好啦,大王,请处死他吧。"

景公连连摇头道:"别杀他了,我知道你的意思了。"

齐国臣子烛邹弄丢了一只猎鹰,齐景公就要将他抓起来杀头,这是十足的暴虐行为。宰相晏子有必要匡正国君的过失。然而,国君掌握着生杀予夺大权,弄不好会祸及自身。于是,晏子说话伊始,先表示出对齐景公行为的"赞同",赢得了继续把话说下去的机会;接着,他一条条地数落烛邹的"罪状",采取说反话的方式来劝谏,十分委婉地把齐景公"重鹰轻人"的意思表达了出来,同时还暗示了这种暴行的严重后果。齐景公明白了此做法的恶劣影响,下令将烛邹放了。

3. 预留台阶

在很多情况下,当意识到自己考虑不周后,对方都会改变观点而同意你的意见。只有一种情况除外:就是当他已经做出了承诺,当众宣布了一种绝不退让的坚定立场之时。在这种情况下,若转而又同意你的意见,就等于承认了他的错误,表明自己言而无信、出尔反尔,出于面子上的顾忌,他也不可能立即改变自己的说法。这就大大缩小了双方回旋的余地,容易使谈判陷入僵局。

在这种情况下,你要想改变他的意见,首先得顾全他的面子。

精明的谈判者知道怎么运用语言先留出几级台阶——如果对方错了,那就替他为所犯的错误找出某些脱身的借口,设法将对方从出尔反尔、自相矛盾的困境中拯救出来,以便对方能够从他以前的立场上后退而不至于让人觉得他很丢面子。

有两个方法可以帮助你达到此目的:

方法一:你可以假定对方在一开始时没有掌握全部的事实

你可以这么说:"当然,我完全能理解你为什么会有这样的想法,因为你当时不知道××事情,"然后,再表示理解:"在这种情况下,任何人都会有这种想法的。"

也可以这么说:"最初,我也是这样认为的。但后来我很偶然地了解到全部情况,我才知道自己错了。"

方法二:提供某种途径,将引发他反对意见的原因,转嫁到某个不在场的第三者头上

在某品牌电脑的销售门店,一位顾客一进门就举着一部平板电脑大嚷大叫说:"你们这破玩意儿质量也太差了。刚买了不到一个月就坏了。耽误我多少事,还要打车来修理。你们怎么赔偿我的损失?"

负责电脑修理的工程师好言好语地说:"您先不要着急。如果您的平板电脑在保修期内因质量问题发生故障,我们负责免费维修。请把平板电脑给我看看。"

他从顾客手里接过平板电脑检查了一番,发现平板电脑外部有很明显的裂痕,显然是因为不小心掉在坚硬的物体上摔裂的。这时候他可以有两种选择:

第一种选择是:

这位工程师抬起头来看着那位顾客,实话实说:"您这平板电脑是自己摔坏的吧?根据我们公司的规定,如果是自伤的,修理是要收费的。"

那位火气十足的顾客一听这话,变得更加暴跳如雷:"你这是什么意思?你怎么知道这个平板电脑是自伤的?你看见了吗?你有什么证据?难道你们公司就是这样履行售后服务的吗?哦,接过平板电脑随便瞧瞧,就一口咬定是自伤,这样就想免掉一切质量责任事故啊?"

他的叫嚷声引来了众人围观。

工程师好不恼火:"不要以为你嗓门大,真理就在你这边。你这平板电脑的外壳都有了裂痕,非常明显是掉在哪里摔坏的。平板电脑好端端地放在一个地方能变成这样吗?"

顾客反唇相讥:"为什么不可能?这外壳不就是一层塑料吗?谁知道你们用的材料是不是次品。质量差的塑料怎么就不可能自己断裂呢?再说我这平板电脑不但外壳有裂痕,连显示屏都黑了,明明是你们的产品质量有问题。我告诉你,今天你修也得修,不修也得修,否则我就站在这里和你没完。"

工程师说:"我没说不给你修,我是说,这样自伤损坏的平板电脑,修理要收费。"

顾客不依不饶:"凭什么要我自己付钱。我的平板电脑在保修期内坏了,就凭你一句话,就能不履行保修责任?我今天倒要在这里让大家伙儿都知道,你们销售的平板电脑质量有多差、服务有多差,好让大家都不再上你们的当。"

两人吵来吵去,一片混乱。

我们不妨认为这位不讲理的顾客真的是在撒谎,他的平板电脑确实是自伤的。他之所以大嚷大叫,就是因为他明明知道自伤平板电脑是无法得到免费服务的。他想占便宜,但又心虚,于是就用了一个"恶人先告状"的法子,用大嚷大叫来掩盖他的心虚,这是很多人都喜欢采用的伎俩。谈判者应该采取什么样的方法来应对这种场面呢?

那位工程师一开始就直言"平板电脑是自伤",虽然说出了真情,却同时也把事情搞僵了。因为这位顾客想要躲避的正是这一点,他是绝不会承认的,因为他进门时已经说过了是质量问题,那位工程师一开口就揭穿了他在撒谎,当然只能引起撒谎顾客用更加暴跳如雷的办法来证明自己没有撒谎。这里有一个误区亟待打破:对待顾客不是法官对待案子,工程师希望得到的结果不是要证明谁是谁非,而是要解决问题,达成双赢的

合作。

下面是工程师可以做出的第二种选择：

如果这位顾客真的是在说谎,首先,工程师不妨用提问的方式向他询问一些细节——比如:他的平板电脑是在什么时候、放在什么地方？怎么发现它一下子出现了裂痕的？当时有没有什么奇怪的声音？……谎言是没有细节的,通常情况下,那位顾客为免费修个平板电脑也不可能煞费心机地将谎话编得那么细致,总会有许多破绽露出来。虽然如此,这时候还是要保全顾客的面子,不要揭穿他的谎言。工程师应当给这位顾客提供一个从容下台的机会,可以对他这么说：

我有一个想法不知道对不对？你的平板电脑很可能是当你不在场的时候,被你家里人或者你单位里的某个同事不小心碰落到地上,摔坏了又放回了原处。我记得不久前我也遇到过一件类似的事情,我要下楼去取一个快递,顺手把手机放在茶几上,结果我儿子从房间里跑出来上厕所,把它碰倒摔在了地上。我怀疑你是否也会碰上这种事情——因为根据外伤来看,平板电脑的外部有很明显的裂痕,显然是因为不小心掉在坚硬的物体上摔裂的,不像是放在那里自己坏掉的。

顾客看了看证据,知道无可辩驳,而工程师又为他的错误已准备好了借口,给他留下了后退的台阶,他正好可以顺水推舟,从容地改变原来的意见,完全不用为修正自己的错误而脸红。

商家面对不讲理的客户,要做的不是弄清楚谁是谁非,而是解决问题,让客户心悦诚服的认可我们解决问题的方式,以赢得客户的心,从而为自己带来更多的合作机会和利益。达到这个目的的方法绝不是要么你输我赢,要么你赢我输,而是得用适当的方法去化解矛盾。第二种做法所采用的方针是：用和顾客一起探讨问题的方法,让顾客意识到事实的真相,但又没有因此而丢面子,使顾客心悦诚服。

4. 回顾成果

当谈判双方就某一个问题发生冲突,使谈判难以为继的时候,精明的谈判者多半会冷静下来,通过与对方一道总结回顾谈判开始以来所取得的各项成果,强调双方的共同点。这种做法,能够使对方意识到,如果不能在眼前争论的这些问题上达成一致意见,那么在此之前做出的一切努力都将前功尽弃。回顾成果能减缓对立的情绪,突破僵局。

(1)陈述对方的观点

当谈判者忙于捍卫自己的立场时,往往会说话过火,谈判就会转入一场辩论,每一方都竭力地维护自己的立场,并且只听得进于己有利的话。此时,本方应该尽可能地花些时间来陈述对方的情况,以及早摆脱争辩的陷阱。你可以这么说：

这个问题我们已经争论了将近1小时。现在让我来总结一下,看看我是否正确理解了你方的立场。

然后,尽可能准确客观地陈述对方的立场。这看起来似乎像是一种示弱的表示,但它常常会出现这么几种结果：

①对方被你的坦诚所感动,并做出相应的反应；

②你陈述相关情况后,对方可能意识到自己的不合理之处,收回不合理要求。

如此一来,分歧、误解消除了,双方能很快达成一致。

(2)寻求共同的兴趣

长时间的争论易使人们全身心地关注引起分歧的问题,而忽视了彼此的共同兴趣。

在意见不一致的情况下,时常会导致这种结果,也会使双方变得越来越对立。你可以花些时间寻找出双方的相似之处,这有助于摆脱困境。你可以这么说:

> 大家争论得太久了,以至于我们谈判的目标究竟是什么都有些搞不清了。让我们避开刚才的争论,看看彼此的共同点,也许这对解决我们的问题会有点帮助。

然后,提出一些共同点,它会引导对方做出同样的努力。

(3) 把注意力集中到双方同意的领域

在谈判双方解决了许多问题之后,仅仅由于一两点分歧而使谈判不得不中止,这是最令人灰心的事情。不幸的是,这种事却经常发生。

通常,人们在谈判开始的时候,都会尽量避免最难解决的问题,而是先从容易解决的地方入手。当双方渐渐意识到手边还有一个实质性的问题迟迟没有解决,并且几天甚至几星期的努力将会付诸东流时,就会变得非常紧张。如果最后这个问题对双方来说都很重要,事情就会变得更糟,因为随着工作时间的延长,疲劳的增加,谈判双方的协调、解决问题能力也会随之减弱。精明的谈判者往往通过不断地提醒自己以及对方彼此已经达成的共识,来改善这种局面。比如:

> 上个星期我们开始谈判的时候,双方有17个地方存在着意见不一致。在解决了所有这些不同意见之后,我们又在员工培训、售后服务、争议仲裁方面,取得了一致。有这么多成果作为后盾,你难道不认为我们一定能在污染物的综合治理上找到一个解决方案吗?

类似的说法或做法都能促使谈判各方重新权衡利益,积极寻找双方利益协调的平衡点,以削弱自己的对立情绪,进而突破谈判的僵局,保证双方利益的真正实现。

5. 单刀直入

在经济谈判中,不管是买方还是卖方,都是因为怀有做成交易的愿望,双方才会坐下来一起商谈。如果卖方过于强硬地坚持自己的立场不肯让步,常常会使买方放弃交易。假使这一谈判对买方来说很重要,在双方僵持了一段时间,仍然无法探出卖方底价的情况下,买方不妨开门见山,直截了当地向对方表示:"你的最低价究竟是多少,如果再不降价,这个交易就只好取消了。"如此明确地向卖方摊牌:若再不降价,生意就可能无法进行下去的说法,就是单刀直入法。与本章第一节"报价方法"中同名策略的不同之处在于:这一次,该策略是选择在面临僵局的情况下使用。这是一种冒险的谈判方式,但往往也因此"置之死地而后生"地冲开了议价的空间,使交易能够继续进行下去。

在一桩二手房的买卖中,一位非常有诚意且对房屋情况也满意的买主同房主砍价。经过一番交谈后,该房主发现,这位买主在出价之前,并未经过仔细评估。为了争取到更合理的卖价,房主在价钱上也就一再坚持自己的主张,双方的交涉一直无法谈出个结果来。经过几天的僵持后,这位买主终于忍不住了,"单刀直入"地对房主说:"你的最低价格究竟是多少,若再不降价,我就决定另找房子了。"

这时,房主考虑到若继续坚持下去,这笔交易将可能就此泡汤,就算重新再找买主,也不见得能维持这位买主原来开出的价位。最后,双方商议再酌量减价后,终于圆满成交。

6. "走为上"策

"走为上"是中国古代兵书《三十六计》的最后一招。"走"乃退却、躲避的意思。"走为上"说的是在情况不利的条件下,为避免同对方决战,出路有三:投降、讲和或退避。投降意味着彻底失败;讲和意味着胜负各半;而退却则有可能转败为胜。不难发现,在上述情况下,唯有"走"才是上策。

在谈判中,当对方攻势猛烈、锐气难挡时,如果你既不想求和,又不愿妥协,那么最好的策略就是退避三舍,暂时躲避对方,主动制造僵局。这时,若对方真有合作的诚意,自然会寻求适当的途径来重开谈判,如此一来,谈判的局势就发生了明显的变化,实施"走为上"策的一方由被动转为主动。对方为求和解,自会降低原有标准,便于达成对退避一方有利的协议,这就是谈判中的"走为上"谈判技法。它的表现形式通常是言行并举。

当年,我国政府与突尼斯 SIAP 公司代表就在我国山东省建立化肥厂的有关事宜进行洽谈,通过几次谈判之后,双方敲定了这个利用秦皇岛港优越条件的项目,谈判进行得很顺利。到了 10 月份,科威特石油化学工业公司也欲参加进来,合办化肥厂,谈判由二方变为了三方。在第一次三方会谈中,科威特方面即派出公司的董事长作为主谈人。这位董事长精明强干,富有谈判经验。他一出场,在听取了中突双方已经进行的有关筹备工作的介绍之后,就断然表示:"你们前面所做的一切工作都是没有用的,要从头开始!"

董事长此言一出,不仅是中方,就是突尼斯方面的代表也十分惊讶。要知道,仅仅是编制可行性研究报告,中突双方就动用了 10 多位专家,耗资 20 多万美元,费时 3 个月才做完,要是全盘否定,一切从头来,显然是没有道理的。然而,却没有人站起来驳斥这位董事长。因为他的威望太高了,他在科威特的位置仅次于石油大臣,他还是国际化肥工业组织的主席,以他为代表的公司在突尼斯的许多企业里拥有大批的股份……

这位董事长的要求,中国方面实在难以接受。可是怎么样才能改变这位拥有巨大权威的董事长的谈判态度和立场呢?中方一位地方政府代表琢磨着如何打破这沉闷的气氛。

想着想着,他猛然站起身来,向着参加会谈的各方代表说:"我代表地方政府声明:为了建立这个化肥厂,我们选择了一处挨近港口、地理位置优越的厂址;也为了尊重我们的友谊,在许多合资企业表示要得到这块土地的使用权时,我们都拒绝了。如果按照董事长今天的提议,事情将要无限制地拖延下去,那我们只好把这块地方让出去了!对不起,我还有别的事情需要处理,我宣布退出谈判,下午,我等候你们的消息!"

这位地方政府代表说完话,拎起皮包就走。中方的一位化工厅长喊着追出来,叫他快回去。他诡谲地笑着回答说:"我不走,我到别的房间里先躲一会,我保证,下面的戏准好唱。"

半个小时之后,中方的一位处长跑了进来,兴高采烈地对那位地方政府代表说:"真灵!你这一炮放出来,形势急转直下,那位董事长说了,快请市长先生回来,我们强烈要求迅速征用秦皇岛的厂址!"

当这位地方政府代表重新回到谈判桌上继续谈判的时候,谈判已变得十分顺利。在谈判纪要里,董事长坚持把那句"强烈要求迅速征用秦皇岛的厂址"的话也写了进去,谈判取得了成功。

这场谈判中,科威特石油化学工业公司董事长的极大权威和武断的态度,使中方和突尼斯方在谈判中处于被动的局面,气氛非常沉闷。在此种情况下,如果慑于董事长的威望，答应了他的要求，那么此前中方和突尼斯方面所做出的努力、所耗费的大量人力和物力，就要全盘否定。为了打破僵局，改变董事长不切实际的谈判态度，中方这位地方政府代表在向众人指明了利害关系之后，毅然采取了走为上的谈判策略，暂时退却和躲避对方，宣布退出谈判。结果，这一招果然很成功，一举扭转了谈判的局势，迫使董事长改变了原有的谈判立场和态度，谈判得以顺利进行。

由此可见，谈判过程中，只要谈判者掌握好时机，巧妙地运用"走为上"的技法，确实可以带来有利于本方的谈判结果。在特定的场合，"走"实在是各种谈判技法中最为上乘的策略。在实际的谈判中，特别是在买卖谈判中，买主和卖主都可以采取"走为上"的方式。相比较而言，买主使用这一计谋躲避对方更为容易和有利，因为卖主采取躲避的方法时，常会因此而断绝双方生意上的往来。

在谈判中使用"走为上"时，需要把握好以下几点：

第一，这种策略不可到处乱用，它只是在那些不够团结的人中使用时才容易生效。

第二，以"走"来躲避对方只是手段，不是目的。故此，在躲避对方之际，要充分考虑好在随后的谈判中应采取什么进一步的措施，以掌握谈判的主动权。

第三，使用"走为上"的谈判策略可能会导致不良的后果，甚至使谈判终止，所以，在使用之前，你得仔细权衡一下是否值得冒这个风险。

那么，如果对方向你使用"走为上"的策略时，你该如何采取相应的措施呢？

其一，认清"走为上"策略的本质，不要为其所吓倒。一般说来，这种策略是谈判者用来向势力强大、地位居高的人求取恩惠的手段之一。

其二，如果你觉得还有继续谈判的必要，那么，你只需稍作让步，就可以将谈判者重新吸引到谈判桌上来。不过，在接下来的谈判中，你切不可害怕再次得罪对方而拼命地退让。

其三，向对方指出，有什么意见可以坐下来谈判，不必躲避，以防止对方故伎重施。

其四，采取强硬的行动来反击，以其人之道还治其人之身，以"走"还"走"。

需要说明的是，有经验的谈判者在看到对方谈判人员真正因为愤怒而离席时，总是会柔和地示意属下或者助手追出去挽留对方，而不是像小孩子一样报复性地坐而不动来对立示威。因为他十分清楚，如果中断谈判会带来更大的损失的话，他宁愿选择去和一个不尽人意的谈判对手达成协议。

第三节　让步与成交

一、谈判的让步

在谈判中，一方向另一方让步，甚至双方互做妥协是经常发生的事情。并且，打破僵局最有效的办法也莫过于让步。让步有积极的让步与消极的让步之分。积极的让步是以某些条件上的妥协来换取主要方面或基本方面的胜利；消极的让步是以单纯的自我牺牲求得僵局的打破，实际上是为对方的胜利创造了条件。一个高明的谈判者，除了知道何时该抓住利益,还要懂得何时该放弃某些利益。

(一) 让步的基本原则

1. 基本要求

(1) 让步要同步进行

本方做出让步后,应等待对方做出相应的让步,如果对方未做出任何让步,那么可以断定对方缺乏诚意,本方不应再做出任何让步。

(2) 不要接受对方最初的让步

即使对方最初让步的效益超过了本方的期望值,也不要接受。原因有二:第一,对方可能还会再做出某些让步,这不是他最后的让步;第二,本方答应得太爽快,对方会疑惑自己吃了大亏而心有不甘。

(3) 不要在重要的问题上先做让步

在本方认为重要的问题上力求使对方先让步,而在比较次要的问题上,根据情况需要,本方可以考虑先让步。

(4) 不要做无谓的让步

每次让步都要从对方那儿获得某些益处。如果不能换回什么,就不要把本方的东西轻易给人。千万不要以让步去讨好对方,这种"善意友好"的表示会被对方视为弱点的暴露,更会被对方轻视。

(5) 让步要恰到好处

让步幅度不宜过大,次数不宜过多。让步过大,会让对方觉得本方的让步是理所当然的,易使对方认为本方软弱可欺,这会提高其期望水平,从而步步紧逼。

(6) 不要让步太快

不要未经重大讨论就让步,晚点让步要比较好一些。要一步一步采取吊胃口的手法,让对方努力去争取所得到的每样东西。

千万不要轻易让步而令对方从容取胜,因为人们对轻易获得的东西都不太珍惜。他等得越久,他就会越珍惜它。

(7) 不要轻易接受对方请求本方让步的要求

在谈判中比较合适的做法是:在对方的一再请求和说服下,以忍痛求合作的态度,做出小幅让步。这样,对方就能明白本方做出的让步是争取合作的表示,是充满诚意的。这样,当本方要求对方让步时,对方便难以拒绝。

(8) 不要承诺做同等幅度的让步

例如,对方在某一项目上让我 60%,本方则在另一项目上让他 40%。若对方提出"你也应当让我 60%",则可以"我方无法负担"为由婉言拒绝。

(9) 不要不好意思说"不"

大部分的人都怕说"不",怕别人会因此而下不来台,怕自己的形象显得很生硬。其实,如果你说了足够多次的"不"以后,他便会相信你真的是在说"不"。所以要有耐心,而且要前后一致。

(10) 要敢于反悔

如果让步做出后发觉不划算、考虑欠周,就要果断地提出收回,不要不好意思。因为这不是最后的协议,完全可以推倒重来。

2. 让步模式

这里以经济谈判为例,价格让步是其让步策略中最重要的内容。让步的方式、幅度,直接关系到让步方的利益。表 7-2 是一个假设的让步模式:谈判的一方在价格上的让步幅度是 60 元,分 4 次做出让步。不同的模式,其影响和结果是大不一样的。

表 7-2 让步模式 （单位:元）

让步模式	预定减价	第一次让步	第二次让步	第三次让步	第四次让步
一	60	0	0	0	60
二	60	15	15	15	15
三	60	8	13	17	22
四	60	32	17	3	8
五	60	26	20	12	2
六	60	49	10	0	1
七	60	50	10	-1	1
八	60	60	0	0	0

（1）让步模式一:(0/0/0/60)

这是一种坚定的让步。开始时坚决不让,让对方产生妥协无望的错觉,到最后突然做大的让步。如果对方是一个软弱的人,也许早就放弃了讨价还价;如果对方意志坚强,在等到了这次重大让步后,可能会更加斗志昂扬。它既抛开了本来有可能成交的软弱对手,又为强硬的对手继续施加压力提供了可乘之机,所以这种模式不可取。

（2）让步模式二:(15/15/15/15)

这是四次均等的让步。这种让步模式也不可取:它会让对方产生无休止地要求让步的欲望;而且,均衡让步不符合成本价格的精确计算原则。

（3）让步模式三:(8/13/17/22)

这种让步模式往往会给让步一方造成重大的损失。因为它引导对方相信"令人鼓舞的好日子就在前方",对方的希望会随着时间的推移愈来愈大。

（4）让步模式四:(32/17/3/8)

这种让步模式的特点是:合作为先,竞争为辅,诚中见虚,柔中有刚。一开始做出礼让的高姿态,大让两步,然后再让微利,向对方传递无利再让的信息。如果不成,再让出最后的一步。

（5）让步模式五:(26/20/12/2)

这种每次让步都减少让步量模式,往往使对方觉得再做要求和努力是徒劳的,可以阻止对方的不断要求。

（6）让步模式六:(49/10/0/1)

这种让步模式很危险。一开始让大步,将大幅度提高对方的期望值,而接踵而来的拒绝让步以及最后的小小让步,会很快抵消这个效果。从争取对方让步的心理来讲,由于人们习惯于逐渐递减的让步,这种做法往往不太容易被对方所接受。

（7）让步模式七:(50/10/-1/1)

这是最具有特殊性的一种让步模式。前两步让完全部可让利益,第三步赔利,一旦对方上钩,第四步再讨回本不应付出的一利。其风格果断诡诈,又具有冒险性,是一种具有很高技巧的让步方法。

(8) 让步模式八:(60/0/0/0)

这是让步一开始就将让步总量一次让完,然后坚持不做任何让步的模式。这种让步虽然比较爽快,节省时间,但在实际谈判中常常不能收到好的效果。因为第一次就亮出了全部底价,将自己置于被动地位,使后面的谈判缺少了回旋余地。

上述八种假设的让步模式表明:不同的让步模式可以传递出不同的信息,对方的反应取决于谈判者让步的数额、速度以及速度的改变。最理想的让步方式是:假若你是买方,先慢慢地开始,一开始只做小的让步,并在以后始终坚持缓慢地让步;假若你是卖方,则刚好相反:先做出大一点的让步,然后再缓慢地让步。

(二)让步的常用策略

1. 步步为营

谈判中,做出让步前要三思而行、谨慎从事,不能给对方以过于随便的印象。最理想的让步方式是先慢慢地开始,在长时间内很缓慢地退后,幅度不宜过大,节奏也不宜过快,而是稳扎稳打、步步为营。

坚持步步为营的让步原则,意味着积极防守,不轻易让步。一方面,它能使对方觉得谈判者的报价是有根据、有标准,而不是随意乱定的;另一方面,还能使对方觉得谈判者的让步离其底线不远了,让价的余地不是很大。这些都会在一定程度上,削弱对方讨价还价的意志和信心,降低对方的目标,使谈判者在让步阶段处于有利的地位。

例如:A 工厂欲购买一台专用设备,在收到报价单并经过估价之后,邀请某地 C 公司前来进一步洽谈。买方 A 工厂对这套设备报价 10 万元,而卖方 C 公司要价 20 万元。

在第一轮报价后,双方预测到:最后的成交范围在 14 万元到 15 万元之间,需要经过好几个回合费时费力的讨价还价,才能实现这个目标。

双方采用步步为营的方法:买方 A 工厂先从出价的 10 万元增加到 11.4 万元,然后依次增加,不过增加的幅度越来越小;相应地,卖方 C 公司由先前的报价 20 万元降至 17.5 万元,然后依次减少,减少的幅度也越来越小,如表 7-3。这样,经过双方的讨价还价,到最后结束时,谈判就可能在 14 万元左右的价位上成交。

表 7-3　步步为营策略　　　　　　　　　　　　　　(单位:元)

让步次序	买方报价	卖方报价
第一轮	10 万	20 万
第二轮	11.4 万	17.5 万
第三轮	12.7 万	16 万
第四轮	13.5 万	14.7 万

2. 以退为进

从表面上看,谈判中让步的一方是在退让和妥协,或委曲求全,但实际上,让步方的退却是为了通过退让以换取对方更大的利益,实现更大的目标。在谈判中,精明的谈判者往往会为了获得更大程度的满足,而放弃一些微不足道的利益。这种让步具有纵观全局的宏观战略眼光,不计较一城一地之得失,退一步是为了进两步。

东北某农贸公司曾与香港某公司就一笔农产品交易进行谈判。买方香港某公司表示愿意以每吨136美元的出价成交,而卖方东北农贸公司的喊价则是每吨150美元。双方经过谈判,互相都做出了一定的让步,香港公司从出价136美元提高到140美元,而东北公司则从报价150美元降低至145美元。由于双方都表示不能再做出让步,没有了协商的空间,谈判由此陷入了僵局,只好暂时中止。

三天之后,卖方东北公司在资金周转上出了些问题,急需现金,于是给买方香港公司打去电话,表示愿意接受每吨140美元的价格,询问买方是否还有继续交易的打算。在谈判的过程中,卖方坦诚地介绍了公司的情况,希望能够成交。出乎预料的是,买方香港公司的老板经过慎重考虑后,竟采取了逆向行动,表示愿意以东北公司先前报出的每吨145美元价格买进农产品,并一再表示:"我的祖籍东北,愿向乡亲们送个礼,'来日方长',以后有事情求助乡亲们,相信不会拒绝。"卖方东北某农贸公司喜出望外,对买方香港公司的关照和慷慨表示感谢,双方的手紧紧地握在一起。

事过之后,有人问起买方香港老板为什么要这么干?香港老板告诉他说:"每吨只差5美元的价格,总数3000吨,总差额不过1.5万美元。这笔金额对我方来说并不重要,而且对今后的业务谈判也无丝毫的好处。但如果以此作为让步,对方会加倍珍视,这对于双方以后的业务往来将会是大有益处的。"事实证明,这位港商果然眼光远大,从此之后,买卖双方建立起良好的贸易关系,经济往来频繁,买方在谈判中总能享受到优惠和特权,这给买方带来了长期的经济利益,这是那1.5万美元所无可比拟的。

在这桩谈判交易中,买方香港老板将卖方东北某公司自愿送上门的1.5万美元拱手让给了卖方。从表面上看,他们连到手的利益都不要,实在让人难以理解。但是,他们以相对微小的眼前利益作为退让,换来的却是极丰厚的长期利益和双方良好的人际关系,令人不能不为买方的远见卓识所折服。

3. 以情动人

这是一种用饱含情感的语言令对方让步的方法。使用者运用智慧而动情的语言,打动人的恻隐之心,从而使人无法回绝。

1998年10月7日下午,朱镕基总理视察中央电视台,并与台领导和《焦点访谈》节目的编辑、记者进行了座谈。交谈间,《焦点访谈》得到了朱总理重要的题词:"舆论监督,群众喉舌,政府镜鉴,改革尖兵。"朱总理是很少做题词的,《焦点访谈》是怎样得到这个题词的呢?

在朱镕基视察中央电视台的前一天,台领导提醒著名的主持人敬一丹说:"明天,总理来视察的时候,你要想办法得到朱总理的题词。"敬一丹听了既感到欣喜,又感到心中没底很是为难。她开始苦苦地思考:"我怎么向总理提出这个要求才好呢?"第二天,朱总理在中宣部领导的陪同下,来到中央电视台。他走进《焦点访谈》节目组演播室,在场的所有人都起立鼓掌,气氛一下子热烈起来。朱总理跟大家相互问好之后,坐到了主持人常坐的位置上,大家簇拥在他的周围,七嘴八舌、争先恐后地与总理交谈。一位编导说:"在有魅力的人身上,总有一个场,以前我听别人这样说过。我看您身上就有这样一个场。"朱总理不置可否地笑了。演播室里的气氛显得活跃、和谐,敬一丹感到这是一个稍纵即逝的好时机,于是,她走到朱总理面前说:"总理,今天演播室里聚集在您身边的这20几个人只是《焦点访谈》节目组的十分之一。"

总理听了这话,说:"你们有这么多人啊!"

敬一丹接着说:"是的,他们大多数都在外地为采访而奔波,非常辛苦。他们也非常想到这里来,想跟您有一个直接的交流。但他们以工作为重,今天没能到这里来。您能不能给他们留句话?"

敬一丹说得非常诚恳,而且非常婉转,然后把纸和笔恭恭敬敬地递到朱总理面前。

总理看了一下敬一丹,笑了,接过纸和笔,欣然命笔,写下了"舆论监督,群众喉舌,政府镜鉴,改革尖兵"十六个字。

朱总理的题词,说明了他对中央电视台《焦点访谈》节目的重视和肯定。但是,敬一丹言诚意恳的话语更令人回味:首先,敬一丹知道朱总理非常喜欢《焦点访谈》的年轻记者们,于是她就为总理描绘出这样一种情景:记者们四处奔波,长途跋涉,冒着危险采访。他们心中还有一个愿望,那就是特别想与总理交谈,非常想来,但为了《焦点访谈》的事业,他们没有来。这一番富于感情色彩的话让朱总理不忍拒绝。其次,敬一丹的请求是曲折委婉地提出来的,表述得又十分诚恳贴切,因而最终如愿以偿。

4. 丝毫无损的让步

它是指谈判者不在谈判的问题上让步,而是设法让对方的心情舒畅、感觉良好。比如:适度地招待对方;请本单位的高级领导出面接待,使对方感受到重视、满意,等等。它在无声或有声语言上的表现为:

其一,注意倾听对方的发言;

其二,待对方温和有礼;

其三,经常讲"我会考虑你的意见"一类的话;

其四,尽可能地为对方提供最圆满的解释、最详尽的说明,使对方满意;

其五,不厌其烦,将内容相同但论证充足的理由,一再地说给对方听;

其六,尽量重复地指出这次交易将会为对方提供完善的售后服务;

其七,向对方说明其他有能力、受尊敬的人也做出了与他相同的选择;

其八,让对方了解谈判者所提供的利益或条件(商品)的优点及市场行情。

莎士比亚曾说:"人们满意时,就会付出高价。"以上的每个让步都会提高对方的满意程度,却不会令谈判者损失任何重要的东西。

二、谈判的成交

经过一轮又一轮的讨价还价,克服了一个又一个的障碍难关,谈判双方的立场渐渐趋向一致,谈判由此转入最后的成交阶段。如果双方最终能够达成一致,并用文字的形式,将交易的全部内容和条件按照双方确认的结果记录下来(在非正式的谈判中,多半是采取口头承诺的方式),本次谈判即宣告完成。

一旦谈判进入尾声,这一阶段工作的主要目标有三个:一是力求尽快地达成协议;二是力保己方已取得的谈判成果不致丧失;三是争取获得最后的利益。

(一)交易的促成

1. 谈判者临近成交时的言行表征

历经还价阶段的反复磋商后,在谈判成果与自己预测的目标已相当接近的情况下,谈判双方都会程度不同地流露出希望结束谈判的信号——这种信号的显现,只要用心观察,就不难从谈判者的体态语言中找寻出蛛丝马迹。

奥地利著名的心理学家、精神病学家弗洛伊德曾说过:"有眼能看、有耳能听的人确信没有正常人能够保守秘密……他浑身上下都有他的背叛者渗出。"这个"背叛者"指的便是正常人在保守秘密或掩饰内心活动时,从身体上暴露出的相关信息。当谈判临近尾声,谈判者内心里已拿定主意要接受对方提出的交易条件的时候,在他们身上通常会出现下列表征:

其一,兴奋度增强,说话的速度加快(性格外向者)或放慢(性格内向者);

其二,就你的建议或提供的条件提出的问题明显增多,有些是在谈判开始时就提出过的问题;

其三,时不时地清清嗓子;

其四,出现明显的润湿嘴唇的动作,有的人会下意识地用抽烟、喝水来掩饰;

其五,眼睛睁大;

其六,手心出汗,用手在衣服上摩擦;

其七,变得愈来愈小心谨慎,出现了寻求保证的话题;

其八,再次审阅有关资料,提出许多与成交有关的假设问题;

其九,因肌肉紧张而出现"不寒而栗"的情况;

其十,脸红、手颤、坐立不安,等等。

你一旦发现对方出现了上述表征中的几种,就应推想对方可能已生出与你成交的打算了。这时,你必须趁热打铁,进一步打消对方心中残留的部分疑惑与犹豫。否则,谈判将功亏一篑。

2. 谈判者趁热打铁的常用方法

(1)不要表现出太兴奋的样子

一旦对方透露出有签约意愿的信号,缺乏经验的谈判者多半难以掩饰住内心的激动与喜悦,并不知不觉地在言谈举止间流露出来,这是异常危险的。因为当对方下决心成交之后,忽然瞅见你一副眉开眼笑、洋洋得意的样子,往往容易担心这桩交易是不是决定得太草率而吃了亏,进而会犹豫起来甚至反悔。

(2)营造亲密的氛围

此时,若是一对一的谈判,谈判者与对方交谈时要尽量地压低声音,做出严肃认真的表情。原因在于:低声交谈给人一种谈论秘密或重要事情的感觉,而只有在亲密的朋友之间才会如此交流秘密、重要的信息。这么一来,有的谈判对手会不自觉地被你所营造的这种气氛感染,将身体靠近你,侧耳倾听你的话语,双方犹如一对好朋友在密谈。它对促使对方下定决心成交,将产生极大的推动作用。

(3)语气由商量向确定转变

临近成交之际,谈判者在语言表述上必须增加确定性的毋庸置疑的口吻,减少商量性的优柔寡断的语句,比如:

"如果没有其他的问题,这件事就这么定下来了"。

"签了合同之后,我们3天之内就给你们发货"。

"下一笔生意我们还愿意与您合作"。

上述说话方式用的是一种理顺对方心态的强化性暗示,好像双方已成交了似的。

(4)尽量满足对方的"不过……"

在这种时候,对方常会说一些诸如"价格还可以,不过,保修的问题……""我们需要倒是需要,只是,你们的交货期能否保证……"等等,这种语言已经意味着"可以准备成交了",对方此时提出这些要求无非是出于能多要一点是一点的心理,能得到满足当然更好,实在满足不了也就算了。所以,你只要能满足对方提出的一部分"不过",便成交在望了。

(5)促使对方做出最后决定的适当暗示

如果彼此的让步已经达到极限,无法再有新的进展时,那就是到了该督促对方作出最后决定,结束谈判的时候了。下面是富有经验的谈判者曾广泛运用过的颇为有效的暗示方法。

①单刀直入,正面向对方重复结束谈判、尽快签约的要求。例如:"我们已经在各个问题上都取得了一致的意见,如果现在不签合同,还要等到什么时候呢?"

②要结束谈判时,话不要说得太多。我们只顾自己长篇大论,对对方的话语就容易充耳不闻,其结果是忽略了倾听对方的意见,对方可能会认为你急于求成。

③当该谈的内容已进行完毕,对方却不愿意马上签订合同,你要直截了当地向他询问症结之所在,让对方解释不能立即签约的原因。如果我们给他提供一个说话的机会,他可能会告知其所面临的难题。

④要不厌其烦地反复提醒对方,现在结束谈判对他最有利,讲明理由。这样,当他必须向其他人汇报谈判结果时,这些理由将有助于说明对他不利的情况。

⑤大胆地假设一切问题都已解决,果断地着手起草协议书,以暗示谈判结束。如果是买主,你可以着手在纸上或电脑上草拟协议,边写边问对方喜欢哪一种付款方式;如果是卖主,你可以问对方:"你希望将货物送到什么地方去?"

⑥向对方说明立即签订合同将给他带来的利益和推迟签订合同将给他造成的损失,使对方在权衡利弊后作出迅速签约的决定。有的人虽不为利益所动,却会尽量地避免损失。作为买主,你可以向卖主指出,你做出这么一个提议已经超过自己的权限范围,如果延迟,你的上司可能会不同意;作为卖主,你可以告诉对方:优惠即将结束、存货不多……暗示买主须尽快作出决定。

⑦临时提供某些优惠待遇,以鼓励对方尽快签订协议。例如:打折、分期付款、附送礼品或者特别的售后服务等。在一般情况下,对方之所以还在犹豫,往往是还在权衡其中的利益得失。

⑧除非对方跟你说过许多次不愿意现在就结束谈判,你不要轻易放弃努力。一位著名的推销员曾说:"我永不轻易放弃,一直到对方至少说了七次'不'。"谈判者必须具备这种韧性,不遭到对方反复拒绝就不要彻底放弃。

(二)成交阶段的语言策略

1. 私下交谈

私下交谈是一种非正式的会谈,它指的是谈判中的一方在谈判桌以外的场合,如休息、就餐、娱乐等"业余时间",有目的的与对手私下接触,就谈判中的某些问题取得谅解和共识,从而促进和完成交易。

当谈判双方端坐在谈判桌前,为各自的利益而讨价还价时,每每深受正规谈判场所固有的肃穆氛围的影响。谈判各方为了战胜对手,会从各个方面武装自己,防备对方。如此一来,紧张、对立的情绪带动着谈判桌前的人们去据理力争,迫使对方让步。一旦自己当场做出让步,则会被视为"战败",而脸上倍感无光。即使某一方的主谈人头脑很清醒,认为做出适当的让步以求尽快达成协议是符合本方利益的,也会囿于同伴的态度坚决、情绪激昂,而难以当场做出让步的决定。

借助私下接触,能比较好地解除以上的这些戒备和尴尬,娱乐、游玩、就餐等活动能很自然地创造出轻松、愉快、融洽的气氛,双方可以轻松自在地谈论自己感兴趣的话题,交流私人之间的感情。热烈友好的气氛冲淡了双方在谈判桌上激烈交锋所带来的不快。许多人在对方的盛情款待下会变得十分慷慨,这时,如果一方能巧妙地将话题引回到谈判桌上相持不下的问题上,双方往往会很大度地互作让步而达成交易。双方关系越熟,合作的时间越久,运用私下交谈策略的效果就会越好。

2. 争取最后的收获

当谈判双方商议的条件已进入了彼此都可以接纳的范围以后,在谈判行将结束、即将签约之时,精明的谈判者往往还会利用这最后的一刻时间,去争取最后的一点收获。常见的做法是:在签约之前,他突然"漫不经心"地提出一个请求,要求对方作出一点小小的让步。对于谈判者此时提出的这最后一个请求,对方常常都会接受。

究其原因,一是源于许多人都缺乏耐心,他们都希望能尽快地结束一次交涉,好去另外进行其他新的交易;再就是出于爱面子的心理,人们总期望能表现出自己的慷慨大方,故而情愿作出某种让步以赢得对方的好感,便于和对方建立长久的关系;况且,由于谈判已进展到签约的程度,人们在精力上已是疲惫不堪,实在不愿也无力再为这点利益而重新开战;最后一个更重要的原因就是,这个让步和整个交易比较起来,可以说是微不足道的。眼看整个交易就要做成,唯一的障碍只是这一点搭头而已,"假如不满足对方的愿望,他可能会调头而去,使整个交易告吹",对方在暗自权衡利害之后,是宁愿作一点小让步也不愿意去冒这个风险的,所以一般都是马上答应,以求尽快签约。这个小小的让步,此时此刻提议者得来全不费功夫,假如是尚处在磋商阶段,恐怕不经过一番苦斗是难以获得的。

例如,某职业技术学院与某工厂就购买一套教学实验设备进行谈判。最后,该工厂同意降价15%(已超过买方职业技术学院的降价目标10%),但职业技术学院仍表示不同意这个方案,要求把教师的培训费免了(这个费用是职业技术学院在前面谈判中故意留下的问题,这时用上了)。工厂为了成交,不愿为这最后一点小分歧而前功尽弃,当即便同意了买方的这个要求。

从这个例子中不难看出,谈判者提出最后一个条件作为结束谈判的前提是:这个条件应该是"小数"或"局部条件",不宜过大,比如在最后要求去掉要价的零头等,这类条件对方一般都会尽量应允。

3. 强调双方共同的收获

谈判即将签约或已经签约,经过一番努力总算大功告成,谈判者的成就感不免油然而生。在这场谈判中,本方可能获得了较多的利益,而对方只得到较少的利益。明智的谈判者此时通常是大谈双方的共同收获,强调"这次谈判的成果是我们大家共同努力的结晶,满足了我们双方的需要",并且,同时将对方谈判人员的才干好好称赞一番。这样做的结果,能够使对方因收获较少而失去平衡的心理得到安慰和恢复,他们会逐渐地由不满转为满足。

如果你觉得本次谈判的结果,是己方斗智斗勇的杰作,只是一味地庆贺自己的胜利,为自己的收获沾沾自喜、喜形于色,甚至将自己在谈判中所搞的某些"小小的把戏"坦白地告诉对方,以炫耀自己高超的谈判技巧,那么,你是在自找麻烦。对方会被你的行为所激怒,他们或者干脆将前面已经谈妥的内容统统推倒重来,或者故意提出某一苛刻的要求使得你无法答应而不能签约。即便双方勉强签订了协议,对方在今后的执行过程中也会想方设法地予以破坏,以图报复。

4. 以肯定性的语言结束谈判

在成交阶段,谈判者还必须注意:不能以否定性的语言来结束一次谈判。

依大多数人的听觉习惯,身处某一场合中,他对自己所听到的第一句话与最后一句话,常常能留下很深的印象。在谈判中,假如谈判者以否定性的话语来结束会谈,给对方带来很不愉快的感受,并且记忆深刻。同时,这也会对今后谈判协议的履行造成不利影响。所以,在谈判终了时,最好能给予谈判对手以正面的评价。例如:

"您在这次谈判中表现得很出色,给我留下了深刻的印象。"

"您处理问题大刀阔斧,令人钦佩!"

不论谈判结果如何,对谈判的参与者来说,这都是双方一次合作的过程。在谈判结束时向对方给予的合作表示感谢,既是谈判者应有的礼节,对今后谈判协议的履行也将大有裨益。

5. 用严密的协议确保谈判的成果

协议是谈判者以法律形式对谈判结果的记录和确认,两者之间应该完全一致。在谈判即将签约之际,谈判者必须行动敏捷,主动地对谈判记录进行整理、检查,将双方在口头上取得一致意见的事项、内容形成文字写入协议中去。因为口头应允的东西,如果不写在书面上或添加到合同条款中是没有效用的,也就是人们通常所说的"口说无凭,立字为据"。

值得注意的是,有些谈判者常常故意在签订协议时更改谈判的结果,如在数字、日期、关键性的概念上搞点小动作,甚至推翻当初的承诺和认可。因此,在签约之前,本方应当与对方一起就谈判的全部内容、交易条件进行最终的确认,待双方认可正确无误后,再以此作为起草协议的主要依据。协议起草完毕,无论双方谈判人员之间以往的关系如何密切,在协议签字时,还应将协议的内容与谈判结果再次一一进行对照,在确定两者之间吻合无误之后再签字。一旦签约,那么协议就与先前的谈判无关,双方的交易一切以协议为准。

【思考与训练】

1. 怎样运用中性话题?
2. 赞美他人应掌握哪几个原则?
3. 谈判中怎样"投石问路"?
4. 谈判如何"吹毛求疵"?
5. 谈谈处理谈判破裂的语言策略。

6. 举例说明如何应对"炒蛋策略""人身攻击""哀兵制胜"等还价诡计。

7. 举例说明如何破解"红脸白脸"法、"假出价"法、"抬价"法、"声东击西"法、"大智若愚"法等迫使对方让步的常用语言诡计。

8. 扫描下面的二维码,分析曾仕强教授讲述的案例中服务人员的应对特色。

曾仕强　麦当劳买早餐,中国人和美国人的应对方法

本篇主要参考文献:

1. 威廉·尤里.无法说不——从对抗到合作的谈判[M].冯学东,等译.北京:机械工业出版社,2005.

2. 罗杰·道森.优势谈判[M].刘祥亚,译.成都:四川人民出版社,2018.

3. 杰勒德·I.尼尔伦伯格.谈判的艺术[M].曹景行,陆延,译.上海:上海翻译出版公司,1986.

4. 马歇尔·卢森堡.非暴力沟通[M].阮胤华,译.北京:华夏出版社,2018.

5. 亚伯拉罕·马斯洛.动机与人格[M].许金声,等译.北京:中国人民大学出版社,2012.

6. 斯图尔特·戴蒙德.沃顿商学院最受欢迎的谈判课[M].杨晓红,李升炜,王蕾,译.北京:中信出版社,2018.

7. 豪伯·柯恩.实用谈判技术[M].许是祥,译.台北:前程企业管理公司,1984.

8. 伊戈尔·雷佐夫.硬式谈判[M].许永健,译.北京:文化发展出版社,2021.

9. 曾仕强,刘君政.人际关系与沟通[M].北京:清华大学出版社,2016.

10. 陈玲.三分做事七分做人[M].北京:新世界出版社,2007.

11. 邓东滨.谈判手册[M].台北:长河出版社,1984.

12. 陈一明.商业谈判163[M].台北:万源财经资讯公司,1986.

13. 林胜强.谈判谋略(基本技巧80法)[M].南宁:广西人民出版社,1992.

14. 舒志.谈判与口才[M].成都:四川科学技术出版社,1992.

15. 成志明.涉外商务谈判[M].南京:南京大学出版社,1991.

16. 刘新生.新中国建交谈判实录[M].上海:上海辞书出版社,2011.

引用作品的版权声明

　　为了方便学校教师教授和学生学习优秀案例，促进知识传播，本书选用了一些知名网站、公司企业和个人的原创案例作为配套数字资源。这些选用的作为数字资源的案例部分已经标注出处，部分根据网上或图书资料资源信息重新改写而成。基于对这些内容所有者权利的尊重，特在此声明：本案例资源中涉及的版权、著作权等权益，均属于原作品版权人、著作权人。在此，本书作者衷心感谢所有原始作品的相关版权权益人及所属公司对高等教育事业的大力支持！

与本书配套的二维码资源使用说明

本书部分课程及与纸质教材配套数字资源以二维码链接的形式呈现。利用手机微信扫码成功后提示微信登录,授权后进入注册页面,填写注册信息。按照提示输入手机号码,点击获取手机验证码,稍等片刻收到4位数的验证码短信,在提示位置输入验证码成功,再设置密码,选择相应专业,点击"立即注册",注册成功。(若手机已经注册,则在"注册"页面底部选择"已有账号?立即注册",进入"账号绑定"页面,直接输入手机号和密码登录。)接着提示输入学习码,需刮开教材封面防伪涂层,输入13位学习码(正版图书拥有的一次性使用学习码),输入正确后提示绑定成功,即可查看二维码数字资源。手机第一次登录查看资源成功以后,再次使用二维码资源时,只需在微信端扫码即可登录进入查看。